思想

REFLEXION 16

台灣史：焦慮與自信

編輯委員會

總編輯：錢永祥

編輯委員：王超華、王智明、沈松僑

汪宏倫、林載爵、陳宜中

聯絡信箱：reflexion.linking@gmail.com

網址：www.linkingbooks.com.tw/reflexion/

目　次

思想評論

歷史事件中的個人故事
2010年1月27日於中央研究院歐美研究所演講

哈 金

緣起

　　著名華裔作家哈金應財團法人台北書展基金會之邀，參加2010年1月27日至2月1日於台北世貿展覽館舉行的第18屆台北國際書展，距離他前一次，也是第一次。來訪已有9年之久。為了配合這次訪台與書展，共推出兩本新書：短篇小說集《落地》（時報文化）和評論集《在他鄉寫作》（聯經）。前者首度由他本人自譯，後者由明迪翻譯，加上單德興的專文導讀與訪談錄。哈金的行程很緊湊，來訪期間除了參與書展的各項活動之外，唯一對外公開的演講是應中央研究院歐美研究所單德興所長之邀於該所舉行。哈金原先的演講題目為英文 "The Individual's Story in Historical Events"，由單德興譯為「歷史事件中的個人故事」，並經他本人同意。當天演講吸引了眾多學者與讀者到場，偌大的演講廳座無虛席，演講之後的問答也很熱烈，欲罷不能。為了讓更多讀者能分享這次精采的演講與問答，特別由謝育昀謄出全稿，經陳雪美、黃碧儀和單德興修潤後，送請哈金本人過目並定稿。因為哈金的中文訪談錄最初刊登於《思想》第10期（2008年9月），所以此次演講及問答也特別刊載於此，以饗讀者。

　　單德興（以下簡稱「單」）：各位所內外的朋友好，歡迎參加這場盛會。今天我們非常榮幸能邀請到哈金先生來中央研研院歐美研究所發表演講。平常歐美所的演講都安排在對面的會議室，今天則特別準備了這個大會議廳，因爲我們知道哈金先生的演講會吸引很多人。這幾天大家從媒體上知道哈金先生來台參加2010年台北國際書展的消息，而我在去年知道他要來台北之後就積極聯繫，邀請他到中研院發表演講，因此要感謝他接受我們的邀請，促成今天這場盛會。哈金先生的生平和作品許多人都耳熟能詳，在座的若干學者還研究哈金先生的小說和詩歌。

　　我先簡略介紹一下。哈金先生本名金雪飛，1956年出生於中國遼寧省，未滿14歲就加入解放軍，五年後退伍，先在佳木斯鐵路公司工作三年，1977年中國大陸的大學開放後，考入黑龍江大學。本所前所長李有成先生前年訪問黑龍江大學時，在校史館看見哈金先生的照片，因爲他是該校的傑出校友。他在取得學士學位後，1984年又取得山東大學英美文學碩士學位，接著前往美國布蘭戴斯大學深造，取得英美文學博士學位。所以哈金先生是英美文學科班出身，但是現在大家認識的主要是作家哈金，因爲他決定在美國居留後就以英文從事文學創作。

　　哈金先生在不同的訪談和文章中都談到用非母語寫作的辛苦。在座很多外文系的老師和同學，深知要用另一個語文寫作本身就很困難，何況是從事文學創作，更何況是寫出那麼多的好作品，贏得那麼多的美國代表性獎項，包括美國國家書卷獎、美國筆會／海明威獎、美國筆會／福克納小說獎、亞美文學獎等等，即使對土生土長的美國人來說，這些都是頗爲難得的成就。哈金先生以非母語的英文從事文學創作並得到這些獎項，絕非偶然，除了gift（天賦）之外，還有discipline（紀律）和perseverance（堅忍）。哈金先生在與我的

訪談中說過，有些作品他改了超過三十遍。我去年底在夏威夷訪談當地作家時，也曾把我與哈金的訪談稿送給他們，其中一位在細讀之後，特別為哈金先生不憚其煩、改而又改的認真態度所感動，表示給自己很大的鼓舞。

哈金先生的作品除了詩集之外，在台灣幾乎都有中文譯本。其實，他的作品已被譯為三十多種語言，在世界各地發行。今天我們非常榮幸能邀請到哈金先生來中研院現身說法，現在就讓我們一塊熱烈歡迎哈金先生。

哈金（以下簡稱「哈」）：謝謝。非常高興來到中研院這個學者如林的地方。因為德興邀請我來演講，我就給了個題目，但是這個題目很大，而且今天的場合也很莊重、正式。但我今天是以一位作家，而不是學者的身分來演講，主要是講書是怎麼做成的，特別是關於歷史事件的書是怎麼做成的。我的時差還沒調整過來，如果講錯了，或者有什麼牛頭不對馬嘴的地方，還請大家原諒。我也會留些時間跟大家互動，回答各位的問題，有些互動，就是stimulate（刺激），能讓我精神更好，也講得更好。

我想是從去年（2009）開始，就是中華人民共和國建國60週年之前，出現了兩種關於歷史的敘述。一種是在大陸，像《建國大業》那類的電影，幾乎所有華人影視明星都共襄盛舉，不計酬勞，像成龍在裡頭只是飾演個記者，或像《解放戰爭》那類的書，都是關於大歷史的敘述。另外一種歷史敘述則在台灣出現，像龍應台的《大江大海》。

我認為大陸的這種敘述應該叫英雄敘述。英雄敘述有一種傳統，而這種傳統出現過偉大的作品。最早的像是希臘荷馬的史詩《伊里亞德》、羅馬維吉爾的史詩《埃涅阿斯紀》，這些都算是一個文明中基石性的作品。《伊里亞德》一開始就歌頌戰爭，歌頌一個作

戰的人，這很明顯的是在讚頌一個種族、一個民族、甚至一種文化。
這種作品為什麼重要呢？因為在一個文明形成之初需要英雄，需要
英雄敘述，需要振興這個民族。

我個人認為，這種英雄敘述現在已經過時了，因為它是相對保
守的一種現象。除非在兩種情況下談英雄敘述才有意義：一種是當
一個民族正在形成時；一種是民族受到壓迫、侵略時，需要整個民
族一起抵抗外來侵略。除了這兩種情況外，很難說明英雄敘述有什
麼意義。實際上，從大陸近來的現象中，可以明顯看出有政治的制
約，比方說《建國大業》中，毛澤東的兩個女兒都出現了，但媽媽
江青沒出現。我們試想，如果幾年之後江青的名聲改變了，那作品
怎麼辦？換句話說，這個作品只能順應當前時下，為眼前的政治服
務。這是一個糟糕的例子，作品自身沒有多大的生命力，意識型態
上也有問題，因為中華民族不是正在形成的民族，眼前也沒有受到
外來的侵略。我個人認為，一個民族的民族主義如果不停膨脹，就
容易造成極端，進而變成帝國主義。所以就意識型態來說，這種英
雄史詩的敘述是非常危險的。而一個作家如果做這種事，往往也是
非常浪費精力和生命的。

在台灣方面，這幾年也有一些代表作。比方說齊邦媛的《巨流
河》，但我剛剛開始看，所以不能多談。倒是龍應台的《大江大海》
剛出來我就去波士頓的書局買了一本，仔細看了。這是另一種敘述，
是歷史事件中的集體敘述，和英雄敘述剛好相反。我想龍應台在這
本書中，是想透這種大敘述來容納許多不同的個人，來創作另一種
歷史，也就是說，這種歷史不光是個人的，而是集體的。這本書最
大的優點是，它有很多的情節和細節，透過這些細節，人們就會意
識到這本著作的生命力。

細節是不會被時間融化掉的。我自己是寫小說的，因此對細節

特別注意。好比說，詩人瘂弦的母親臨終時告訴身旁的人：「你告訴我兒子，我是想他想死的。」這是很小的細節，但這種細節並不會隨著時間、歷史、政治而變形，或被慢慢消磨掉。這本書裡有許多這樣鮮活的細節，比方有個民夫為國軍做事，他穿的衣服上頭寫著「代馬輸卒」，我想翻譯成英語應該是 "human horses"。人民在這裡是什麼樣的價值？一方面是非常funny（可笑的），另一方面是非常悲哀的，因為人怎麼代替馬來做運輸糧食輜重的小卒呢？這種細節非常多，非常細微，也非常有價值，在一般的歷史書中是不容易被保存下來的。總的來說，從寫書的角度來看，龍應台這本書是透過說故事來說給她兒子飛利浦聽的，直接讀者早已在這本書中了，別人只是從旁觀者的角度來聽故事。靠著這種敘述，龍應台把所有的集體經驗，甚至失敗者的經驗，歸納起來，成為一體。這非常有價值，特別是歷史價值，因為一方面在很多人中找到共同點，另一方面是英雄敘述史詩的反動現象。我覺得這是非常即時，也是必需的。

還有一種敘述是我今天要講的：個人的故事。其實，個人的故事主要是寫小說，也就是寫個人的故事，透過一個人的經驗來折射、反射當時的歷史經驗，而這從長遠來看，就是對人生的一些基本現象進行思考和發問。這是另一種敘述。其實龍應台的書中有好多精彩的事件，英語叫episode。這些事件認真做的話，可以做成很好的小說。我舉幾個例子。大家都知道的蕭萬長，8歲時病了，有個叫潘木枝的醫師救了他的命。後來國軍把潘木枝抓去槍斃，大人都不敢靠近，蕭媽媽就要這孩子去給他上個香，而他就去了。如果拿來寫小說的話，這情節會是核心情節，會不斷地出現。但這個事件不光是個人的，好比它對個人，甚至是最小的個人，對這個小孩的心靈會造成什麼樣的影響？而且潘醫師也有孩子，那這個孩子和那個孩

子會有什麼聯繫？這個孩子長大以後，他對社會有什麼看法？對社
會有什麼決策？背後還有這些大的故事。當然蕭萬長是名人，我們
不能亂猜瞎編。但假若這是關於一個普通人，那麼就會有很大的空
間，可以用我們的想像來創造另一個故事。我覺得最難的是，如何
透過這個故事也好，想法也好，來創造一個心靈，以及透過事件來
呈現這個心靈的歷史，透過想像讓這個心靈在社會和人生歷史中表
現自己。我想這會是一個長篇的案例。

　　還有一個例子就是金門的一個呂老太太，她原來是賣魚的，先
生和兒子負責打魚。大概是1950年的某一天，她去廈門賣魚，突然
間海岸封鎖了，她就再也回不來了。她的家在金門，當時還不到中
年，但此後就待在大陸，一待待了60年，音訊全無。後來呂老太太
回金門去找她的家，發現她先生、兒子都不在了，家也沒了，只剩
下兩塊沒人要的石頭。我們可以想像中間發生過的事件，一個中年
女人，就如此變成一個老太太，孤苦無依地活到了105歲。她的生活
會是什麼樣子？當然也可能很平淡，沒什麼大事件，但我們要是做
小說，就可以創造出很多重要的事件，透過創造plot(情節)，像是
人生的曲折，我們可以看見另一種敘述，也就是個人的聲音。

　　我想強調為什麼一個人的聲音這麼重要，因為文學不脫兩個基
本定律，一個是普世的(universal)，一個是特殊的(particular)，這是
兩個最重要的目標。我們總是透過一些特殊的、具體的、小的細節，
表現普世的、永恆的東西；也就是從具體的事物開始，再慢慢延伸
到永恆的、無限的境界。用艾略特(T. S. Eliot)的話來說，就是 "Only
through time, time is conquered." 這句話來自他的長詩《四個四重
奏》，我覺得這是部談寫作的偉大的詩。而 "Only through time, time
is conquered" 說的就是：唯有通過時間、歷史，才能超越時間、歷
史；然而必須從具體的人與事出發，才能真正超越時間、歷史。從

這個意義來說，文學的角度或方法，應該是從個人開始。一般的作家，特別是文學作家，都會認為，愈個人就愈普世。因此，雖然我們都說特殊的和普世的，但是不能把這兩個拆開。因為必須透過特殊的才會有普世的，所以個人的故事是最重要的。

我們的文學傳統往往是講家族的，當然《紅樓夢》講的比較大一些，但很多當代、現代的長篇小說基本上都是家族故事——儘管家族在當今中國沒有個人那麼重要。我想還有個問題是，中國的文化現在到了一個狀態，當今中國的經濟和政府都很強，但文學和文化還是沒有走上國際舞台，很重要的原因是在經驗表達和書寫方面。世界上別的語言和別的人民是難以掌控的，畢竟語言是作家用來表達個人特質的。但往往我們的作家是居高臨下地進行創作，從上而下地去描寫、去處理，而不是從小的、具體的細節來處理，不是從具體的事物來表達廣闊的世界。這是一個問題。

還有一個問題就是，我認為個人的故事中有不同的個人，有的是很重要的個人，像是我可以寫慈禧太后、寫江青、寫毛澤東、寫蔣介石，這都是個人。這是有賣點的，因為一旦你寫的是重要的人物，大夥兒也感興趣，書就好出、好賣。我並不是說這種故事不能寫，因為寫大人物是一個文學傳統，從一個人的故事表達一個集體、一個國家的歷史故事。但我想說的是還有另一種文學傳統，由果戈里界定的，專寫名不見經傳、普普通通的小人物，代表作就是《死靈魂》。

《死靈魂》第七章一開始，在一段結束後馬上就談寫作。書中提到有兩種作家，一種專寫英雄人物，與眾不同、一舉一動都非凡的人物，甚至有點不食人間煙火的人物，而這種作家也容易受到別人的尊敬，像上帝一樣被別人供起來。敘述者說有什麼16歲的姑娘都為他暈倒。但作者筆鋒一轉，下一段說還有一種作家，隨便抓了

一個人，把人間的齷齪卑鄙全寫在紙上，這樣的作家是比較倒楣的，因爲他把眾人都嚇住了。有人說這樣不美，這種作法是對眾人的侮辱，而且作家自己做的也是這樣齷齪卑鄙。但果戈里又反過來說，可是讀者不明白，顯微鏡和望遠鏡是一樣微妙的。這種玩笑也有它的抒情強度。整個第七章一開始就是說這兩種作家，最後作者說，他要以那種含著眼淚的微笑的方式來寫作，寫這種普普通通的人。

這是世界文學史上很重要的時刻，因爲有了果戈里，杜斯妥也夫斯基之後才會說「我們都來自果戈里」。因爲杜斯妥也夫斯基筆下的那些人物，都不是史詩的英雄，而是普普通通的人物，他就寫他們心裡的掙扎和痛苦。但是透過這種寫法也能達到一種高度，這也是爲什麼杜斯妥也夫斯基非常豪邁地在《卡拉馬佐夫兄弟們》的最後一頁說：「他們有哈姆雷特，我們有卡拉馬佐夫。」這是什麼意思呢？也就是說，英文裡有莎士比亞，而我們也有和你們一樣份量的作品。這是一個寫法。我個人認爲這是真正現代的，而現在也已成爲一個傳統，也就是專門寫小人物的傳統。這個傳統描寫普普通通的生命，傳達生命的瑣碎和卑微，透過這些來表達人生。

用人物來表達歷史，然後超越歷史——我個人認爲這是一種真正創作文學的方法。這在當前中國特別重要，去年我在香港也提到這個問題。當代中國文學的一個主題應該是個人與國家、種族的衝突，這個說穿了是政治性的問題。待的時間愈久，愈能看到這個現象、這個真實的情況：個人與國家的衝突。甚至從《大江大海》也能看出這是什麼樣的國家：我們創造了國家，國家卻失掉了我們。個人和國家的衝突，是當代中國主要的問題。我認爲大陸出來的作家，只有高行健在這方面認真做了一些工作，當然我也曾經寫過。有人說高行健得諾貝爾獎是矇的，那是二流、三流的作品，這完全是胡說八道。因爲我們讀高行健的作品可以看到一個主題：個人找

不到位置。這麼大的國家，一個人在其中卻找不到位置。我們可以
很明顯地知道，個人和國家的衝突是主調。也就是說，他的作品在
格調上、在高度上要比一般作家高出一截。這確實是一個重大的題
目，特別是在大陸，由於種種原因不能輕易處理這個問題，但在大
陸之外的作家應該要意識到這個問題。我們應該要注重個人，因為
國家出了毛病。實際上，不管是英雄史詩，或者是集體的歷史敘述，
我們都可以感覺到這個國家出了毛病，這個國家有嚴重的問題，因
為人民創立了這個國家，卻找不到自己的位置。因此，這國家需要
改正，因為國家應該是要保護人民的，應該是人民豢養的狗，是不
是？

　　講個人故事，要講個人是怎麼為國家歷史所形成的。我有兩部
作品應該說是歷史小說，寫那個年代的時空、事件，但從個人的角
度出發。今天我要講的是「微觀」，談具體的紀錄該怎麼處理，這
是特別困難的地方，還要講的就是其中的優劣之處。我的第一本歷
史小說是《戰廢品》（*War Trash*），其中有幾個特色。第一，我自己
當過軍人，特別怕給蘇軍抓去，雖然沒當過戰俘，但心理上總有種
恐懼感，因此創造出這麼一個人物，在感情上能共通，可以感受他
的痛苦或歡樂，我不須做很大的工作。還有一個巧妙的方法，因為
當時正在讀杜斯妥也夫斯基的《死屋手記》，這是寫他在監獄生活
的自傳，於是我當下就決定《戰廢品》要用回憶錄的方式來寫。回
憶錄有個好處，也就是open plot，具有開放性的情節，很容易增刪，
不像一般的well-plotted novel（情節精巧的小說），像曲子一樣，拿掉
一塊就不完整了。但是回憶錄也有它的弱點，因為它可能沒有什麼
個人事件。好比那個離開金門60年的老太太，可能60年都沒發生什
麼事件。這時就是個問題。

　　受難者的經歷是非常真實的，但也是非常局限的。比方說韓戰

戰俘，每個人的故事都非常真實，但他只知道自己身旁50米的事，
50米之外的事他就不知道了。因此要創造一個個人故事，你要找一
個能夠經歷很多很多事的個人，能夠超過這50米，看到500米、5000
米。這是為什麼我決定創造出那個翻譯官的角色，因為他懂英文，
可以走出那個戰俘營，介入很多事情，和美軍、聯合國的守衛都有
聯繫，可以互相來往。國民黨和共產黨都想擁有他，但他不屬於任
何一方。事實上並沒有這麼一個人，從四川打到朝鮮，然後被送回
南韓，再到濟州島，沒有一個人經歷過所有這些事件。但這對寫小
說是很重要的，因為個人故事往往是很零碎的，而作家需要創造出
一個完整的故事，但這需要大量的工作。

　　除此之外，還有兩個技術上的問題：一個是找出真正的細節，
像是我剛剛提到的，「告訴我兒子，我是想他想死的」這種細節；
一個是要有因果的，把這細節放進去，讓它和場景結合得恰到好處。
所以這需要很好的敘事功力。除此以外，我覺得最難的是創造一個
心靈。寫長篇小說一定要有個心靈，要不就只是個故事擱在那兒。
但是心靈不一樣，他有他的想法，有他的感覺，他看東西肯定和別
人不一樣，而且這個心靈得有意思，愈是小人物，愈是要寫得不同。
這就需要大量的工作。我們寫小說時，有那個寫小說的想法不難，
但要一步步、一點點地做成，這很難。

　　我在美國教寫小說，大部分是國際學生，我的感覺是，大部分
學生都有才華，但是要怎麼專心地用幾年時間完成一本書，很難。
很少人會有那個機會、信心和勇氣去把事情做下去，這很難，雖然
大家的才華都相近。我要說的是，雖然是寫小人物的故事，但很多
的細節、具體的工作都很難。我的以色列的導師阿培菲爾德說過：
「你們寫作時一定要讀一本偉大的書。」這是我的座右銘。雖然在
寫作時會覺得很困難，但是在技巧上、精神上都能得到鼓舞，這是

很重要的。

　　我現在在做一本關於南京大屠殺的歷史小說，書名是《南京安魂曲》，這本書也很難。我覺得中國有很多重大的歷史事件，但是沒有出色的歷史小說，好像作家很多事情都沒做。日本遭到兩顆原子彈轟炸，為此寫出了很多小說，很同情自己。但中華民族是很健忘的民族，政府也鼓勵遺忘過去，要人民向前看。對我來說，南京大屠殺是個很重要的事件，好像是塊新地方，但是怎麼寫呢？我要是像《戰廢品》那樣找個軍官，會讀書寫字，思考也複雜一些，所以找個軍官總比找個普通士兵要好一些，但要是一個底層軍官，而不是高層軍官，這是一種寫法。但如果那樣做的話，就會重複自己了。有這麼一個郭姓軍官，一路打下來，混在難民中，後來也在國際法庭中出現，這是一個原型，對我來說，這人有點像《戰廢品》中的俞元。但像我這種作家，寫一本書就換個新技巧，打一槍就換個地方，因為我們生活在邊緣，總是在找自己的位置。每本書都是重新開始，這不光是痛苦，而是不確定的感覺——每本書都得用新的技巧。

　　所以我決定從一個外國女傳教士的觀點來寫《南京安魂曲》。她當時是金陵女子學院的臨時校長，創辦難民營，救了大概一萬多名婦女和兒童，因為勞累、經歷創傷，最後也自殺了。其實，當時美國大概有十多名傳教士在南京為難民操勞，後來回到美國在精神上出了毛病，都是戰爭創傷，所以我想從她的角度來寫。但是個人故事有個人故事的局限，因為她不是軍人，沒有參加戰爭，但是戰爭的殘酷還是在她身上顯現。她到了前線，結果軍隊從南京撤走時，她的日記中並沒有記錄到那個城，但是我必須要她出現在那個地方，給她創造些機會，好讓個人的故事繼續擴展。類似的例子就是這樣。

　　還有一種更難的情況，就是用環境來克服問題。好比南京大屠殺一開始，他們從哪裡開始打？攻打哪裡？在哪裡搶？這些都是很激烈的情節，但是完了之後怎麼辦？一開始那麼強烈，結束以後一下子戲劇都沒有了。而且她沒有馬上死，中間還經過兩年，到了第三年才自殺。有兩本傳記都記載這件事，但是這三年當中完全沒有重大事件，你要怎麼辦？因為這是建立在真人實事上，你不能自行創造重大事件。所以說要寫呂老太太的故事容易，要寫蕭萬長的故事困難，因為大家都認識他，你不能亂創造事件——這個人幾乎被定型了，所以創造的空間很小，很困難。在《南京安魂曲》中我也還沒完全做到，但是我覺得自己能夠做到。我想找到她的戲劇的部分，雖然沒有大的事件，但我想寫得同樣強烈，這是技巧上的難，這得從字裡行間一點一滴地做。雖然是寫小人物的個人故事，但個人故事還是有很多的局限。

　　反過來說，如果從這事件的外圍來看，不是政治宣傳，而是從一個人的觀察來反思這個事件，是很難的工作，不同角色要有不同的邏輯，一旦選擇好角度和切入點，要給主人翁做好多的工作。好比說，前年我在柏林工作四個月，真是苦幹，週末時每天工作十五、六個小時，但是寫的時候還是感覺不對。問題在哪呢？感情上找不到共同點。這個白人女人，我對她沒感覺到同情，所以寫出來的東西不能用。就這樣改呀改的，直到改到第三十二遍的時候，有個句子大概是這麼說，她的同事丹尼森太太（Mrs. Dennison）在廳堂談到巴哈、布拉姆斯等知名音樂家，敏妮（Minnie）雲裡霧裡不曉得該說些什麼，她只知道貝多芬。這只是個很小的句子，但對我來說很有創意。她從小就沒有母親，童年過得很苦，所以她對中國的窮苦老百姓非常的好，感情上相通，能找到共同點，這也是為什麼她不光教窮人技術，也教他們唱歌、玩球，甚至於為他們蓋上棺木。我在

第三十二遍才想到能這麼寫。

創造一個心靈對我來說很重要。我覺得我還沒完全做到，但是願意努力去做。有些東西要靠想像，像寫南京大屠殺，現在四處都是白骨了，最重要的是把一個早成骷髏的人的可信性、複雜性、心靈、甚至感情各方面都表現出來，整部小說就算成功了，這也是我覺得最難的事。寫小說沒有捷徑。從英語寫作我學會了一件事，一般來說，做一件事前要做很多準備工作，沒有捷徑，只有一個辦法，那就是慢慢地做。這也就是為什麼福樓拜說：「天才是一個長長的耐心。」事實上寫作就是要有耐心。大家基本上都一樣，你之所以比別人強，只是因為你有耐心。我覺得這是最基本的定律。

單：謝謝哈金先生非常精彩的演講，與我們分享他的寶貴經驗，並且透露目前創作中的作品，讓我們先聽為快。現在開放現場問答，請各位把握這個難得的機會。

張瓊惠（國立台灣師範大學英語系教授）：哈金先生，您多次談到自己用英文寫作所遇到的困境，但是最新的作品《落地》則是您自己翻譯成中文的。我很喜歡您的作品，當然不只是因為人物刻畫得非常細緻，而且裡頭的人物都是平民百姓，即使他很貪婪、很粗野，但仍有他可愛、甚至可憐的地方，主要原因在於大環境可能是很惡劣的，因此我很喜歡您那個悲憫的心。我想請問的是，對您而言，寫作的意義在哪裡？您剛開始時寫的是詩，後來寫的是小說，寫詩和寫小說的意義有什麼不同？華文世界很多讀者，包括中國大陸的人，都很喜歡您的作品，可惜有很多書在大陸是被禁的，您對這有什麼看法？

哈：問題好多，我盡量回答。自己的作品被禁我當然很憤怒，其實我並沒有侮辱中國人，我想我的作法是像托爾斯泰所說的：「作家應該抓住讀者的脖子，把他的頭扭過來，讓他熱愛生活。」這是

很重要的。我想某些地方我是受了魯迅的影響。魯迅有好的一面，偉大的一面，但也有不好的一面。不好的地方在於他會變得非常冷酷。比如《阿Q正傳》是他最有名的作品，但裡頭沒有人的溫暖。在我看來，他的〈一件小事〉、〈祝福〉、〈故鄉〉，這些作品中都有人的溫暖，在實際上、在情調上，是層次更高的作品。因此，我們應該說，對生活的熱愛，才是最重要的。

至於寫詩和寫小說，我的第一個工作是教詩歌寫作。我的博士論文基本上是碩士論文的延伸，討論的都是英詩，所以詩歌是我的本行。但是我的第二本詩集太難出版了，根本沒人想出版，所以陰錯陽差地開始寫小說。後來跟一個在科羅拉多州、專出國際作家作品的Three Continents出版社簽約，但當時他們說：「我們接受你的詩，但是你必須給我們一百頁的小說」。因此我開始寫《等待》這個中篇小說，總共寫了105頁，我寄去之後他們就接受了，也接受了我的詩。後來有個叫Hanging Loose的出版社接受了那本詩集，單出詩集，於是我又去把小說稿拿回來，改寫成長篇。

我寫小說在某種程度上是根據生存的本能，就一步步往前走了，我想這是主要的原因。很多計畫常被一個偶然的機會打亂，影響到以後要怎麼做、或者重新組織。好比說，如果當初有學校聘我去教漢語寫作，我可能就用漢語寫作了，搞翻譯呀、教漢語呀。但是因為我沒有漢語方面的學位，沒辦法找漢語方面的工作，所以只好在英語方面找工作。而我有些朋友非常幸運，在耶魯大學教漢語本行，跟鄭愁予成為同事。

當然詩歌和小說有它們不同的地方。在英語文學中，沒有非母語的偉大詩人，但在小說中則有宏大的傳統，像康拉德、納博科夫都算是其中的主流作家，不能從中排除，否則文學史就不完整了，他們是這種層次的作家。因此，我可以從這兒找到自己的位置。但

是我在想的是：要怎麼跟他們寫的不同。雖然他們是風格大師，但他們的英語是書面化的英語（bookish English）。很明顯地，他們懂得怎麼把自己的先天不足變成優點。而我是想走那種人們一看就知道是外國人寫的、卻又不那麼書面化的英語，而是很自然的英語。這會是最近的路，當然也是很難的。其實，很多事都是偶然的，偶然的一個現象就讓生活的節奏和步調也跟著亂了。

為什麼這次要自己翻譯，不交給朋友翻譯呢？因為短篇小說不容易處理得很好。一來它很快就要交稿，而且字又少，又不賺錢。一個短篇小說集子中其實有很多種聲音，更接近於詩，我擔心沒有那麼多時間來達成它的細緻度，所以在還沒交出英文稿之前我就自己開始先譯了，好給自己更充裕的時間，因此這是很實際的操作。

單：謝謝哈金先生非常坦率、誠實的回應。

何文敬（逢甲大學外文系教授）：我想請問您在創作《南京安魂曲》前有沒有先閱讀南京大屠殺的相關資料？您剛剛提到要從一個女傳教士的敘事觀點來寫這本書，您有沒有考慮到運用多重敘事觀點，像福克納或托妮摩里森那樣，讓不同人物去看待、敘述同一個事件。

單：何教授是福克納和摩里森專家。

哈：福克納，是的，他的《出殯現形記》是不是？裡面用了16個敘事觀點。有關南京大屠殺的文字資料我全認真讀了。事實上，連那個女傳教士五百多頁、單行間距、看不太清楚的日記我也讀了。總之，能讀的資料我全讀了，而且可能還得再讀。除此之外，就像我剛才說的，戰爭開始時那些摧殘的場景都還容易描寫，但是個人創傷的心靈，那個有血有肉的心靈，我還得做功課。至於材料，我發現大陸漢語的材料比英語多，因為大陸有些研究所把日語的材料都翻譯過來了，而英語裡反而沒有這些。事實上，如果大陸作家願

意做這份工作，會有很多條件可以運用。

　　至於多重敘事觀點，我也考慮過，最後主要因為考慮到女主角，還是用第三人稱敘事比較合適。當然，第三人稱的觀點有它的局限，有些重要場合這位敘述者可能到別的地方去，因此不一定要局限在一個人身上。實際上她最後死了，我要怎麼交代？我用coda（終曲），就像音樂，有個回聲，那主要是採用日記的形式，而她的同事從美國給大學寫報告，則是另一種形式，但主要還是她一個人。但是能創作出一個複雜又具說服力的心靈，是最難的事。這就是為什麼我們說是「寫靈魂」──你是在創作靈魂。

　　王景智（台北大學應用外語學系助理教授）：我想請哈金先生談談您的新書《落地》。我對其中兩個故事讀來特別有感覺。一個是〈英語教授〉，因為裡面提到一位助理教授在他的送審資料中，發現自己在信尾把一個英文字（"respectly"）寫錯了，怕因為這個錯誤而失去教職，甚至想去當書籍推銷員。這個故事讓我讀來心有戚戚焉。我好奇的是，您在序中提到，有些故事是從新聞事件發展而來的。我想請問的是：這個故事是從新聞事件發展來的，還是某種程度上反映了您自己以英文寫作的焦慮和擔憂。另一個是有關翻譯的問題。您把最後一個故事的題目翻譯成〈落地〉，但是我覺得它的英文標題 "A Good Fall" 比較能反映出我所讀出來的訊息，和尚主角因為會功夫所以跳樓自殺卻沒死。再來，這個 "fall" 也有「墮落」的意思，因為主角最後雖然還是不吃肉，但卻吃了海鮮。您剛剛在演講中也說到，您在英語世界用英文寫作，希望讀者一看就會知道這是一個外國人寫的英文，但又不是那麼書面化的英語。您在翻譯自己這部作品時，會希望中文讀者讀起來就知道這是外國作品的翻譯，還是像是中文創作？

　　哈：我跟有些華人作家不同，用英語寫作的華文作家，有些是

完全不管漢語的，也不翻譯成漢語。但我把可譯性當成基本原則，
我的英語一定是可以翻成漢語的，我在尋找一個共同的語言。雖然
英語好像是外國人說的，但是我在追求經驗時可以超過語言，追求
可譯性。當然有些東西是沒有辦法譯的，像是「A Good Fall」和「落
地」，這個 "fall" 還可以是*Paradise Lost*（《失樂園》）的那種 "fall"（墮
落）。所以說它有不同的echoes in the language（在語言裡有不同的回
響），而翻成「落地」時也一樣有echo，像我們說落地生根，或伊甸
園的無底深淵，這都是沒辦法譯的。當然，翻譯有時候反而可以獲
得更多。這不是我說的，而是魯西迪（Salman Rushdie）有篇文章中清
楚說到翻譯其實是得多於失。你去問很多俄國的作家和學者就會知
道，契訶夫的作品英譯比俄語原文還要好，因為翻譯成英文後變得
更好。我確實相信翻譯能夠豐富作品，讓文字有了新的生命。

　　至於〈英語教授〉並不是來自新聞。我知道的一個台灣學者，
現在是一流的學者，很傑出的大學教授，也犯過同樣的錯誤——他
不是為了申請終生教職，而是在普通書信中犯了個錯，對方就拿這
點來刁難他。其實這是華人以及移民的普遍恐懼心理，因為我們在
移居地沒有情感連結，你的reference frame（參照系統）整個被打亂
了。移民就像被連根拔起，放到一個新的地方，你的語言、價值觀……
什麼都沒了，這往往會讓人非常害怕。那麼大的一個人，哈佛、耶
魯大學的博士，為了這麼小的英文問題paranoid（杯弓蛇影）幾乎到有
點變態了。這個故事還有一個問題是，漢語讀者讀完後會感覺到熟
悉，聯想起「范進中舉」，但英語中沒有這個典故，所以英語讀者
普遍感到驚愕、卻又覺得有意思。儘管這樣的故事早已是經典，但
我敢重寫。所以這是很多故事綜合在一起，不是我個人的經驗。

　　楊翠華（中研院近代史研究所研究員）：我想延續何教授剛才的
問題。您談到自己兩本關於歷史事件的文學作品，請問您如何看待

文學作品中所描述的歷史上真實發生的事件？以《戰廢品》為例，現在還有很多韓戰戰俘，一些歷史工作者依然不斷在做口述歷史，有關南京大屠殺也是如此。您在文學作品中創造出一個靈魂，您的作品要如何和這些歷史工作者的作品產生對話？文學與歷史如何溝通與對話？

　　哈：其實我讀了很多中國大陸有關韓戰戰俘的口述歷史，有些人不願意記憶、不願意講，還有些人講出來的都是支離破碎、不完整的。據我所知，好多年前他們想花錢找人給他們寫小說，但是找了很久找不到人。他們本能地知道如果有個大的敘述，把他們都容納起來，會變成一種藝術。我想在華語中，要怎麼把自己民族的經驗昇華成藝術，使它成為歷史記憶的一部分，是非常重要的。我們不光是在做歷史，而且要把它重新組織成藝術。中國大陸養這麼多作家，就是要使記憶成為大歷史的一部分，不管這個記憶是不是正確、真實，但只有透過歷史才能真的超越歷史。必須從歷史出發，建立在每個個人完整的環節上，才能創造出超越時間的東西。當然，達到那個程度一方面要靠個人努力、個人才華，還要靠運氣——不光是個人的運氣，往往也是一個體制、一個國家、一個民族的運氣。就像俄國民族，儘管在政治、經濟方面受到壓迫，可是短短三、四十年間出現了那麼多巨人、大師，這根本是沒法解釋的，那就是運氣，因為天才在那時候出現了。寫作的工作非常的辛苦，好像看不到希望似的，但是我常對學生說：「你總要幻想自己在做偉大的工作。」不管是不是如此，但有個幻覺是很重要的。就像尼采說的：「造就偉人的不是力量，而是持久的偉大思想感情」。你要能持續，要有足夠的信心和耐力去完成自己的工作。此外，作家還要有眼界，看得要比別人高一些，就算知道自己達不到，也要能拍拍自己肩膀，安慰自己有希望達到，要有這種心態。

　　紀元文（中研院歐美所副研究員）：謝謝哈金教授跟我們分享創作小說的經驗。您的作品在美國得到國家書卷獎，這是連美國作家都很難得到的獎項，成就非常傑出。我們曉得作家在創作時會把個人經驗、閱讀經驗等，都塑造在人物上。比如說從您剛說的心靈，我看到了一個慈悲的心靈。請問您的哪部作品最有您自己的聲音在其中？此外，您也在大學教文學創作，熟悉中西文學創作理論與技巧，請問實驗小說的形式有沒有出現在您的創作中？您如何把實驗形式融入自己的創作？

　　哈：您說的是什麼樣的實驗形式？

　　紀：比方說意識流。

　　哈：是的。其實獲獎，很多都是偶然的，要看那一年都是什麼人出書？評審委員是誰？書寫得怎樣，其實自己心裡有數。最主要的是在每個人心中要有三、五本自己的landmark books（標竿著作）。一般作家出了三、五本書之後，多一本少一本已經不是那麼重要了，重要的是要在這一代人的腦海中留下什麼不朽的著作。我有個優秀的學生已經出了兩本長篇小說，我叫他別再寫這種東西了，應該think about the great book（考慮寫偉大的書）。至於您說的實驗性，在美國大概還有兩、三個寫作工坊還做這些，靠近科羅拉多有一個，最近好像水牛城也跟著開始，比方有的小說只是三、五句話。其實這種東西，大部分的文學作家是不鼓勵的，我們也不鼓勵。基本上我們講究主流小說，俄國文學傳統，這不單單是我，在我之前也是這樣。我在美國很大的發現就是，他們對俄國文學總是恭恭敬敬的。舉個例子，卡佛（Raymond Carver）眼下在中國大陸非常時髦，因為他的故事選集剛出版，但是如果您看他的小說，會看到他的小說都是學契訶夫的。他癌症晚期快去世時，心願就是重讀契訶夫的Garnett譯本，於是就和太太一起把十三卷的Garnett譯本從頭到尾再讀一

遍,不難想像契訶夫已經滲入他的骨髓了。卡佛算得上是實驗性的代表性作家,但他真正的起點還是契訶夫。這給我們一個啓示:我們學外國作家的時候,不要從他們的終點開始,而是要找他們的起點;找同樣的師父,那麼你們就是師兄弟的關係,而不是師徒的關係,這是很重要的。短篇小說的主要作家,我想除了安潔拉卡特(Angela Carter)以外,契訶夫都在他們的腦海裡。我們不是說不該在敘述中尋求實驗,應該去實驗,因爲總有一個很難、但也是最好的辦法來講故事。

我現在有個學生在寫歷史小說,是有關一個歷史人物,這個人在當時很有名,她是個瞎子,不會說話,沒有嗅覺,也沒有聽力,什麼感覺都沒有。他已經用這個女人的口氣寫了幾個章節,但又透過別人的語氣來寫當時發生的事件。有個問題是,他使用第一人稱,而這個女人什麼感覺都沒有,那麼她的聲音肯定不如別人,別人很可能就把故事的中心帶走了。我後來想到一個辦法,建議他也許需要用上帝般全知全能的聲音來敘述,而在某些章節中又保留這個女人的聲音,這也是一種實驗。要努力找到說故事的最好辦法。英文中說:"Technique is whatever works",什麼管用,什麼就是技巧。作家要用客觀的實驗來找到最好的技巧。

常成(傅爾布萊特訪問學人):哈金先生,我非常敬重您的價值觀和努力。但是我自己做韓戰戰俘的研究,我去過大陸訪問這些韓戰戰俘,訪問過在台灣、在美國的戰俘,也認識和您發生爭議的張澤石先生。您剛才說他們想找人來寫小說,但找不到人來寫。其實,張澤石自己寫過。當然,我知道您們之間的爭議,也很敬重您的價值觀,但我覺得矛盾的地方是:您很強調人性的一面,但爲什麼不想去和那些老先生達成和解?也許是您的出版社藍燈書屋的律師不

允許您這樣做。但您爲什麼不可以直接和他們溝通來解決這些問題？

　　哈：這件事情的來龍去脈是這樣子的。我寫《戰廢品》時，有本書叫《美軍集中營親歷記》，是一些老兵戰俘一塊寫的，由張澤石主編。這本書收了他的一篇文章，是關於杜德將軍的細節，這是一個主要的歷史事件。當時他編著的其他書我都不知道，別的書都不是小說，而是回憶錄。他那本書是北京的中國文史出版社出版的，歸類爲史料。這個事件是歷史事件，而我作品中放進去的一個人物，跟他是有重疊，但又不一樣，因爲這個人物之後在別的地方又出現。我寫作當時是在亞特蘭大，那裡沒有專門的圖書館，因此並不知道張澤石其他的書，但這本書我是在舊金山的一間華語書店偶然買的。書寫出之後，我在書末附上書目，把參考的資料全列出來。

　　後來，大陸有個記者寫文章，說我的書是建立在張澤石的一本書上，好像叫《戰俘手記》。她來訪問我，我才知道有這本書，這個記者在訪問回去之後，寄給我這本書。但是《戰廢品》和《戰俘手記》，就是在《美軍集中營親歷記》中出現的那一章，有重疊的情況，因爲我在書中也描寫了那個事件。我的書出來以後，我詢問那位記者，那些老兵中還沒有人活著，他們是不是有個委員會或什麼組織，我想把這本書的稿費捐給他們。過了一段時間，就傳回來這事，要叫我賠款。

　　一說到錢，問題就變得複雜起來。我想這問題是因爲他們有官方在後面支持，說要打官司。其實原先那本書是作爲史料出版的，史料本身並沒有版權，而我也給了他們credits。雙方的律師在書信往來中也說到，究竟是哪本書用了他們的版權？這問題很好解決。如果說《戰廢品》和他的書中有任何重複的地方，那是我沒給他credits。實際上就是那本書中的一章，而那本書又歸類爲史料，史

料是任何人都可以用的。想法和經驗是沒有版權的；有版權的是敘述的形式和表達的次序。而且我那段的次序和他的也不一樣，我的是調過來的。事情就是這樣。如果我當時真知道他有別的書出版，那麼我的研究工作會做得更仔細一些，更嚴謹一些；但我並不知道。

事實上我還遇過一個美國老兵，韓戰時在76號戰俘營中看見《戰廢品》中的那一段時說這一幕我知道。那位記者寄給我《戰俘手記》，我回去看，還真的有，可我沒能用上這麼好的細節。我想就是這種情況。很多問題來自很多方面，官方的問題，或政治上的問題。另一方面來說，我並沒有做出不對的事情，這是很清楚的。我的律師也一直要求張澤石的律師把版權項拿出來，但是他一直拿不出來，因爲史料是沒有版權的。當時中國大陸的大報、小報都在報導這個事情，這是很嚴肅的，但我突然覺得在面對一個國家，只能保持沉默。但一開始我就跟學校報告了這個情況，因爲這是很嚴肅的事情。在大陸有其他作家，比方說大鷹，寫過長篇的報導，也是根據那章來的。我還用了別的英語資料來源，也都寫到這個事件。很多事情讓這個問題愈來愈複雜。當時那本書大概掙了7萬塊錢，我是準備捐出去的。我也跟別人談過。但是一提到錢，整個事情都變得激動起來，大概就是這個情況。

王安琪（亞洲大學外文系教授）：我的問題很簡單。我在教《等待》（*Waiting*），很好奇您那些寫景的文字是不是納入自己寫詩的經驗？因爲那些文字非常的詩意，但看起來卻好像很簡單、很隨意、很渾然天成。您在寫作的過程中，有沒有特別用心去寫那些文字？第二個問題是，您的英文怎麼能寫得那麼漂亮，是怎麼練出來的？《等待》怎麼得到美國國家書卷獎、美國筆會／福克納小說獎這兩個大獎呢？

哈：實際上您不能拿得獎來衡量一部作品。至於那本書的文字，

可能因為當時我在教詩歌寫作，自己也寫詩，所以寫出more lyrical prose(更抒情的散文)，而且那是個愛情故事，自然而然會有這種風格。此外，還有三本重要的愛情小說在後面：像《安娜卡列妮娜》、《包法利夫人》和《父與子》。至於那些描寫，我想很多東西可能都不存在了，但是透過文字可以保存下來。至於英文，當然要改很多、很多遍，就看你能忍受多少遍了，《等待》大概改了三十五遍左右吧。但是那本書有個問題，我剛才也說到，我把原來一百多頁的中篇拿回來加了一章。麻煩的是，加了一章之後，別的地方和前面又出現了矛盾，所以前面也要跟著改，後來又加了一章，讓全書有三部分，每部分有十二章，我看了覺得剛好平衡，也就是英語所說的balance，因為故事有自己內在的秩序，需要自己豐滿，有自己的結構，自己的symmetry(對稱)。我的工作就是把故事充滿發揮出來。

蘇榕(國立台灣師範大學英語系副教授)：您剛才提到的創作經驗，給我們這種寫論文時常會卡住的人很大的鼓勵。您有幾個原則，比如福樓拜說的：「天才是長長的耐心」，還有「唯一的方法就是最困難的方法。」我想請教的是，您在創作的過程中有沒有碰到瓶頸的時候？都是怎麼克服的？是靠耐心加耐心加耐心？還是有遊戲般那種很喜樂、很高興、很興奮的時刻？

哈：有是有。但並不是說你就不解決了。呵呵……

蘇：是不是耐心才是最後的解決之道？

哈：對。以前有問題想不通時，我就沖個熱水澡，一放鬆往往就能想通了。但也不光是這種情況，還有很多事情要做的，最終就是得花很多的時間。像寫南京大屠殺，事實上試了兩次我都覺得不行了，非常掃興，已經做了兩年的東西我得扔掉了，但又覺得不甘心，又鑽了回來——沒辦法，只得慢慢做。

蘇：謝謝，這讓我們寫論文時會增加一些力氣。

單：非常謝謝哈金先生精采的演講，也謝謝各位的問題，以及哈金先生非常精采、坦誠的回答。謝謝大家。

哈金，本名金雪飛，出生於中國遼寧省。年少時加入人民解放軍，退伍後先在佳木斯鐵路公司工作三年，後來考上黑龍江大學，被指派為英語系主修生，並於1984年取得山東大學英美文學碩士學位。1985年赴美留學，1992年取得美國布蘭戴斯大學博士學位。1989年天安門事件之後，決定留在美國，並選擇以英文從事文學創作。目前任教於美國波士頓大學。

冷戰初期的「民族」與「民主」

孫　歌

一、導言

　　二戰結束，即是冷戰時期開始之時。冷戰作為一個歷史結構，主導了二戰結束之後到蘇聯解體半個多世紀的世界格局。作為一個籠統的判斷，這個說法是沒有錯誤的。但是，假如我們把這個說法放到歷史中去檢驗，那麼顯而易見，有一些非常重要的問題並不能被回收到這個判斷中去。這些問題是：

　　第一，冷戰格局的形成是在二戰期間，它的準備期卻是從一戰結束、蘇維埃政權誕生之後就開始了。但是，由於世界反法西斯鬥爭的需要，這個緩慢形成的「自由民主的資本主義社會」與「獨裁專制的共產主義社會」的對立結構，在前冷戰時期並非是截然對立、水火不容的。換言之，我們可以問，冷戰時期與前冷戰時期是否具有不同性質的歷史內容，冷戰格局是否是前冷戰格局的必然發展結果？

　　第二，冷戰格局形成之時，除了蘇美兩國的對立之外，還存在著各種不同層次的對立。比如亞洲殖民地國家與西歐殖民宗主國之間的對立；亞洲內部被侵略國家與日本的對立；東亞、南亞、東南亞多數國家在獲得民族自決權的同時在其內部發生的分裂乃至內戰

衝突，等等。這種種對立是如何組織到冷戰格局中去的？抑或它們並不能完全被冷戰結構所涵蓋，不能被冷戰話語所表述？

第三，在冷戰初期，還存在著非常廣泛的非政府國際聯盟，以及由這樣的聯盟所發動和支持的民間運動。在這樣一個運動的視野裡，可以觀察到一些與國家行為錯位甚至對立的民間立場。在冷戰結構顯在化之前，尤其是二戰結束之後到朝鮮戰爭爆發之間的這一段時期，這些民間運動曾經擁有過自己的理念，這些理念具有著對抗冷戰意識型態的能量；但是隨著冷戰的升級，這些民間運動逐漸被吸納到冷戰結構中去，從而逐漸削弱乃至失掉了自身的思想能量。在冷戰意識型態依然陰魂不散的今天，重新回顧當年民間運動的基本理念，是否真的不具有現實意義？

第四，在二戰過程中獲得了民族自決權的大部分亞洲國家，在冷戰格局形成之時並非立即認同這個結構。其結果，在相當長的一個歷史階段中，亞洲國家中形成了緩衝冷戰的「中間地帶」。這個中間地帶由於經濟落後和相互之間的矛盾衝突，並沒有形成取代冷戰結構的世界性主導格局，但是它卻一直存在並且不斷變形。在冷戰結構解體的今天，如何看待這個曾經發生過巨大作用的「中間地帶」？

如果我們把冷戰的過程看作是一個自第二次世界大戰結束至蘇聯解體的世界性歷史結構，那麼上述問題必然被視為「派生性」的問題。或者相反，如果我們把上述問題對立於冷戰結構，那麼這些問題與冷戰之間的互動關係也將會被遮蔽。在冷戰已經成為歷史的今天，有一個基本的課題卻沒有失掉它的現實意義，那就是作為冷戰產物的冷戰意識型態，依然潛移默化地支配著今天的世界認識。必須承認，當冷戰結構解體、世界上大大小小的後發達國家在資本主義的世界體系中「興起」的時候，全世界的知識分子卻尚未找到

調整自己認識論的有效方式。因此,冷戰意識型態雖然脫離了冷戰歷史過程,卻依舊充當當今世界的主導認識工具。正是在這個意義上,把冷戰視為一個思想史討論的媒介,而非出發點或者終結點,將是一個值得嘗試的分析視角。

「民族主義」與「民主主義」,與冷戰這一歷史過程有著密切關係。回顧它們所由產生的歷史背景,確認它們在歷史沿革過程中的具體形態,特別是關注這兩個概念中那些沒有成為主流意識型態、但是卻暗含了巨大潛在能量的思想要素,或許對於我們擺脫今天歷史認識的貧瘠狀態有所幫助。

本文主要討論在冷戰結構形成的初期階段,「民族」與「民主」這兩個概念是如何被使用的,以及它們之間的關係如何。本文的主旨在於,「民族」與「民主」這兩個概念都是歷史性的概念,使它們在政治場域中發生關聯並日益結合為一體的,是歷史的理由而不是知識的理由。特別是當它們分別與「主義」相結合從而構成政治學的兩大概念的時候,不追溯其歷史形成的脈絡,幾乎無法確定其準確的內涵。

東北亞地區在二戰後的冷戰結構中,逐漸形成了自己的知識格局和思想格局。本文希望在上述思想史討論的基礎上,進一步勾勒這種格局的基本輪廓。

二、戰後世界冷戰格局中的「民主」概念

在二戰基本結束、「鐵幕」拉上的過程中,「冷戰」並非是一個輪廓清晰的固定格局。眾所周知,在二戰後期,史達林直到蔣介石政權呈現了明顯的敗象為止,都沒有真正確立支持中共打擊國民黨的政策;相反,進入中國境內的蘇聯紅軍,在多數情況下採取了

配合國民黨軍壓制共產黨軍隊的措施。其後的朝鮮戰爭，更不是一個明確的「自由民主的聯合國」與「獨裁專制的共產主義」之間的對壘；把中國推上前臺的史達林，一直對於介入這場戰爭保持著高度的戒備狀態，盡可能地對美國顯示「中立」的姿態。當一切塵埃落定，事後回想這段歷史的時候，後世的人們傾向於把這段極端混亂的歷史過程整理為輪廓清晰的「冷戰對立」，並使用「社會主義陣營與資本主義陣營的對立」這樣的模式去表述它；但是這種簡化最大的問題在於，它忽略了那些並非可以用二元對立加以歸納的歷史要素，而這些歷史因素卻恰恰具有非常重要的認識論意義。

在這段歷史裡，民族與民主這一對範疇也同樣具有這樣的歷史性格：它們並不能夠僅僅被它們的對立概念所定位。或許正是在二戰結束之後的最初10年裡，這一對概念具有最為豐富的歷史涵義。它所包含的理論可能性與現實關懷，遠遠超出了後冷戰時期的知識能量。

一個最基本的事實是，在二戰結束之後，亞洲國家重建自己的政治社會時，是否選擇社會主義這種政治形態變成了一個實際問題。在一些共產黨勢力相對薄弱的地方(例如印度以及東南亞其他國家)或者由美國高度掌控的地方(比如日本、臺灣和朝鮮戰爭停戰後的韓國)，社會主義和共產主義並不具有社會現實基礎，因而成為一種真正意義上的「他者」；但是我們可以觀察到，即使在這些區域，有能力製造意識型態的人們(這裡說的主要是知識分子)對於社會主義的態度，仍然具有程度不同的寬容性和理解力。這種狀況的主要原因在於二戰中形成的國際政治結構，這個基本結構就是以英、美、蘇為首的盟國共同對抗德、意、日法西斯，它使法西斯成為世界公敵，而使盟國內部「資本主義與社會主義的對立」成為第二義的對

抗。

　　1948年夏天，聯合國教科文組織發動了一場討論，並在討論基礎上形成了一個呼籲建立和平機制、消除戰爭隱患的聲明。這個為時兩周的討論由八位社會科學家參加，他們的國籍分別為美國、巴西、法國、加拿大、英國、匈牙利。除美國參加者為三人外，其他國家均為一人。這個會議召開的時候，遠東的中國戰場上，國共內戰尚未結束，美國與蘇聯在如何插手中國事務的談判中正在翻雲覆雨；很明顯，在鐵幕已經啟動、冷戰正在推進的時候，聯合國教科文組織的這個會議卻是朝向另一個方向，即促進各國之間的和平與相互理解的方向推進的。在這個聲明發表之後，同年12月，聯合國發表了《世界人權宣言》，而教科文組織的討論，在事實上正是為這個人權宣言的產生所做的先行研究。

　　教科文組織在這個時期的努力，從一開始就引起了一些爭議。它推動的一系列討論雖然旨在從學術的角度追究戰爭為什麼會發生，如何防止再度出現這樣的世界性悲劇，但是它在人文社會科學領域內設定的課題，卻基本局限於「人類的偏見與無知如何驅動戰爭」這樣一個框架。換言之，它的立場是設定在與現實政治保持一段距離的位置上。在原理上說，從這樣的立場出發討論戰爭與和平這類重大的現實課題的時候，它的功能是間接的，無法直接對抗冷戰意識型態。同時，由於它強調了「心理」的功能，甚至提出了「戰爭起源於心靈」這樣的問題意識，必然招致當時共產主義陣營的反感。據說早在1946年第一次教科文組織全體會議上，南斯拉夫代表就明確反對教科文組織憲章這種「缺少辯證唯物論」的思想取向，認為這個組織的指導方針沒有抓住引發戰爭的真正根源。因此，他

明確地表示，南斯拉夫將不會與教科文組織合作[1]。

　　與此同時，從1948年教科文組織這場討論的人員配置上看，儘管它有著超越鐵幕的意願，但是這種超越顯然力不從心。在八位參加者中，只有一位來自社會主義國家匈牙利，而最具代表資格的蘇聯並未派出代表。相反，美國代表占據了八分之三。儘管來自自由民主陣營的代表中不乏對共產主義抱有同情之心的學者，但是這次討論基本上仍然是在社會主義陣營的「外部」展開的。可以說，在戰後初期的各種國際會議中，這種由美國代表「唱主角」的情況不在少數。

　　但是，從這場討論之後發表的由八位學者〔他們的專業領域分別為社會學(4人)、心理學(2人)、精神醫學和哲學(各1人)〕共同簽署的聲明看，他們卻並非代表美國國家立場，或者充當西方陣營的代言人。相反，儘管這八位知識分子相互之間在見解上存在很多分歧，他們所達成的共識，卻並不能被簡單地視為「冷戰意識型態」。毋寧說，它具有著鮮明的對抗冷戰的烏托邦色彩。因此，他們與西方世界的主流意識型態之間，明顯地存在著某種張力關係。

　　以這八位社會科學家之名發表的聲明〈社會科學家為和平而作的如下呼籲〉，就12個問題達成了一致見解。在整體上呼籲和平與和解的前提下，其中有些觀點非常值得關注：第一條指出人類本性共通的欲望並不是戰爭，而是遠離饑餓、疾病、不安與恐懼，以及和睦、被尊敬等情感；第二條至第四條提出最大限度地限制戰爭的條件在於調整現代生產力和資源利用狀況，而經濟上的不平等和不

1　參見1948年日本《世界》雜誌所載座談〈唯物史觀與主體性〉，〈丸
　　山真男座談1〉(岩波書店，1998)，頁90-91。本文關於教科文組織
　　哲學和思想取向的討論所參考的資料，全部來自日文文獻，特此說
　　明。

安定才導致了戰爭;同時,社會正義的實現不僅依靠改變人們的思
維方式,而且需要超越濃厚的國家主義色彩;第八條和第九條提出
社會科學家由於國家的、意識型態的和階級的差異而相互隔絕,這
使得他們不僅難以進行客觀的研究,而且很難聯手對抗那種爲政治
服務的偽科學理論。第十二條提出「爲自己所屬集團所進行的努力
與爲人類而作的努力並非不能兩立」,等等[2]。

　　從今天的國際關係角度看,上述這些分析似乎沒有太多特別之
處(儘管它們在今天可能仍然具有現實意義),但是在二戰結束後的
國際政治關係中,這個聲明的意義卻是重大的。在當時共產主義意
識型態看來,這個聲明無疑是屬於「資產階級」的;但從資本主義
陣營的意識型態角度看,特別是在冷戰意識型態已經形成的時候,

2　參見日譯本,載《世界》1949年1月號。以下爲部分譯文。「第三
　　條……正是經濟的不平等、不安定、失望,引發了所有集團之間和
　　國家之間的抗爭。而所有這些事實,又往往誘導人們盲目地相信那
　　些錯誤的意象,以及過於單純的解決方案,或者聽信煽動家們轉嫁
　　責任的動員。這種情況往往構成下述緊急狀態的一個重要原因——
　　甲集團把乙集團作爲目標,將其設想爲一大威脅。」「第四條 國家
　　間乃至國家群間的近代戰爭,被國家代代相傳的自負的神話、傳
　　統、象徵之類的要素所孕育。今天通行的社會象徵中,依然包含著
　　眾多濃厚的國家主義色彩,正是這些要素,在世界事實上已經相互
　　依存一體化之時,依然阻礙著超越政治的國境所進行的自由的思想
　　交流。」「第八條 現在有許多社會科學家在進行這方面的研究。但
　　是他們至今仍然因爲國家的、意識型態的、階級的差異而相互隔
　　絕。而且由於這種差異,當那些爲政治指導者自身目的服務的偽科
　　學理論出現的時候,社會科學家對其進行有效抵抗會非常艱難。」
　　「第十二條 社會科學家對於世界上所有的國民,可以提供揭示下述
　　問題的力量:一國國民的自由、幸福,最終是與世界上其他國民的
　　自由、幸福緊密結合的;世界不應該成爲弱肉強食的場域。」上述
　　引文轉引自《世界》1985年7月臨時增刊號《戰後和平論的源流》(岩
　　波書店),頁99-102。

這個聲明卻顯然包含著對共產主義的「過度寬容」。完全可以想像
這個聲明在當時腹背受敵的狀態，但是，它卻在冷戰伊始便奠定了
對抗冷戰的思想立場。這個立場的終極目標是和平，而重要的支柱
就是民主。我們可以清楚地觀察到，聯合國教科文組織推出的「民
主」概念，植根於西方經典自由主義，它的歷史條件和社會基礎基
本源自歐美發達國家；教科文組織並非在兩種意識型態的對抗中不
偏不倚，但在充滿爭議的狀況中，它仍然推出了一個饒有興味的視
角：世界上存在著兩種民主主義，一種是以西方自由主義社會為基
本模式的「形式民主主義」，一種是以蘇聯社會主義社會為代表的
「人民民主主義」。它同時還明確了進一步的問題，那就是這兩種
民主主義都是「意識型態」，因此兩者之間的對立屬於意識型態的
對立[3]。在這樣的視野之中，「民主」作為一種意識型態，它的絕對
性僅僅是針對法西斯主義而言的，在後冷戰時期可以觀察到的「民
主」對「獨裁」的二元對立思維，在冷戰前期雖然也有顯露，卻並
未真正形成主導性的認識論。恰恰相反，在冷戰初期，爭論的焦點
在於「什麼是民主主義」。

　　「關於民主主義的意識型態對立」是教科文組織在1948年進行
的一項問卷調查，這份問卷被發放給鐵幕兩側的500位思想家，徵求
他們對問卷所提四個問題的回答；教科文組織的這個舉措與它對於
當時國際局勢的判斷有關。在調查意向書中，教科文組織指出，在
兩次世界大戰中「民主主義」都構成了關鍵字，例如1918年一戰結
束被認為是「民主主義的勝利」；1943年羅斯福、史達林、邱吉爾
在德黑蘭會談時為盟國樹立的目標是建立「民主主義諸國的世界家

3　聯合國教科文組織委員會，〈關於民主主義的意識型態對立〉，《世
　界》1952年8月號。

庭」；1945年的雅爾達、波士頓宣言也都強調了「遵守民主主義的
各項原則」。但是，這些場合使用的「民主主義」所指稱的對象卻
未必是同一個東西。當二戰結束之後，這樣的分歧日益顯露。意向
書指出，在諸大國的宣言中並無分歧的各項關於民主的原則，一旦
應用到具體問題中去的時候，就產生了意見分歧。例如一方認為民
主主義不能在種族歧視、剝削民眾和掠奪殖民地的基礎上繁榮；另
一方則認為民主主義不可能在一黨執政、不允許反對黨存在的地方
發展。教科文組織認為這種對立的背景非常複雜，需要進行觀念的
清理和哲學層面的平等討論，它試圖在意識型態對立的兩大陣營之
間建立這樣一個討論的空間，並通過討論尋找和解的途徑。教科文
組織給出了四個問題：

　　一，如何看待民主主義這一辭彙在使用過程中的曖昧性以及口
號性質？判斷使用錯誤的標準是否存在？認為只有一種使用方式是
正確的並排斥其他方式的做法，其歷史的基礎是什麼？二，僅僅作
為政治概念的「形式的」民主主義和作為更廣義的社會及政治概念
的「真實的」民主主義，兩者之間存在什麼樣的關係？民主主義僅
僅意味著普遍選舉權，還是意味著更多的平等權利——例如教育、
經濟？三，寬容的問題。民主主義是否意味著不加限制地容忍所有
立場的團體都參加政治生活且對輿論施加影響？抑或有所限制？它
是否意味著必然有多個黨派存在？它有沒有與「反民主主義」的團
體進行鬥爭的義務？四，現行論爭所顯示的分歧，是反映了價值觀
的根本對立因而不可能消除，還是在其深處也包含了意見的一致性
與和解的可能性[4]？在這四個大問題項下，還有共計30個具體的子問
題，教科文組織要求回答者不必全部回答，但務求回答的部分要進

4　同上，頁22-24。

行透徹的分析。

在發出問卷的同時，教科文組織還做了其他的一些事情以強調
這項工作的緊迫性。日本《世界》雜誌在1952年12月號刊登了1948
年的另外兩份檔案，一份是起草該問卷的專門委員會成員關於問題
重要性的聲明，另一份是該委員會關於基本概念哲學分析的報告。
與同一時期關於和平的聲明一樣，這兩份檔案也具有非常強烈的現
實危機感，它們說明這份問卷的真正意圖在於通過清理混亂的概念
理解，在思想上甚至是意識型態上找到通向和解的有效途徑。不過
問題還不僅僅如此。它們還對民主主義概念在使用過程中的具體問
題進行了勾勒，這才是在今天這些檔案依然具有意義的原因所在。

問卷的子問題中，涉及到了林肯「人民的、依靠人民的、爲人
民的政府」這一演說詞，它在當時被視爲民主主義概念討論的出發
點；它還涉及到了托克維爾1848年9月在憲法會議上的演說，該演說
反對把社會主義視爲民主主義的一種形態，強調：「與民主主義在
自由中要求平等相對，社會主義是在壓制和隸屬中要求平等的。」[5]
問卷同時還援引了列寧和史達林的說法，他們指出上述「形式民主」
的核心在於保護少數人的利益和自由。教科文組織提出了這樣的問
題：人們普遍認爲並不存在「一般性的民主主義」，只存在著多數
具有不同歷史和社會乃至心理機制的「各種民主主義」。針對這一
基本狀況，教科文組織把民主主義大致分爲兩種形態：政治民主主
義和社會民主主義。前者注重普選權等政治參與的形態，而後者注
重的是多數人的社會平等問題[6]。

5　《世界》1952年8月號，頁28。
6　〈關於民主主義的意識型態對立的教科文組織問卷〉，《世界》1952
　　年8月號，頁26-29。

　　教科文組織很清醒地認識到，意識型態的衝突是不可能依靠概念的清理來調解的。同時，對立的意識型態也導致了對於同一事實的完全不同的認知。但是，它仍然強調這種「哲學整理工作」的必要性，因為它至少在認識論和知識的層面上讓意識型態衝突的性質明確化，並從混亂的問題中分離出真正的論點。針對當時冷戰兩大陣營各自用自己的理想來取代現實認知，並按照理想狀態指責對方現實的問題的做法，教科文組織認為必須詳細地分解民主主義的各個具體環節，通過對這些環節的討論揭示這種對立的真實狀態[7]。

　　圍繞著教科文組織提出的「關於民主主義的意識型態對立」，日本的幾位自由主義和馬克思主義知識分子曾經在1953年進行過一次討論，並從日本自身的歷史經驗出發，深化了這個基本命題[8]。討論者之一丸山真男提出了一個討論前提：民主主義不是學者在研究室中製造出來的思想，它是在劇烈的鬥爭實踐中發展出來的意識型態，與人們不斷變動的日常需求和價值觀等等密切相連，因此僅僅使用形式邏輯和概念加以組合，會使它喪失生命力；但與此同時，如果缺少必要的整理，它的濫用和混亂又會導致不必要的摩擦。丸山呼籲，要在「兩種民主主義」之間發現「最大公約數」，而不是相互指責，這才是建設性的態度。

　　這個討論會對「兩種民主主義」進行了進一步的詮釋。有趣的是，他們並沒有沿用教科文組織關於政治民主和社會民主的分類，而是使用了「形式民主」和「人民民主」的分類方式。恐怕這與1953

7　〈委員會成員關於問題重要性的聲明〉，《世界》1952年12月號，
　　頁42。

8　〈關於民主主義的意識型態對立和日本〉，《世界》1953年1月號，
　　頁73-106轉頁129。出席這次座談會的有：蠟山正道、平野義太郎、
　　古在由重、鵜飼信成、辻清明、丸山真男、久野收。

年這個特定的時點有關[9]。論者指出,在歐美的近代傳統中,自由主
義通行無阻,民主卻被視為含有危險性的觀念。對於既得利益階層
來說,大眾的政治參與具有威脅性。因此,在實質上變革社會與經
濟制度的民主改革,和不關涉社會變革、只是讓人民參與政治決策
的民主程序,就形成了對立。這種對立就是人民民主與形式民主的
對立。討論者特別指出了「形式民主」的歷史沿革過程,作為歐美
發達國家的歷史產物,它一直是一種有意味的形式,亦即具有含義
的形式。而這種有意味的形式的社會土壤,在於人民對於民主程序
這一形式所具有的意味(亦即它所可能達成的結果)不僅有理解力,
而且還擁有相當的期待。正是這種期待,有助於在歐美發達國家形
成依賴於程序的一整套政治制度,同時在另外一面,它也恰恰因為
這種純粹的技術性格而在20世紀之後漸次失掉了內容,成為與現實
割裂的抽象形式。與此相對,在實現了社會主義巨大變革的國家,
例如蘇聯和東歐各國以及中國,最為缺少形式民主的傳統,這些地
方的為政者毋寧說是首先通過「獨裁」的過程來建立實質上的人民
民主社會,然後才有可能推進程序上和方法上的民主。

形式民主與人民民主在歷史發展過程中哪一方處於初級階段,
這個馬克思主義的基本命題在這個討論中引起了分歧。自由主義者
顯然並不認可把後者視為前者的高級階段的簡單圖式,他們強調的
是在歷史發展過程中這兩種民主在兩種社會制度下是同時並存的;
而馬克思主義者則強調形式民主的局限性,認為人民民主才是人類

9　與1948年的國際形勢不同,1953年已經在東亞出現了社會主義政治
　　形態,中國革命的成功、朝鮮戰爭的停戰、舊金山和約的簽訂方式
　　和美國占領軍在日本民主政策虛偽性的暴露,使得日本知識分子喪
　　失了對美國式民主的好感,反倒對新中國的民主前景充滿了期待。
　　這種情況一直持續到了1960年代初期。

社會的理想狀態。在尋找最大公約數的誠意下，這些立場不同的日本知識分子避免了在這個問題上的對峙，把話題最終轉向了日本如何民主化的問題。但是至少在一個基本問題上他們達成了共識——曾經聯合起來對抗法西斯的「兩種民主主義」，現在卻互相以對方為敵，而以民主主義自居的歐美國家對共產主義顯示了明確的敵視態度，這種非寬容的精神本身就是違背民主主義原理的。毋庸置疑，這種略顯書生氣的論述並無扭轉現實國際政治局勢的現實功能，甚至也無法真正有效地對國際政治狀況進行批判，特別是當社會主義陣營的政治與社會實踐剛剛從蘇聯推向更多國家的時候，這種「人民民主主義」的輪廓還沒有真正定型，日本知識分子顯然具有很多一廂情願的美好想像。但是儘管如此，這些論述卻很鮮明地顯示了一個特定時代的認知狀態：比起後冷戰時代貧瘠的「民主主義」意識型態，冷戰初期的知識分子對民主主義的理解顯然更豐富也更歷史化。或許正是因為如此，在冷戰意識型態形成的時期，這種歷史化的認識本身反倒不具有意識型態的功能，也很難直接參與到意識型態對抗中去。而正因為如此，它才保存了那個時代思想生產的複雜張力，為後世留下一些重新進入這些問題的線索。

三、「民族」概念的亞洲定位

在二戰結束之後，「亞洲」並不是一個絕對意義上的獨立範疇。作為遠東戰場的主要構成部分，東北亞的中國、蒙古、朝鮮半島和日本的主權問題都被作為以美國和蘇聯為主的西方大國爭奪世界霸權的籌碼，而中國和朝鮮也反過來利用美蘇爭霸的局面，試圖借助於外部力量解決內部政治勢力的對立，最終確定政權形態。東南亞各國在爭取民族獨立的過程中，也面對了如何利用二戰結束的時機

轉化歐洲宗主國在自己內部的勢力、從而消除內部的異己力量建立
政權的問題。在此意義上,可以說,亞洲各國在二戰過程中謀求民
族獨立,並非是一個簡單的「內對外」的對抗過程,這個逐步實現
的民族自治,恰恰因爲具有了某種程度的「西方內在化」的因素,
這就迫使亞洲各國的政治經濟以及社會生活不得不與外來政治經濟
文化機制發生融合,其結果,使得獨立之後的亞洲,不再可能回到
西方入侵之前的狀態。如果換一個角度來看,可以說在不同程度上
獲得了政治主權獨立的亞洲各國,也同時在不同程度和不同層面上
使西方大國內在化了。日本是一個最爲極端和顯在的例子,它的「獨
立」是以美國最初的軍事占領(尤其是對於沖繩的長達20年的管制)
以及其後的美軍基地駐留爲前提的;其他並非如此顯在化的地區,
狀況也有著某種類似性:朝鮮半島至今仍然處在「停戰」而非「休
戰」狀態;中國在二戰結束之後產生的大陸與臺灣的對立,也同樣
並非僅僅是內部的分裂,蘇美的介入與掌控一直以各種形態起作
用。擺脫蘇聯與美國的介入,需要一個漫長的歷史時期,而在這個
漫長的歷史時期中,資本的全球化過程卻在實質上使得這種「純粹
的亞洲」不再具有現實可能性。

　　但是「亞洲」作爲一個論述範疇,在戰後的歷史裡卻依然是重
要的和無法迴避的。因爲,它意味著東方的舊殖民地已經開始擺脫
殖民統治,新的世界格局開始形成。這個變動是劇烈的,它必然帶
來價值觀念與思維模式的變動。

　　與聯合國教科文組織討論民主意識型態與和平的關係幾乎同
時,另外一個國際性的組織「太平洋國際學會」(以下簡稱爲IPR)
也以類似的方式推動著關於亞洲民族主義的討論。1950年10月,IPR
在印度的勒克瑙(Lucknow)召開第11屆國際會議,中心議題爲「亞
洲的民族主義及其國際影響」。與教科文組織組織討論時參加者的

構成情況相類似，這次會議上美國知識分子發揮的作用也是相當主導性的。

1925年IPR創立於美國，是一個國際性的非政府組織，旨在以學術的方式討論太平洋地區各國的基本狀況，並通過促進相互理解來維護和平，這個主旨與教科文組織非常相近。在創立當初，中國、日本、朝鮮都是其成員並在本國建立了分會；但是在1950年，中國已經成立了共產黨領導的新政府，國民黨時期的IPR中國分會因多數成員流亡國外，已經在事實上解體，替代的組織未及形成；朝鮮正處在戰爭狀態之中，只有日本分會在1949年以「復歸」的方式重新獲得認可，得以派出代表團。

這次討論會雖然以「亞洲」爲基本視角，但是與會的九個代表團中有五個來自亞洲以外地區[10]，且來自亞洲的參加者幾乎全體都受過良好的西歐思想教育，有能力使用西歐的概念框架來討論問題。儘管他們未必因而贊同西歐的立場，但是他們的教育背景卻構成了以西歐思想爲前提的對話框架[11]。這一在亞洲崛起時期形成的討論亞洲問題的知識模式，其長處在於避免了因爲西方世界對於亞洲狀況的陌生而無法對話，因此可以很好地找到接觸點，也不妨礙東西方知識分子共同批判西方霸權；但弱點在於這種對話框架有意無意地把亞洲作爲西方世界的派生物或者反命題，它妨礙亞洲原理的自主形成。

---

10 會議正式代表團為：加拿大、法國、印度、日本、新西蘭、巴基斯坦、菲律賓、英國、美國。列席代表團為：澳大利亞、緬甸、錫蘭、印尼、馬來、荷蘭、越南。聯合國等國際組織亦派出觀察員。

11 加拿大代表愛德格·馬提尼斯在總結發言中特別強調了亞洲代表受到的西方思維訓練。見《亞洲的民族主義：勒克瑙會議的成果與課題》（岩波書店，1951），頁265。

這次會議中最值得關注的，或許是印度首相尼赫魯的基調講演。他在開頭就指出：亞洲比起世界其他地方，更處在激烈的變化之中，它沒有辦法緩慢地改變；這種急劇的變化伴隨著危險，但是亞洲人別無選擇，而這正是亞洲人最大的苦惱。尼赫魯說：「如果大家想要理解我們，那麼，只是討論我們的經濟、社會、政治或者其他問題，並不能真正達到理解。必須更深入一步，理解亞洲心靈中的這一苦惱。」[12]

美國代表維拉·麥克爾茲·德恩在其報告〈亞洲想要什麼〉中呼應了尼赫魯的這一提議。他在報告開頭指出：「即使是美國那些通情達理的官員，說起中國人朝鮮人來，也不把他們視為民族，而是看作『家畜之群』。這看上去就是在說，我們在亞洲面對的是不具有自己的觀念、恐懼、希望、願望，就連表情和聲音都沒有的群眾，他們似乎是被機械性的衝動所操縱的機器人。」[13]

特別值得注意的是，在這裡與「家畜」對立的，是「民族」概念。「民族」代表的不僅僅是被歧視的有色人種的尊嚴，更包含了豐富的情感和理性。這也正是尼赫魯所說的「亞洲的心靈」。近代以來西方的種族歧視，正是以無視有色人種的「心靈」為特徵的。與此同時，德恩的這種用法傳達了一個重要的資訊，那就是在1950年代，「民族」被理解為擁有自身觀念和理想、可以被有機組織起來的政治群體，這種能力一度被視為白人社會的特權。

尼赫魯在他的講演中指出，亞洲內部存在巨大的差異，因此很難說清所謂「亞洲的感情」究竟是什麼內容。但可以確定的是，它是針對歐洲在過去的幾百年中稱霸亞洲的「反作用」。在同一個意

---

12 同上，頁4。
13 同上，頁14。

義上，尼赫魯也定義了「民族主義」。他說：在殖民地條件下，民族主義是很容易定義的，它就是反對外國勢力的力量。但是在獲得了自由的國度裡，對民族主義的理解不免出現分歧。他承認民族主義具有積極的功能，但仍然強調，構成它的一大要素是否定的或者反對的精神。尼赫魯說，本來作為一國之內進步的解放勢力，民族主義是健全的，但是往往在獲得了獨立之後，這種否定的要素會把它推向反動的膨脹的地步，成為覬覦他國的侵略勢力。因此，民族主義是好的還是壞的，要看它是如何作用的，以及它是存在於哪些層面的。「因此我重視民族主義，並非因為它是好的，而是因為現在在亞洲的大部分地區，它都是必須承認的要素。」[14]

在朝鮮戰爭爆發的時候，尼赫魯迅即表達了印度的中立態度，並盡最大努力在聯合國斡旋，試圖把這場戰爭阻止在萌芽狀態。這次IPR的圓桌會議上，以美國代表為首的很多人對這種方式提出了質疑，認為中立在戰爭狀態下一定是對某一方有利的，所以印度是在幫共產主義勢力的忙。尼赫魯在演講中從原理上回答了這個問題。他說，以惡抗惡的後果是自己也感染惡，這個世界的問題並非是可以靠軍事解決的；但是同時，沒有任何一個國家可以放棄自己組織起來的暴力機構。尼赫魯在這個現代世界最大的悖論面前大聲疾呼：當一國的國民和政府助長軍事氣氛的時候，這個國家的國民將是沒有希望的。即使戰爭不得不發生，在可以制止的時候就應該立刻制止；「否則，戰爭將使我們墮落。」[15]

民族的概念與民族主義的概念，在亞洲後發達國家反對殖民地鬥爭中從一開始就具有悖論性格。正如尼赫魯指出的那樣，民族主

---

14 同上，頁10。
15 同上，頁13。

義的雙重性在亞洲的歷史進程中是相互糾纏的:在世界上存在著不平等和歧視,存在著暴力和戰爭的時候,民族主義就將具有積極的功能;但與此同時,它的否定性格也就同時規定了它可能具有的暴力與擴張性。在一定條件下,民族主義就將走向它的反面,轉化爲它曾經反抗過的霸權。在健康的民族主義和反動的民族主義之間劃出清楚的界線,只有在歷史的語境當中才是可能的;理論上的預設可以推進問題,卻無助於進入現實中的這個極限狀態,因爲理論沒有能力涵蓋「心靈」,亦即沒有能力涵蓋不斷變動的狀況背後的精神動力。

在民族主義問題上處於亞洲最尷尬狀態的,無疑是戰後日本。隨著朝鮮戰爭爆發,以及在美國主導的舊金山和約簽訂之後,日本的進步知識分子推翻了他們在戰敗之初對美國占領當局「民主政策」的信任,開始重新思考「民族」的問題。把民族主義作爲日本法西斯的社會動員能量加以否定,並且試圖建立一個沒有軍隊的和平國家,這個在美國占領之初深得人心的共識,很快就被美國占領當局以民主之名行獨裁之實的事實所打破,而朝鮮戰爭也進一步加劇了日本人對「和平國家」現實性的懷疑。如何才能不與日本右翼同道,在杜絕日本法西斯軍國主義復活的前提下建立「健康的民族主義」,或者找到替代民族主義的更有效的方案?

日本的進步知識陣營找到的解決方案是「和平」。儘管和平代表了一個民族的最大利益,但是它絕不是僅僅限於一個民族的「內部事務」,它必定是與其他民族之間的合作結果。在五十年代初期的和平運動中,日本的知識分子和活動家們並未打出「民族主義」的旗號,但是顯然,這個和平運動的真實結果是造就了日本社會新的「民族感覺」。儘管在後來的「和平主義」論述以及和平運動過程中存在著種種問題和思想分歧,但是畢竟在理論上,日本的和平

運動有著與尼赫魯的中立主義相連的思想能量，它是對於「以惡抗惡」思維模式的最真實的抵抗。在後來的歷史中，當和平運動發展到了跨越國界的程度時，日本的「民族主義」至少已經找到了它脫胎換骨的契機。

四、民主主義與民族主義：社會制度與民族自決精神

當民主問題與民族問題同時出現在戰後思想空間時，它們之間的關係很少被作為一個明確的課題加以討論。但是，在亞洲的民族獨立運動不斷推進的時刻，如何建立國家主權、如何設計政治制度，卻使得這兩個原本並不直接相關的問題具有了密切的聯繫。

尼赫魯在IPR的講演中是這樣回答人們對他是否支持共產主義的詢問的：「亞洲國家無論哪裡，無論是否是共產主義，只要是與民族主義的精神背道而馳的想法，就都不會得到重視。」[16]他強調說，共產主義或許對世界構成了威脅，但是還有更多的其他威脅同時存在著。印度因此要在種種威脅中進行權衡，才能確定自己如何判斷。

在同一個會議上，其他代表也從民族精神的角度談到了中國革命的意義。維拉·麥克爾茲·德恩這樣分析：亞洲人「對於他們所見成為西歐列國傀儡的亞洲領導人——特別是保大、蔣介石、李承晚，抱有深刻的敵意。亞洲人無論自己如何反對共產主義，對於中國毛澤東政府的政策，只要它是反對西歐諸國侵略亞洲諸地域的，只要它意味著排除『外國』干涉，他們都會產生共鳴。……今天，如果中國在與大陸其他國家的關係上能夠避免走過頭，那麼，它將會在

---

16 《亞洲的民族主義》，頁10。

日本失敗之處獲得成功。」[17]德恩的分析湊巧是在中國向朝鮮戰場派出志願軍前夕作出的,它很像是一個預言[18]。

在這裡,民族主義與民主主義之間插入了一個新的維度,那就是「西方干涉給亞洲帶來的威脅」。印度的尼赫魯和美國的德恩闡述了同一個邏輯:對於亞洲人來說,當國際政治關係中存在著西方大國控制亞洲的不平等結構時,民族自決權的定位就將高於社會制度的選擇。在這個層面上,是自由民主主義還是共產主義,並不是最重要的,最重要的在於是否「與民族主義的精神背道而馳」。但是,當民族自決權被確立之後,民族精神是否會如尼赫魯所擔心的那樣,轉變為反動的侵略勢力,這就要看社會制度的制約能力了。德恩顯然對於毛澤東的中國有著某種期待,這就是在國際關係中對於亞洲的其他國家「避免走過頭」,不要把民族獨立的精神導向昔日日本的「大東亞共榮圈」。

德恩認為,在戰後初期的亞洲,獨立並非意味著自由。政治經驗的缺乏和國民素質的低下使得亞洲並沒有西歐和美國那樣的政治選擇,它只能「在兩種獨裁——共產和反共——中二者擇一」[19]。顯然,德恩的判斷與同時期聯合國教科文組織的判斷是不同的,他並不承認共產主義也是一種民主主義。但是,由於民族自決被作為一個重要的前提,在麥卡錫主義已然在美國刮起旋風之際,德恩並沒有簡單地認同極右翼的反共立場,他顯然把民族立場置於民主立場之上,並以一種歷史的態度對待亞洲的不同國情。英國代表麥克馬洪·波爾則指出,在歐洲,國家主權從統治者轉移到一個階級再

---

17 同上,頁16。

18 中國正式向朝鮮戰場派出志願軍是在1950年10月19日。IPR的這次印度會議則在1950年10月3日至15日召開。

19 《亞洲的民族主義》,頁18。

擴展到整個社會，大眾積極參與國家政策形成是進入20世紀之後的事情，這個民主化過程經歷了300年，而在亞洲，僅僅用了幾年或者幾十年就試圖完成這個過程，它必然具有自己的特徵；作爲西歐自由主義核心的個人權利原則，需要一個漸進的過程才能形成，在經濟、政治關係劇烈變革、缺少龐大的中產階級的亞洲，這種自由主義的模式是否適用是一個疑問。資源匱乏和經濟落後，使得亞洲人無法容忍經濟個人主義所必然帶來的浪費和不平等，這也正是共產主義的社會基礎。

　　1950年的這次IPR會議，除了尼赫魯和一位印度代表之外，其他的報告人和圓桌會議的主持人兼整理者都來自西方世界，而且基本上堅持自由主義立場；儘管在圓桌討論中亞洲代表與西方代表就美國的評價等等問題發生了分歧，但是從整體上看，這個會議的歐洲自由主義邏輯是被共用的。值得慎重對待的是，這種自由主義的思路對當時的社會主義─共產主義陣營採取的並不是敵對態度，而是「於他在之中理解他者」的態度。換句話說，與會者雖然並不認同共產主義邏輯，並且認爲共產主義理論中的「專政」部分對於歐洲自由主義立場而言是難以接受的，但是他們並沒有否認社會主義政權和共產主義理論在亞洲發展的歷史必然性。或許正是因爲這種基本立場，IPR才遭受到麥卡錫主義的「親共」指控並在十年之後解散[20]。

20　1957年美國上院國內治安分科委員會曾經對有共產主義傾向的團體以及共產黨人進行過調查和迫害，IPR亦在其列。從1957年該委員會對訪美日本教授都留重人的傳訊來看，美國政府當時是把IPR的活動作爲共產黨活動的手段加以定位的。參見〈都留證詞〉(《世界》1957年6月號)，頁292。事實上，至少從1950年的這次會議發言看，當時構成IPR主幹的並不是共產黨員，而是自由主義知識分

　　在1950年代初期，蘇聯與亞洲社會主義國家(首先是中國)之間
的差異已經成爲一個思想課題。這有部分是由於當時的政治實踐，
中國的新政權顯示了有別於蘇聯的歷史文化要素，它在建立的當初
體現的清廉、公正讓人們相信它代表了多數中國人民的利益。更主
要的，則是由於中國的社會主義實踐體現了亞洲在反殖民過程中對
抗西方的民族自決精神。中國的政權更迭讓全世界尤其是西方的自
由主義知識分子看到了另一種可能，他們希望看到有別於史達林蘇
聯模式的「亞洲共產主義」社會形態。而這種期待，恰恰與他們對
於西方殖民歷史的反省和批判直接相關。雖然在IPR會議上沒有看
到例如拉斯基那樣的對於歐美民主主義社會中公平、正義觀念局限
性的反思和批判，也就是說，沒有通過正面的檢討把西方的自由主
義民主主義相對化；但是，與會者卻形成了一個基本共識，那就是
亞洲在當時不可能接受歐美式民主主義，它只能在共產獨裁與反共
獨裁中二者擇一；而這種狀況並非源於它的人民落後愚昧，而是主
要源於西方對亞洲的殖民地掠奪。在這個過程中，亞洲不得不走上
西方式現代化道路，但同時卻沒有機會像西方那樣從內部發展出以
市民社會爲基點的民主政治形態。無論從邏輯上還是從良知上出
發，這些自由主義知識分子都無法對亞洲的「非民主」狀態進行居
高臨下的討伐，他們體現的恰恰是西歐徹底的自由主義精神。

　　亞洲內部唯一一個在二戰中站到了亞洲對立面的國家是日本。
當亞洲人強調自身民族主義正當性的時候，日本的知識分子卻在檢
討日本民族主義中的「超級國家主義」是如何導致日本走向法西斯
末路的。IPR的日本代表團向大會提交了丸山真男的一篇論文〈戰
後日本民族主義的一般性考察〉，這篇論文是由日本IPR的民族主

(續)—————————————
　　子中的左派，他們對於共產主義雖有同情，卻並不同調。

義研究小組集體討論、由丸山真男執筆整理的，因此它具有丸山特有的思辨色彩；同時，它提供了一個不同於「亞洲—歐美」這一認識框架的結構性視角，爲民族主義的歷史定位提供了另外一種視野。

〈戰後日本民族主義的一般性考察〉不僅論述了日本民族主義以家族、鄉黨的利己主義爲基礎的封建特徵，以及它與明治時期「自上而下」的近代化過程相關的體制化特徵，而且指出了日本民族主義在戰後與冷戰結構的關係，從而推出了民族主義與民主主義的關係這樣一個理論命題。值得注意的是，它是以一個動態的理論視野討論觀念之間的歷史關聯性的。丸山指出：日本的民族主義以封建家長制爲基礎，在前近代的江戶時期表現爲「攘夷思想」，而明治維新建立的中央集權的民族國家，是一個封建勢力自上而下建立的帝國，它完成了富國強兵的近代化，卻妨礙了民主主義勢力的發展，而民族主義則基本上是內在於這個帝國的統治體制之內的，它不但不具有牽制體制的功能，反倒在推動日本的對外擴張方面與體制共謀。丸山認爲，日本民族主義與體制的這種共謀關係，至少與兩個要素相關：一個是日本的明治時期成功地完成了民族國家的確立，抵制了西方列強的入侵可能，因此沒有產生足以對抗體制的民族主義能量；另一個要素是民族主義在日本並不是一個文化概念，它僅僅是一個政治和軍事概念。因此，它以天皇和皇軍爲象徵，也隨著天皇和軍隊的潰敗而受到重創。

與此相對，丸山談到了中國民族主義與上述日本民族主義形成對照的兩個特徵。由於近代中國並未完成日本那種自上而下的近代化，陷入了半殖民地和被侵略的困境，這使得中國的民族主義，從孫中山經蔣介石到毛澤東，都延續了反帝運動與社會革命（即變革舊有政治體制）結合的傳統；同時，中國的民族主義並不僅僅是政治概念，它同時還是一個文化概念。這樣的特徵使得中國的民族主義不

會像日本民族主義那樣與國家體制如影隨形，它總是具有自己的某些獨立選擇空間。中華意識由於是以文化傳統的優越性為其支柱的，因此，它不會輕易由於政治體制的崩潰和軍事的敗北而發生動搖。

　　不過丸山並非意在進行比較研究，他關注的重點是日本這種以政治、軍事為核心的民族主義在戰敗之後的解體狀態，以及當它被重新整合時的危險性和可能性。由於日本民族主義特殊的封建集團特徵，它很難被打造成國民連帶意識，更難以被共產黨的國際主義所利用。在戰後被占領的特殊狀態下，日本的「民族主義」漸次抬頭，但是它卻更多地被親美反共的日本右翼所利用，在冷戰結構中漸漸趨向右翼保守勢力。丸山斷言：「為了在日本確立健全的民族主義亦即民主的民族主義，恐怕必須在日本的政治經濟社會所有方面都要推進比現在所謂『健全』的政策更為『左』的政策。」[21]

　　聯想到本文上述兩節所討論的關於民主主義和民族主義的認識，可以看到的一個基本狀況是，民主和民族在歷史語境中一直是相互纏繞的問題，戰後日本民族主義的問題也不能單獨地進行討論是不言自明的。作為一種政治形態，日本的民族主義在美國占領的最初幾年曾經一度潰不成軍，其中一個重要的理由在於美國輸入了日本所匱乏的民主制度，使得底層民眾獲得了更多的政治自由；而且在占領初期很注意避免刺激保守國民階層的傳統感情，例如保護天皇和神社等，這使得一代日本人確信放棄民族主義立場是一個好的選擇。否定了日本軍隊的和平憲法受到進步日本人的擁護，其原因也在於它被視為民主的樣板。

　　但是，當美國占領當局與日本社會的蜜月結束之後，日本人發

21　《丸山真男集》第5卷(岩波書店，1995)，頁121-122。

現原來美國恩賜的民主並不可靠。沖繩的社會重建和歸屬問題等等自不待言，本土的日本人也發現，他們並不具有真正意義上的民主，美國開始干涉日本人的社會生活，包括集會、罷工和言論自由。因此，日本人開始跟美國占領當局和占領軍士兵發生衝突。日本的左翼和右翼幾乎都在1950年前後試圖重建民族主義，但是由於傳統民族主義的特質，使得右翼更有可能利用它。正如丸山真男指出的那樣，明治維新在使民族主義與民主主義結合的問題上失敗了，日本尚未建立近代意義上的民族主義。當國民的政治選擇能力沒有達到成熟狀態的時候，國民的愛國心就將是對於作為環境的政治秩序的情緒性依賴。因此，丸山援引了法國思想家勒南(1823-92)在《民族是什麼》(也有人翻譯成《國民是什麼》)中著名的關於國民就是「每天進行投票」的論斷。勒南認為，構成民族(國民)的並不是種族、語言或者其他要素，而是人們希望成為同一個民族的意志。他指出：民族就是一個自由的人每天進行投票選擇的結果。丸山真男把這種每天投票的比喻解釋為國民作為政治主體的「高度自律的契機」，並認為這是防止日本民族主義重蹈法西斯主義覆轍的唯一途徑[22]。

丸山作為日本代表性的自由主義知識分子，提出了一個把民族主義與民主主義關聯起來的構想，這就是在民族主義內部建立民主主義的契機。當然，這種民主主義契機並非聯合國教科文組織當年所談論的政治民主或者社會民主；它是作為政治主體的國民的政治成熟度。這也就是丸山政治學一貫強調的「近代精神」。按照丸山的一貫思路，民族主義只有在確立了近代性格亦即具有「高度自律的契機」之後，才能超越其非理性的、本能的層面，獲得國民的政治決斷力。同時，他敏銳地揭示，親美反共的日本右翼和以民主之

---

22 同上，頁95。

名行反共之實的美國占領當局，並不代表真正的民主。

一個有趣的細節證明了丸山真男的這個揭示。1948年開始《世界》雜誌陸續刊載了教科文組織關於維護和平的呼籲和其他相關的圍繞類似議題的討論，卻沒有刊載「關於民主主義的意識型態對立」的問卷以及相關的檔案。這些資料是在1953年才發表的，這個五年的時間差正與日本民族主義和民主主義的大起大落同步。換言之，到了1953年，日本知識分子才產生了討論民主主義是什麼的需求。他們在追問，民主是什麼？民族又是什麼？

在當時的歷史條件下，日本的有識之士正在努力爲了和平尋求突破冷戰格局的「全面和談」之路。雖然這個努力最後沒有成功，但是它留下了一筆思想遺產，這就是在培養普通日本人政治民主能力的過程中打造「健全的民族主義」的思想嘗試。當丸山的論文作爲日本代表團的討論資料提交給IPR大會的時候，它也正是在回應尼赫魯的那個深刻的憂慮：在民族獨立完成之後，民族主義如何才能避免走上對外擴張的危險途徑？

五、結語

民族主義和民主主義，在今天越來越成爲兩個脫離了歷史語境的抽象概念。在它們踽踽獨行之際，冷戰意識型態又爲其賦予了價值判斷色彩。民族主義在今天基本上被視爲一個負面的現象，它被視爲非理性的、具有對外擴張威脅性的社會思潮；而民主主義則在抽空了具體的歷史含義之後，被絕對化爲正面的價值。在冷戰結構已經解體之後，全球化的經濟體系帶來了國際政治關係的迅速調整；一方面，二戰結束時的社會主義國家在基本完成現代化準備條件之後，開始進入向發達國家靠近的階段；另一方面，發達國家在

控制世界的格局中並沒有因爲經濟危機而退出中心位置。在這樣一個全球都處於劇烈變動的時刻，國家作爲基本的國際單位，它的結構方式和功能也在發生變化，這導致了民族主義和民主主義產生了空前未有的不確定性。正是在這個意義上，重新回到戰後的歷史語境中，探討在那個錯綜複雜的歷史脈絡裡這些概念是如何糾纏如何制掣的，從而打破今天對於民族主義和民主主義的超穩定想像，這也許是一個緊迫的思想課題。

孫歌，中國社會科學院文學所研究員，專業爲日本政治思想史，主要著作有《主體彌散的空間》(2002)，《竹內好的悖論》(2005)，《文學的位置》(2009)。目前主要研究課題是日本戰後初期思想史走向。

台灣史：
焦慮與自信

台灣本土史學的建構與發展
（1972-2004）

莫達明

郭亮廷、周伶芝譯

引言

　　這份研究旨在探討近三十年來台灣史學的崛起與演變。在此，我們將「台灣本土史學的發展」視爲一種思想解放的過程，即一群學者和台灣體制外的異議人士，爲了重新思考台灣海島社會自身的現實和歷史經驗，試圖破除中國國民黨所強行灌輸的中國傳統史學。

　　我們知道，國民黨1945年後在台灣實施的中國化政策，使得像「台灣史」或是「台灣研究」這類的專有名詞，直到1970年代以前都被驅逐於學院殿堂之外。唯有歸屬於中國文化者才受到重視，並在學術場合及書刊裡擁有發言權。的確，當時的國民黨憂心福爾摩沙人民的「中國意識」和「愛國情操」爲台灣的殖民經歷所扭曲；50年的日本殖民時期（1895-1945），從精神到生活的許多層面，都對蔣介石政府接手的這塊土地有著持續而深刻的影響。透過將教育徹底工具化，國民黨以超過40年的時間致力於在台灣推動一套無孔不入的中國國家主義，其中一項便是確立中文爲國家官方語言。在共產黨1949年於大陸取得全面勝利翌日，國民黨必須正當化將國府遷移至台北的舉動，這套有效控制島民的政治宣傳手段，即順理成章

爲反攻復國的大業服務。誠如艾茉莉(Fiorella Allio)所說：「對於國民黨政府而言，當務之急是讓各地方縣市共同承擔反攻大陸的任務。然而地方不單是被迫去執行這個目標，重點在於爲了成爲一個忠貞愛國的中國人，這套威權的思想教育要他們遺忘自己的地方認同，即拓荒精神和日本殖民長久下來烙印在島民身上的歷史刻痕」[1]。

正是爲了和這份地方認同及歷史經驗再次相聯繫，1970年代國民黨政府民主轉型之際，一批台灣的研究者和歷史學家便開始嘗試在正統史學的教條之外，對台灣的歷史及文化傳統進行重估和重新定義。在此，我們將分析這些學者們建構論述的方式，他們如何面對國民黨國家主義的意識型態並自我定位，進而從多樣性和政權輪替的角度梳理台灣的歷史脈絡。我們所關心的，不只是歷史事件的還原，更是歷史詮釋的問題。台灣歷史近三十年來的重新解讀和重寫是依循著什麼樣的知識結構？這個新的「台灣史」是針對什麼而來？透過哪些理論工具的掌握，才使得「台灣史」在科學上和體制上被承認爲一門學科？

爲了回答這些問題，我們將集中探討近三十年來受到台灣歷史學者們重視的三層思考：1.重新思考台灣成員在族群文化上的多元性和多樣性；2.闡明日本殖民時代和台灣現代認同成形之間的關聯；3.試探本土史學在理論體系和方法學上成立的條件。

一、重省台灣族群文化的多元性格

重回地方脈絡

---

1   Fiorella Allio（艾茉莉）著, "Démocratisation et processus électoral à Taiwan," 收錄於*La Chine et la démocratie*（Paris: Fayard, 2007）, P.-E. Will（魏丕信）, M. Delmas-Marty合編, p. 751.

　　如果說，在海外從1950年代就有反駁國民黨論點的「異端」台
灣史學[2]，台灣則是直到1970年代起，才由一些台灣學者們（陳其南、
陳秋坤、林滿紅等）邁出史學上與正統論述決裂的第一步。他們的思
考方式，在所謂當時的「先天」環境來說，是很有創造力的：它試
圖相對化中國國民黨的大中國意識型態所傳輸的、以中國為中心的
歷史概念；而這個政黨，誠如我們已經簡短回顧過的，從1947年以
後，便蠻橫地壓抑和邊緣化台灣的在地文化及其傳統。

　　這個歷史時刻首先與學術界的世代交替有關。一批因留美深造
而受到美國漢學界影響的學術新銳[3]，這個時候開始關注清朝年間
（1683-1895）台灣的社會變遷。對他們來說，這是一個去實踐那些從
西方社會科學引進的、新的研究方法的機會，並據此逐漸取代中國
的實證主義傳統以及由胡適（1891-1962）和傅斯年（1896-1950）所代
表的「史料學派」[4]。

2　見《憤怒的台灣》，蘇新著（台北：時報文化，1993）；《台灣人四
　　百年史》，史明著（台北：草根文化，1998）；《台灣，苦悶的歷史》，
　　王育德（台北：自立晚報，1993）。

3　冷戰時期，無法進入中國大陸的美國學者們都聚集到了台灣。對他
　　們而言，台灣就像是華人世界的一座觀測站，許多在大陸毛澤東體
　　制底下遭到損毀的傳統都在台灣存續著。Myron Cohen（孔邁隆）、
　　Emily Ahern、Arthur Wolf（武雅士）、Johanna Meskill、Harry Lamley
　　（藍厚里）、Raymond Myers（馬若孟）等人便在1970年代提出關於中
　　國和台灣社會、在人類學和歷史方面的重要研究。

4　關於「史料學派」，請參閱拙著"Où en est la pensée taiwanaise ? Une
　　histoire en constante réécriture ,"收錄於Anne Cheng（程艾蘭）編, *La
　　Pensée en Chine aujourd'hui*(Paris: Gallimard, "Folio Essai," 2007),
　　pp. 330-338；關於史學通論以及1945年到今天台灣歷史方法論上的
　　辯論，參閱《史學方法論》，杜維運著（台北：華世，1979）；《台
　　灣史學五十年》，王晴佳（Edward Q. Wang）著（台北：麥田出版，
　　2002）；《新史學之路》，杜正勝（台北：三民書局，2004）。

　　儘管學術新銳對於台灣在地現實的關注逐漸高漲，這塊研究領域本身卻仍舊無法擺脫地方史或是「方誌」的中國範式，而只能從中國整體去掌握地方的現實意涵[5]。在學院裡，台灣史終究只是中國史的一個分支而已[6]。即使像許嘉明和陳紹馨開創性的人類學工作指出台灣自從清朝就經歷了迴異於中國南方及東南方省份的文化和社會進程[7]，可是在聲討台灣差異性的主張仍被國民黨的審查制度全力打壓的年代，去駁斥國民黨為了保有權位而紊亂歷史和文化的事實，無疑是困難且危險的。

「濁大計畫」與海島社會的「本土轉型」

　　1972年由中央研究院民族學研究所展開的「濁大計畫」，便標定了一個歷史人類學的研究轉向，著重在清代台灣不同族群之間的差異。這個計畫聚集了歷史、地理、人類學、社會學等不同領域的學者，主要探討台灣中部濁水溪和大肚溪匯流地帶文化和社會環境的歷史演變。作為當年參與計畫的成員之一，陳其南的研究便呈現了台灣漢人內部的族群差異：台灣海島型社會的亞族群或亞文化特質，就好像錯綜複雜的歷史沉積一般層層堆疊[8]。同時，陳其南也試

5　參閱Emily Ahern與Hill Gates（葛希芝）合編，*The Anthropology of Taiwanese Society*(California： Standford University Press, 1981)。

6　參閱〈中國社會文化研究的實驗室〉，陳紹馨著，收錄在其著作《台灣的人口變遷與社會變遷》（台北：聯經，1979），頁1-7。

7　見〈彰化平原福佬客的地域組織〉，許嘉明著，收錄於《中央研究院民族學研究所季刊》，第36期(1973)，頁165-190；《台灣的人口變遷與社會變遷》，陳紹馨著，頁495-520；《清代台灣漢人社會的建立及其結構》，陳其南著(國立台灣大學人類學研究所碩士論文，1975)。

8　清朝年間的台灣，除了最早的一批來自南洋群島的住民之外，我們

著界定台灣社會如何在這段期間逐漸轉型爲「土著社會」，從而在社會文化的一些性格上擺脫了早期的「移民社會」[9]。

這個台灣社會轉型的歷史過程，陳其南稱之爲「土著化」。在當時的學術界，這個專有名詞是具有革新意義的，它將清朝年間台灣社會和文化的演變概念化，並反對由史學家李國祁早先提出、較符合正統論述的「內地化」的說法。透過分析17世紀以降台灣島漢化以及與中國大陸同化的漫長過程，李國祁認爲，滿清政府已然把台灣統馭在與整個滿清帝國中央／邊陲的關係模式底下並無二致的一部分[10]。

站在這種與正統歷史詮釋的對立面，陳其南則著重在台灣與大陸之間的斷裂和不連續性。他的研究工作不但突出了台灣歷史經驗的多樣性，也因此重新質問了戰後國民黨以本質主義與同一性的觀點所鼓吹的漢人認同。

(續)─────────

　　可以將移民來台的漢人區分為兩個主要的語言和文化族群：來自廣東東部的客家人，以及原籍福建南方的河洛人。不過，這種概括的圖示遠無法道盡台灣社會和人類學實質上的複雜性和多樣性。於是，在這樣的區分之外，還得再加上河洛人內部，儘管同屬於一個語言文化的總體，但是基於祖籍的不同，又分裂成兩個敵對的族群，一者歸屬於福建南方的漳州縣，另一者則屬於泉州縣。在後者成員佔多數的地區，還可以觀察到另一種規模較小的細分，按照在大陸的「鄉」和宗教聯繫為集結方式。參閱"Subethnic Rivalry in the Ch'ing Period,"收錄於Emily Ahern與Hill Gates（葛希芝）合編，*The Anthropology of Taiwanese Society*, pp. 282-318.

9　參閱《台灣的傳統中國社會》，陳其南著，台北：允晨文化，1987，頁91-182。

10　我們可以在其著作《中國現代化的區域研究：閩浙台地區 (1860-1916)》（台北：中研院近使所，1982，詳見頁168-199）找到李國祁對於「內地化」政策完整的思考。

台灣中心史觀的概念化

　　1980年代的10年彷彿政治社會劇變的紀元，尤其反映在對台灣
自身國族情感的逐漸成熟上。誠如我們以下所要分析的，如果說這
份國族情感萌芽於日據時代，這一次它則要徹底撼動台灣從屬於一
個「大中國」的迷思，而使得國民黨不得不採取柔化的政策和適應
時代的調整。這整個深層轉變的起源可由外在和內在兩方面來解
釋：從1971年起中華民國和美國之間外交關係的惡化，以及伴隨而
來的中國國民黨在台灣政治正當性的危機，又因為它脫離了歷史的
和當代的現實，而再也無法以一個代表中國大陸的政黨自居。

　　台灣史的價值重估工作在透過新的歷史敘事模式(口述歷史、歷
史散文)而展開的同時，這些集體記憶和社會想像的載體也照映出另
一個不以中國為依歸的政治團體，另一道特殊的歷史軌跡。一個正
當的、自主的「台灣意識」從此對立於一個被認為是霸權的、奴化
的「中國意識」。誠如社會學者蕭阿勤，其對於台灣文化國族主義
的研究直到今天仍有卓著的貢獻[11]，便注意到1980年代初反國民黨
的黨外運動[12]，尤其是在高雄事件(1979)後的風起雲湧，意謂著一
種普遍的趨勢，試圖以台灣歷史的政治化翻轉戰後國民黨所掌控的
歷史工具化。至此，關鍵在於能夠自主地肯定台灣的特殊性。

11　Hsiau A-chin(蕭阿勤), *Contemporary Taiwanese Cultural National-
　　ism*(London & New York: Routledge, 2000); Hsiau A-chin, John
　　Macmillan(梅約翰)主編, *Cultural, Ethnic, and Political Nationalism
　　in Contemporary Taiwan. Benthuhua*(New York: Palgrave Macmillan,
　　2005).
12　關於台灣的黨外運動，請參閱Samia Ferhat-Dana著, *Le Dangwai et la
　　démocratie à Taïwan: Une lutte pour la reconnaissance de l'entité
　　politique taïwanaise, 1949-1986*(Paris: L'Harmattan, 1999).

　　為了捍衛自身的動機，這場抗爭重新詮釋了台灣的歷史。由是，
黨外民主運動的知識分子把自己比做是與日據時代(1895-1945)台
灣菁英合為一體的政治連結。如同後者曾經在政治上力圖擺脫日本
殖民主的枷鎖，這些黨外菁英也必須對抗一個與先前日本人並無二
致，切斷了島嶼和外界聯繫、顯得像是一種怪異的外來政權的、權
力極大化的國家主義政體。這場體制民主化的抗爭成果，便因此取
決於對抗日政治運動的限制和失敗的批判性分析[13]。

　　於是，在一篇刊載於1983年9月《台灣文藝》的文章裡，歷史學
者鄭欽仁提出了「台灣主體性」的歷史概念。對他而言，關鍵在於
能以台灣人民的觀點敘述台灣的歷史，同時使其回歸世界史的進程
內。史學的工作必須貼合的是海島自身的現實，而不是一個在地方
傳統和現實的對蹠點上、理想的但也是虛構的、中國的幻象[14]。

原住民的援用：重新考察歷史的漢人中心主義

　　前文提及過的陳其南的論點，正是在這個意義上，與鄭欽仁所
主張更完整理解台灣自身現實的歷史觀點相契合。然而在當時，即
使這些論點並非衝著國民黨的意識型態而來，卻也無可避免地去檢
視這個意識型態的基礎。在1980年代期間，一些台灣歷史學者(陳芳
明、林濁水等)便將這些論點轉化為批判工具[15]，同時，台灣族群文
化成員的價值平反也被視為一種主要手段，去對抗作為國家主義政

13　參閱 Hsiau A-chin, "Crafting a National History," 收錄於其著作
　　Contemporary Taiwanese Cultural Nationalism, pp. 158-159.

14　見〈台灣史研究與歷史意識之檢討〉，鄭欽仁著，收錄於《台灣文
　　藝》，第84期，1983年9月，頁7-17。

15　參閱《台灣人的歷史與意識》，陳芳明著(台北：敦理，1988)，頁
　　223-234。

權在台灣合法化基石的漢人國族主義[16]，從根本處推行台灣的民主。

於是，在當時，許多台灣的研究者便致力於修復長久以來在這座島嶼上被不同體制摒除在外的台灣原住民史。誠如蕭阿勤所強調的，此一舉動必須被理解爲一種批判黨國體制的隱語：在整段過去的歷史裡，台灣漢人對於原住民的巧取豪奪，與1947年後外省人之於本省人的對待方式如出一轍[17]。爲了以多元性的尺度重新思考台灣的文化認同，並依此制衡漢族中心主義在台灣的統攝力量，比如林濁水便專注在河洛人和平埔族之間的同化現象和對彼此的文化適應，將它描述爲一種在台灣認同上特殊的黏著體[18]。

二、日本殖民時代與台灣現代認同之成形

殖民化與近代化

自1980年代初期起，爲了與學術領域中中國歷史的權威地位抗衡，重新評估日本殖民時代(1895-1945)的歷史定位也成爲一項關鍵舉動。歷史學家們如：吳密察、黃富三、黃昭堂、楊碧川(高伊哥)、

16　這是一股一舉兩得的態勢，因為它同時檢驗了國民黨和中國共產黨的意識型態，這兩者同樣都從國族主義的源頭汲取養分，來正當化漢人在台灣的領導權。在此，國族主義應被理解為一種同化主義的論述，去合法化一個從單一個人到各別群體都同歸於一個族群文化親屬的政治實體，同時與領土和國家論述並舉。關於此概念在台灣的使用方式，請參考Gunter Shubert(舒根德)，"L'émergence d'une nouvelle nation? Le discours sur l'identité nationale dans le Taiwan de la fin du XXᵉ siècle," *Perspectives chinoises*, nᵒ 52(mars-avril 1999), pp. 58-70.

17　Hsiau A-chin, *Contemporary Taiwanese Cultural Nationalism*, p. 162.

18　參閱《瓦解的帝國》，林濁水著(台北：前衛，1991)，尤其〈福爾摩沙〉一章，頁1-10.

李筱峰與陳芳明[19]，都因此試圖擺脫中國意識型態的專橫勢力，並探討關於日本文化在台灣現代認同形成中的影響，面對「台灣意識」崛起而帶來的衝擊。此一思考，使得我們能夠在面對當時如此敏感的議題，以更全面的方式關注殖民化與近代化在台灣的關聯。台灣現代性的到來應歸功於誰？這一問題成為1983年時兩位歷史學者高伊哥與戴國煇之間論戰的依據，前者將台灣近代化的努力歸功於日本人，尤其是台灣總督府民政長官後藤新平（Goto Shimpei，台灣任期自1898至1906），而後者則認為應將功勞歸屬於滿清台灣巡撫劉銘傳（島內任期自1884至1891）[20]。

抗日運動：詮釋上的分歧與角力

在1950與1960年代「白色恐怖」時期，日本殖民時代的台灣人武裝抗日運動[21]由國民黨的意識型態操作成一種持續式的英雄對抗，以力求中國國族主義降臨台灣，或者更一般地來說，是為了中國的統一大業。國族主義式的用語旨在頌揚「台胞」抗日的愛國情

---

19 這些都是非專業的歷史學家。台灣史發展的其中一項特點即是，通常先由民間歷史學者挖掘起草（這裡僅列舉三位，例如，陳芳明、曹永和、李筱峰），之後才逐漸為公眾與學術界所認可。由於身處學院體制之外，他們便無須為權力中心服務而擁有論述自由。

20 關於此論戰之沿革，以及今天因此而起的台灣史分期之相關問題，請參閱〈劉銘傳、後藤新平與台灣近代化爭論─關於十九世紀台灣歷史轉型期研究的再思考〉，張隆志著，收錄於國史館主編《中華民國史專題論文集：第四屆討論會》第二冊（台北：1998），頁2031-2059。

21 今天，台灣的歷史學者一致地將日本殖民時代的台灣反抗運動史區分為兩個時期：第一階段為武裝抗日運動，自1895至1920，第二階段自1920至1937，主要為政治與文化上的溫和運動，希望藉由在合法範圍內的反抗而被理解。

操，彷彿他們在當時即為了保衛中華民國而奮鬥，可是中華民國在
1912年之前卻還未存在！然而，如同李筱峰所闡明的，歷史分析更
傾向於去論證在第一階段的武裝抗日活動中，這些各方領導者還未
完全地從滿清皇朝遺緒的模式中獨立出來，也並未提出一套具體的
國家社會計畫好輪替殖民統治[22]。

　　此外，國民政府的官方歷史記載總是掩蓋日本對於台灣自治文
化的催生角色，從未闡述1920年[23]以後島內政治社會運動的極其複
雜。為著意識型態的操作，國民黨只想將其視為繼1911年國民革命
與1919年五四運動的延續。事實上以當時文學創作的表態來看，即
可得知台灣菁英界已普遍意識到和中國大陸不同的政治命運[24]。如
果文學作品經常在字裡行間倚仗自己與中國文化的直系血統，是因
為後者提供了可能性，可於象徵的層次自日本殖民者的桎梏解放出
來。這種將中國文化繼承擺在首位的文學表達，其實非關於在台灣
的中國國族身分的政治肯定或請願，而主要是一個象徵的印記，藉
此劃出移殖民與被殖民者之間的辨別界線。再者，這些台灣菁英份
子並不希望被排除在決策權力之外，他們力圖的是在島上的政治影
響與自治，但不追究殖民統治的行政依據。因此，他們的對抗並不
能過於簡略地等同於中國大陸知識分子的共和政體理想，後者在20
世紀初所作的努力是為了追求中國國家統一。

22　參閱《台灣史100件大事》，李筱峰著（台北：玉山社，1999），頁
　　97-124。
23　參閱 Hsiau A-chin, *Contemporary Taiwanese Cultural Nationalism*,
　　p.160.
24　文學作品顯示出，正因為在日本殖民統治下，台灣居民感到遭受中
　　國大陸的孤立與拋棄，而從此必須面對他們自身的政治命運。請參
　　閱《亞細亞的孤兒》，吳濁流著（台北：遠景出版社，1977）。

歷史意識與社會構想

　　誠如艾茉莉所強調，本省人與1949年後大量來台的外省人，兩
者之間的日本經驗是不一樣的[25]。國族主義的歷史虛構僅充滿著對
昔日日本帝國主義敵人的憤恨，從來沒有衡量這之間存在的經驗差
異。可是，就好比梅麗莎・布朗(Melissa Brown)與荊子馨(Leo Ching)
兩位學者所指出的，日本爲台灣各個領域的現代化作出了極大的貢
獻(教育、健康、金融、公共衛生、道路的基礎建設等等)，這方面
的貢獻爲一個原籍不一的島嶼居民培育了歷史意識與社會構想，因
此造就了島上「泛台灣」身分認同的首度展現，並且加強了所有台
灣人關於歷史共同經驗的意識，而有別於中國國民黨在中國大陸上
的歷史經驗[26]。

三、本土史學的方法論和推論工具

學科上公認的國家歷史建制

　　在國民黨統治時期，有系統地記載台灣歷史的努力可追溯至
1948年，國民黨成立台灣省通知館之際，一年過後改稱其爲「台灣

25　Fiorella Allio(艾茉莉), "Démocratisation et processus électoral à
　　Taiwan," p. 743.
26　參閱Melissa Brown, *Is Taiwan Chinese? The Impact of Culture, Power
　　and Migration on Changing Identities*(Berkleley: University of
　　California Press, 2004); Leo Ching (荊子馨), *Becoming "Japanese":
　　Colonial Taiwan and the Politics of Identity Formation*(《成為「日本
　　人」：殖民地台灣與認同政治》)(Berkleley: University of California
　　Press, 2001).

省文獻委員會」[27]。由周憲文所創辦的台灣銀行經濟研究室,也投
入了多種領域的資料搜集工作(人口統計學、經濟學、地理學等等)
一直到1970代末。不過,在國民黨政權下,這些關於台灣的史學工
作僅局限於原始資料的搜集,而沒有真正地著力於資料分析與詮釋。

自解嚴以後,各式限制言論自由的法令鬆綁,1990年代整個10
年期間,大量的公私立社團皆積極地貢獻於編訂出版的工作,並贊
助各種關於台灣歷史研究的計畫。學術界也同樣地試圖賦予台灣史
的建制基礎。終於1993年,中央研究院設立台灣史研究所籌備處,
且由國家科學委員會與美國魯斯基金會(Luce Foundation)補助。

1997年6月,「認識台灣」的教科書改革方案通過,更進一步地
完善台灣歷史的建制化。面對國民黨與新黨的保守派強烈抨擊,此
方案計畫將三冊「認識台灣」教科書引入國中三年的課程,分別介
紹台灣社會、地理與歷史,確實地考量知識與意識型態的抗衡而強
調「讓歷史回歸歷史」[28]。傑出的歷史學者黃秀政在新的歷史教科

27 此文獻委員會第一個重要計畫即是楊雲萍在1948年所介紹的38冊
    《台灣省通誌稿》的編纂計畫。接下來的一年,委員會於各縣市設
    置辦公室以便全面檢核台灣各地方的編史。源出此計畫的出版品即
    為《台灣文獻》。請參閱Ann Heylen(賀安娟),"De l'histoire locale
    à l'histoire nationale. La difficile institutionnalisation d'une
    historiographie taiwanaise," *Perspectives chinoises*(神州展望)
    n°66(juillet-août), pp. 41-54.
28 關於此改革與其所引發之論戰的完整紀事,請參閱〈民族想像、族
    群意識與歷史──「認識台灣」教科書爭議風波的內容與脈絡分
    析〉,王甫昌著,收錄於《台灣史研究》期刊,第八卷第二期(2001),
    頁145-208;Stéphane Corcuff(高格孚),*L'introspection Han à
    Formose. L'affaire des manuels scolaires "Connaître Taiwan"(1994-
    1997),* Etudes chinoises(中國研究),vol. XX, n°1-2(printemps-
    automne 2001), pp. 41-84. 作者高格孚另寫作一更為完整的英文版
    本:"History Textbooks, Identity Politics, and Ethnic Introspection in

書中依次回顧：17世紀歐洲人在台灣的影響，鄭氏治台時期
（1661-1683）[29]，清領時代（1684-1895），日本殖民統治（1895-1945），
1947年的二二八事件[30]與1950-60年代的白色恐怖，以同樣篇幅的章
節逐一描述這些從未傳授給台灣孩子的史實，如今終能於台灣的土
壤上深根。

台灣史的內省：邁向本土史學

今天，歷史學上有一個新的變動，是由中央研究院台灣史研究
所的研究員（張隆志、吳叡人、劉士永等）所體現出來的，力求台灣
史的自身思考與內省的工作。藉此探詢建立「台灣本土史學」的可

（續）————————————

　　Taiwan : The June 1997 Knowing Taiwan Textbooks Controversy and
　　the Questions It Raised on the Various Approaches to Han Identity," in
　　Edward Vickers and Alisa Jones, *History Education and National
　　Identity in East Asia*（London & New York : Routledge, 2005）, pp.
　　133-169.

29　鄭氏家族治台起始於1661年，於武裝海商集團首領鄭成功驅除荷蘭
　　人離台後，結束於1683年，其子鄭經雖於此間在台灣建立起獨立的
　　王國政權，最後仍投降滿清，自此台灣納入大清帝國版圖，並劃分
　　漢人移民與未歸化於漢的原住民居住區域。請參閱John
　　Shepherd（邵式柏）, *Statecraft and Political Economy on the Taiwan
　　Frontier. 1600-1800*, Standford（California: Standford University Press,
　　1993）.

30　二二八事件在台灣社會留下一個深刻的傷痕，必須理解這是島民們
　　對於國民黨潛伏不滿的抗爭結果，1946年國民黨抵台後，一直在島
　　內表現地如同真正的開墾移民者，一定程度地壟斷當地的商業交
　　易。由於一場販賣私煙婦人與國民黨查緝員之間的紛爭並造成一位
　　路人的死亡，1947年2月28日，為國民黨的勒索與腐敗所激怒的島
　　民群起反抗。今日由官方估算因二二八事件犧牲受難的人數介於2
　　萬至3萬人之間。請參閱《二二八事件責任歸屬研究報告》，張炎
　　憲、李旺台與楊振隆主編（台北：二二八基金會，2006）。

能性與條件，賦予此一史學專屬的推論與方法學的系統，而非臣服
於傳統中國史學的典範，也非受西方思想模式的約束。

此工作進行之困難，因為研究上須避免落入本質主義與文化本
土主義的危險。問題在於，研究台灣史學該掌握何種思考與分析的
工具才能使其如實呈現，而無須棄絕原先提供它養分的外在資源，
也無須在解讀過去時，冒著由和被外界設限的危險？又該如何解碼
與轉化這些(專屬台灣的)一定背景裡的特殊性，並依循一個於它確
切的論調，但同時又能保留一個交互背景的歷史對話空間，亦即和
其他地理文化面向對話的空間[31]？

替代性敘事方式之探索：後殖民主義尺度下的台灣經驗

歷史學家張隆志，近期發表了關於後殖民理論的重要研究，試
圖理解是否這些理論無法為以上問題帶來解答[32]。他認為，台灣史
學的體系化目前依然不足，並依此提出他的建議，台灣史學體系化
必然得透過替代性歷史敘事方式的探究，後者能夠幫助史學家重新
思考台灣現代性，外於西方思想中的歷史觀點，而能夠擺脫政治性
斷代分期的刻板約束[33]。譬如女權在台灣的進展，工人的歷史，或
者是社會的低下階層，並不僅止於某一特定政體，而是涉及所有時

---

31 在此新的史學潮流，最近一本十分具指標性的著作便企圖闡述這一
    類型的問題意識：《跨界的台灣史研究——與東亞史的交錯》，吳
    密察與若林正丈主編(台北：播種者文化有限公司，2004)。

32 參閱〈後殖民觀點與台灣史研究：關於台灣本土史學的方法論反
    思〉，收錄於《後殖民的東亞在地化思考：台灣文學場域》，柳書
    琴、邱貴芬主編(台南：國家台灣文學館籌備處，2006)，頁359-383。

33 參閱〈殖民現代性分析與台灣近代史研究：本土史學史與方法論芻
    議〉，收錄於《跨界的台灣史研究——與東亞史的交錯》，吳密察
    與若林正丈主編，頁133-160。

代，自其初始的那一刻，在社會層面上有組織性地呈現於島內之時。

　　基於此一層面，幾位歷史學家（林滿紅、翁佳音、吳文星、黃富三，等等）於1990年代已試圖找出解決此複雜問題的方法，同樣地，這些研究方式可超越島內歷史上連續的各個政體，與突顯長期的經濟與社會演進。例如吳文星認為，在日據時期，一位台灣菁英的活躍思想即呈現出地方仕紳領導階層於滿清政府時期養成之延續[34]。翁佳音的研究工作也是接近這一型的先鋒。事實上，自1986年起，翁佳音即企圖從社會歷史的角度來建立，介於滿清時期與日據初期時，土匪在台灣所扮演角色之延續性[35]。

　　整體來說，張隆志的研究論文指出的是，經由相繼地探尋各種可能性，去對照各個相關聯的問題意識、排列置換和觀點的多樣化，台灣的歷史學者即能於未來，跨越時間與空間，嘗試接近那些似乎無法相衡量的歷史經驗，並且，相反地或許能從中發現，由於相互的含義，它們的交會更可闡明彼此。無論是哪一方的帝國主義（滿清、日本、歐洲，等等），分析社會、政治、經濟與文化於其中的運作機制，可更加理解台灣歷史，同樣地台灣歷史也能幫助我們能夠更好地理解這些機制運作……[36]。

34　《日據時期台灣社會領導階層之研究》，吳文星著（台北：中正書局，1992）。

35　《台灣漢人武裝抗日史研究（1895-1902）》，翁佳音著（台北：國立台灣大學出版委員會，1986）。

36　正是基於這般的意圖，鄧津華（Emma Jinhua Teng）寫作此一傑出作品，探討台灣的感知認識如何為滿清帝國影響演變。參閱Emma Jinhua Teng（鄧津華），*Taiwan's Imagined Geography. Chinese Colonial Travel Writing and Pictures, 1683-1895*(Cambridge, Massachusetts: Harvard University Press, 2004)，特別是作品中的引論與結語的精采論述"On the Impossibility of a Postcolonial Theory of

結論

　　本文於上詳述了，在台灣本土史學傳統建立過程中的重要指標階段，自1972年起始的「濁大」計畫，一直到2004年中央研究院成立的台灣史研究所。每一階段皆能反映出當時的社會、政治與文化背景，各自傳達其在時間點上的不同之處：對於官方歷史所掩蔽的地方研究的再關注；將集中於台灣的歷史觀點概念化的意願，而能忠實反映有別於中國的多政黨共同體；終結大中國、國族與民族意識型態的需求，此意識型態的目的僅在鞏固漢族在台灣的絕對權力；豐富的公私立社團旨在努力建制出學科公認的國家歷史；最後，則是對於建立專屬的史學傳統之各個可能的思考。

　　當代的史學研究工作總是與社會變遷在一種相互影響的作用之中，前者根植於後者，並企圖闡明其理。民主轉換階段與台灣人民自決之嚮往解釋了1980年代由台灣史學所帶起之轉折點，其敘事方式漸次地擺脫地方史的範疇，進而逐步地趨向國家歷史的類型。今天，這個國家歷史的發展勢必要面對中國潛在高漲的領土完整收復主義，以及在這個全球化的空間中找到它的位置。

　　莫達明（Damien Morier-Genoud），任教於巴黎狄德羅大學中國研究系，研究台灣史學史與中國思想史。

（續）────────────────
　　Taiwan", pp. 1-30與pp. 249-258.

台灣史研究三部曲：
由鮮學經顯學到險學

許雪姬

一、前言

　　台灣史研究並非台灣進入歷史時代即有人書寫歷史，真正開始書寫台灣史是1895年台灣被割讓給日本後台灣士子覺醒下的產物，之後歷經日治時期日本人的研究，以及台籍知識分子提倡研究台灣史，並在戰爭後期加入《民俗台灣》的撰稿行列，由民俗而進入歷史。戰後初期雖亦有人提倡台灣史的纂述，但因台灣已成中華民國的一省，因此「台灣史」變成「台灣省通志」，而由台灣省文獻單位來主持，此後經1960年代台灣史被視爲中國地方史；歐美學者以台灣爲研究中國的實驗室，將台灣做爲區域研究的對象；海外反對運動者亦以治史做爲凝聚台灣意識的手段；島內的學者則將台灣史的研究寄身於民俗、古蹟的研究中。1971年中華民國被迫退出聯合國後，中華民國不再代表中國，「我國」不再是中國；面對此生死存亡之際，史學界以台灣爲主體歷史的研究乃逐漸興起。在本地及戰後來台的學者努力下，林本源文教基金會大力資助台灣研究、台灣史蹟源流研究會的成立，更重要的是1986年的解嚴，逐漸地學院中的台灣史由選修而必修，進而產生「台灣史學程」，而歷史學的博碩士論文中也出現台灣史的作品，迄今約占三至四成左右。

　　除了學院外，1981年政府設立行政院文化建設委員會，在分級
指定古蹟的過程中，直接間接地助長台灣史的研究；而該會在各縣
市設立文化中心(逐漸升格爲局)，加強地方史的研究，此後史蹟調
查研究、口述史的展開，方志的修纂，甚至將志的單位下放到「村」；
而對原住民(包括平埔族)史的研究，也顯示台灣史本身的多元化。

　　2004年中央研究院台灣史研究所、政大台灣史研究所、台師大
台灣史研究所成立，建立了學界研究台灣史的重鎮。再加上大量史
料出版、數位化，工具書的編訂、以及跨界的研究，使台灣史的研
究達到最高峰。

　　由於社會科學理論的大量使用、文化史的研究當道，論述多於
考訂，史家失去了應有的技藝，使歷史學成爲沒有特色的學門；台
灣史面對的局面更是險峻。本來歷史的詮釋即有差別，1990年代政
府爲解決政治事件而由史家進行研究，多少使相關研究被視爲泛政
治化，不依史學而以史觀論事，戕害了歷史的專業性；再加上台灣
特殊的政治環境，統一、獨立進行拉鋸戰，只要以台灣爲立場，將
台灣視爲主體、視爲國家者，都被打成「台獨史觀」；加上對岸爲
達統一台灣的目的，全力出版大部頭的史料，設立相關台灣研究所，
大量推銷「愛國主義」，使得歷史研究充滿了濃濃的政治味，台灣
史研究面對的險峻情勢，在2008年5月國民黨重新執政後，益形明顯。

　　本文擬由戰後「台灣史」這門學門如何建立談起，由於筆者在
此領域已浸淫30多年，不少文中描述是親身經歷所做的觀察；可能
因而栩栩如生，但因只要是人都具有主觀性及疏漏性，因而造成的
不客觀和疏忽恐怕也不在話下，希讀者仔細閱讀。

二、楊雲萍與戰後初期的台灣史研究

　　楊雲萍，1931年畢業於日本文化學院文學部創作科，原為文學
家，但戰爭期間他開始從事史學研究。1939年2月15-17日他在《台
灣日日新報》中分上、中、下連載〈台大と台灣の研究〉一文，指
出台北帝大非得研究台灣不可，應該設立(1)台灣史講座；(2)台灣
文學講座；(3)廈門語(閩南語)講座，呼籲帝大朝台灣研究的方向
走，可惜未被採納。之後他加入《民俗台灣》主編〈士林特輯號〉(《民
俗台灣》，第6號)。戰後進入《民報》當文藝編輯，或撰「社論」，
主張要做「歷史的接收」，組織「台灣史編纂委員會」；紀念先烈，
替被誣的「土匪」翻案，但他也赫然發現「但是除去敵人的記錄以
外，我們竟沒有絲毫的史料」，強調必須趕快修台灣史。其次他如
日治時期一樣，再度呼籲台大必須做台灣研究，如「高山族的語言、
習慣，或者台灣的歷史、文化，台灣特有的動植物，台灣特有的疾
病。」1946年8月他在台灣省編譯館館長許壽裳的聘請下擔任編纂、
研究組組長，不僅從事先史時代史蹟的發掘，還要編印台灣文獻目
錄、編印台灣研究叢書，進行台灣民俗、高山族語言研究，編著台
灣史，調查日治時代的檔案，上述工作內容可說是戰後台灣史研究
的開端。正當他準備一遂多年願望時，二二八事件爆發。事件結束
後，省主席魏道明上任立即撤銷編譯館。他在許壽裳的推荐下進入
台大歷史系當教授，並在當年9月開授「台灣史」，是全台最早的，
而此課程他一直教到1978年才由其學生黃富三接手。至於淡江、師
大歷史系開設台灣史課程都已到1971、1974年左右；而方豪在台大
開的碩士課程「台灣史專題研究」還要遲到1975年，亦即整整有二
十多年楊雲萍是台灣史學界唯一教台灣史的人。
　　此外，他並擔任台灣文化協進會機關刊物《台灣文化》主編，
還擔任第一任《台灣風物》主編。在學術上，他並未獨沽台灣史一
味。他也鑽研南明史(福王南遷以迄鄭成功入台前)、明史，在學術

研究上《台灣史上的人物》一書突顯其臧否人物的功力，肯定《台灣通史》劃時代的意義，但也指出其限制；將鄭氏三世在台劃入台灣史的範疇，強調鄭成功是開台不是復台，訂定暫行《台灣省通志》綱目，而爲後人修正採擇。此外他收藏各種類型的資料如古文書、古印、羅馬白話字印刷品(有閩南、客家語)七十多本、1941-1945年皇民奉公會期間的書信，以及名人的手跡。然而楊氏學術論著均輕薄短小，且引經據典的篇幅頗多，因而未能留下如他的同時代研究者厚重的業績，如戴炎輝《清代台灣的鄉治》、陳紹馨《台灣的社會變遷與人口變遷》、曹永和《台灣早期歷史研究》。

誠如他在爲陳漢光寫的《台灣抗日史》做序時寫下的看法：

> 夫台灣非無史也，其燦爛與奇離，或並世界各處無其匹，只史書不多耳。

台灣並非無史，只是史書不多，研究者少而已，而他正是戰後開創台灣史研究的先驅。

三、台灣省文獻會的角色

1948年6月台灣省主席魏道明爲了安撫二二八事件後的台灣社會，設立台灣省通志館以網羅、安插知識分子，並由他們來編《台灣省通志》(由「台灣史」改爲「台灣省通志」)、修革命先烈傳，任命林獻堂爲通志館館長。1949年6月陳誠任省主席時改爲「台灣省文獻會」，林獻堂爲第一任文獻會主任委員，但9月即以治病而赴日，遂由副主任委員黃純青升任，而由板橋林家的林熊祥擔任總編纂(1954年林熊祥繼任主委，一直到1960年辭職)，此際最重要的工作

爲纂修《台灣省通志》。之前只有連雅堂於1930年代纂成《台灣通
史》一書。

　　林熊祥的修志，採取以科學方法修志，極具現代精神（如人物傳
中不立列女傳），不把台灣史的起點漫然指向三代，而起自元在澎湖
設巡檢司；修纂時重視證據，除去偶像、敘述客觀，且定下界線（下
定義、設範圍）。他指出台灣史的特色有二：

　　1.台省自元迄今僅且500年，其間事蹟，凡全部爲我族與異民族
接觸之歷史；

　　2.在此短暫歷史期中，其治權之頻易，他省無其前例。而其一
興一廢之間，政治之張弛，文化之盛衰，民德之厚薄，民生之菀枯，
發生劇變，而非尋常方志所可得而比者，矧更有同胄原住民不斷之
接觸，猶自具其特殊焉。

　　在修志時針對這些特色來修纂。在他主持之下，網羅了當時的
名教授24人（22人爲台大教授），還有其他專家共62人，然而此志修
纂却波折連連，一直要到1965年才定稿，比林熊祥估計要晚了6年。

　　在通志纂修中，省政府是省文獻會的主管機關，對凡例、內容、
修纂年代均有自己的看法，如原有通志修到二二八之前，迨完稿後，
再命令要補到撰修的年代，可知台灣通志的撰修受到政治力的影響
頗大。林熊祥本人受過日本統治，他對日治台灣史有其敏銳的看法。

　　光緒乙未以後，淪陷50年間之歷史，復爲台灣史之緊要部分。
蓋日據當時，頗乘人竊其新興朝氣，著手建設台灣，而種族上之不
平等待遇、經濟上之榨取的手段，恃其威力，無所不用其極。我台
人當日本接收之時，深具夏不淪夷思想，於唐景崧等草創台灣民主
國之後，誓死抵抗，前仆後繼者，殊不乏人。其後，雖日人政權漸
定，台胞屈處於威壓之下，得機即舉義旗者，猶不下十數起。但關
於台灣之建設方面：如科學知識之昌明，農工鑄商經濟之發展，現

代國家政治機構之訓練，則於此時代，逐年見其進步以成乙酉光復
當時之台灣。蓋台人之於日本，參與其文明civilization而不合作其文
化culture。故日本之現代化的建設及台人之民族的抗爭為此時代之
特徵。

　　除了纂修通志外，出版《文獻專刊》（後改為《台灣文獻》），
是1949年以後官方唯一的以台灣研究為主要的季刊，光是這點即知
在台灣史研究低迷時，《台灣文獻》扮演著如何重要的角色。文獻
會的角色既如此重要，但1958年4月林熊祥主委任內卻被降格為民政
廳所屬，據說乃林不懂官場文化所致。此當為表面原因，主要仍是
在政府對台灣史的不重視，亦即台灣史只是通志層面的地方史。

四、由〈台灣風土〉到《台灣風物》：由民俗研究台灣史

　　〈台灣風土〉是《公論報》所闢專門介紹台灣風俗和文化的副
刊。《公論報》是原《台灣新生報》社社長、省參議會副議長李萬
居創辦的。主要是他感到戰後的報紙雖有《民報》、《大明報》、
《人民導報》、《和平日報》、《國聲報》等，但二二八事件後都
關門大吉，只剩官方的報紙，如北部的《台灣新生報》和南部的《中
華日報》，因而創辦此一副刊，由畢業於上海聖約翰大學政治系的
「會說中國話，又會寫中文文章」的陳奇祿主編。作者群有畫家藍
蔭鼎、陳紹馨、楊雲萍等人，而後有日本人金關丈夫（以「金關生」
為筆名）、國分直一、立石鐵臣等人加入，此外戴炎輝、石陽睢、王
詩琅、廖漢臣、莊松林、林衡道，還有陳奇祿自己用不同筆名寫的
稿子。這之中也有來自中國大陸的撰稿者即婁子匡、方豪等人，尤
其是方豪，他在1949年2月來台，在台大任教後，即着手研究台灣史，
1950年9月18日114期即刊出第一篇文章〈從鄭成功後裔的訪求談到

台灣民間史料的保存〉。

　　〈台灣風土〉的內容不僅有台灣文學（包括歌本）、人類學、史學外，還有史料的介紹，是提供民間的園地。〈台灣風土〉共出195期，而陳奇祿則在1949年2月入台大歷史系任助教，在1951-1953年赴美進修，方豪代替他編了15期（143-157, 1951.10.5-1952.5.16），而後停刊8個月，在1953年2月1日再復刊時為158期。誠如陳奇祿自己對〈台灣風土〉的評價：

> ……六年多的定期出刊，已累積了150餘萬字的文獻和資料，當日撰稿的先生也幾全是學院和民間的精英學者，在台灣研究上發生的作用，相信不止一點點。

　　除了發行時間較長的〈台灣風土〉外，還有前述的《台灣文化》（1946年9月創辦）由蘇新、楊雲萍、陳奇祿陸續主編，是歷史學、人類學、考古學的綜合刊物，非純粹台灣史，到1950年結束。

　　《台灣風物》由福建龍溪人、陸軍七十軍司令部機一連上尉陳漢光退職後所辦。他決定發行民營雜誌，宗旨是「台灣歷史、文化、風俗習慣闡揚研究」，由楊雲萍任主編。剛開始撰稿者、主編、助編大半是日治時期《民俗台灣》的班底，可說是「繼承」了《民俗台灣》的雜誌。原本要在1952年1月出版，採月刊方式經營，但卻提前在1951年12月出版。這一本雜誌是政府壓抑台灣研究之下，少數能長期出版的刊物。但辦雜誌面臨許多困難，一是政府對這本雜誌若有意見，就要靠陳漢光請人疏通才得無事；二是本刊未有固定的經費，辦起來相當吃力，尤其楊主編挑稿嚴格，不想讓雜誌霑染「黃色」和內幕，撰寫的內容是「有關台灣的歷史、地理、文藝、民俗、語言、宗教等的文字，研討直接、間接的台灣有關之大陸內地的掌

故，風俗等作品。」投稿者本、外省人都有，2卷3期《台灣風物》突然被檢舉未正式登記，因而不能出售。到2卷8、9期合刊「女性風俗特輯」，之後幾期期末都有增設副刊「自由中國詩壇」、由呂無畏主編的廣告，似乎是被迫容納。詩壇的主題是〈恭祝蔣總統六六華誕特輯〉，可能這些作品不符楊主編的高標準，因此在8、9期合刊外，做爲附冊而印製如上的《自由中國詩壇》第一集，而楊主編也就離職了。

由《台灣風物》1卷1期到2卷8、9期，共10期的內容來看，開始了在台灣省編譯館時期未能進行的研究目錄整理，如2卷3期宋文薰的〈鳥居龍藏有關台灣著作目錄〉；2卷4期至8、9期，由賴永祥、曹永和合編的《有關台灣西文史料目錄稿》(一)、(二)、(三)、(四)，介紹西文史料、日記本等。就這方面來說，《台灣風物》已盡到爲往後台灣史奠立基礎的工作。之後《台灣風物》由王詩琅、翁佳音、吳文星、黃富三所編，目前的主編張炎憲已經主編15年以上，都由林本源文教基金會長期支持，才能持續不斷，目前已列入國科會歷史學門第二級刊物。

五、中國地方史下的台灣通史

誠如上述，民間有不少人披著台灣風土、台灣風物的外衣，從事台灣史的研究，但是在學術殿堂或者在小、中、大學的教科書，還是沒有太多台灣史的課程。如以各大學的歷史課程來說，在1970年以前設置的歷史系，除了創立於1928年的台灣大學於1947年由楊雲萍在大學部開台灣史外，台灣師大歷史學系設立於1946年，但開台灣史的課要到1974年；政治大學在1967年設歷史系，卻到了1983年才開台灣史。私立大學以淡江大學開台灣史的課最早，該系設於

1966年，1971年即開台灣史。如果以碩博士論文來說，1966年文化大學史學所的王珂以〈中法戰爭在台灣〉、江樹生以〈清領以前台灣之中國移民〉取得碩士學位為最早。（按：文化大學先在1962年設史學研究所，但要到1990年代以後才開台灣史的課。）

　　當然沒有開台灣史的課並非表示在中國通史、中國近代史、中國現代史中沒有附帶提一下台灣，但即便是中國通史，也是在1970年前後才列入大學必修科目，提到台灣的仍然不多。1970年代將中國現代史列為大學必修科目，提到台灣以戰後為多，仍屬有限。由此可見1950年代以來台灣歷史研究，基本上等於中國史研究，而「台灣史只是中國史的一段尾巴。」

　　而這段時間以中研院近史所所長郭廷以《台灣史事概說》一書出現最早、流傳頗久，主要以中國史的觀點來看台灣，由漢文紀錄看台灣，由《尚書》禹貢說起，重點擺在清代，日治占一節之篇幅，以「再度光復」做結尾。而此書的各項觀點即為往後1980年代李國祁提出「內地化」說法的張本。亦即1970年代以前之台灣史作品莫不成為台灣與中國的關係史，不論台灣經歷與大陸不同的政權，仍將之視為中國的一部分來看台灣的歷史。

　　然而在這段期間卻有中研院近史所黃嘉謨研究員的佳作《甲午戰前台灣之煤務》（1961）、《美國與台灣》（1966），用英國領事報告、美國國務院及海軍部檔案逐一考訂，即使到今天還沒有人能超越這兩個主題的研究。而前所述的方豪教授也從事台灣的方志、郊研究，雖然他遲至1975年才在台大碩士班開〈台灣史專題研究〉，但其功力早在為〈台灣風土〉撰稿時，即已奠下基礎。這兩位自中國大陸來台的學者在向來台灣史的研究上，扮演著不可或缺的角色。

　　有關台大和台灣史研究的關係，在此也可再敘一筆。1965年11月15日是台大20週年校慶（這種算法是自行政長官公署派人接收台

大那天算起，台北帝大早在1928年成立），台大文學院的教授們先前
提議召開「台灣研究在中國史學上的地位」小型學術座談會。陳奇
祿指出召開這個會的理由有三：1.歷史文化的探討應以實地研究為
基礎，所以區域研究在歷史文化的探討上極為重要；2.台灣為一理
想的區域研究的園地，台灣地域雖小，歷史雖短，但它保有相當完
備的文獻和統計資料，又因移民入台先後，更形成相當複雜的層次，
所以詳盡的台灣研究，可為我國（中華民國）歷史文化變遷的最好印
證；3.台灣雖有很多地方人士從事鄉土研究，但在大學裡沒有地位，
因而也未受到社會一般的適當注意，台大既是全國教育首善之地，
也是一所地方性的大學，有倡導區域研究的職責。至是召開為期兩
天、共宣讀13篇論文的座談會。這時是在地方史、鄉土史、區域史
的角度下提倡台灣史研究，可謂理直氣壯、理所當然。

　　此會因反應良好，在陳奇祿（考古人類學系主任）辦過後，繼由
台大歷史系主任許倬雲接辦，遂在哈燕社的資助下舉辦一系列的
「台灣研究研討會」，自1965年12月8日開始，每月一次，到1967
年5月7日共進行14次。上述這些座談會的紀錄，都發表在《台灣大
學考古人類學專刊》第4、5種，這可以說是學院研究台灣史的先聲。

　　除了上述的座談會或研究會外，陳奇祿、許倬雲兩位系主任還
推動成立「台灣口述歷史委員會」，促成「台灣口述歷史計畫」，
主要的對象是光復初期的耆老和台灣幾個大家族的訪談研究。耆老
是指歷經三個時代（清末、日治及光復初期）活躍於台灣政治、經濟
及上流社會者，約30-50名，但因經費不多，只訪談了蔣渭川等12
人；至於家族史則僅完成霧峰林家的調查，原訂於第三年訪問板橋
林家，但卻只做了二次即中止。1991年在黃富三教授的努力下，由
林本源文教基金會出資刊印上述成果為《近現代台灣口述歷史》、
《霧峰林家調查與研究》兩書。台灣口述歷史的工作，雖以中研院

近史所於1959年展開爲最早，但都以外省人爲訪談對象，一直要到
呂實強任所長後進行第二階段的口述訪談工作才開始訪談本省人；
而台大歷史系是學院從事台灣人物口述訪談的嚆矢。不用說，不論
是台灣史研究會的召開，抑或是台灣人物的口述訪談，對將「台灣
史」推向學院、台灣史變成一個學門的促進，有很大的貢獻。

六、海外台灣獨立運動下的台灣史

　　台灣人何時有「獨立」的念頭？和台北帝大同一年(1928)成立
的台灣共產黨首揭台灣獨立的大旗，這是當時第三國際將台灣視爲
台灣民族，扶助被壓迫的民族使然。戰後則是二二八事件後，部分
經歷此事件者逃亡海外，首先在曾爲台灣人殖民母國的日本成立台
獨組織。凡是要獨立建國者，一定會建立其歷史及其要獨立的論述。
由於廖文毅於事件後在香港組織「台灣再解放聯盟」，先是主張台
灣應由聯合國託管，之後經投票再決定台灣未來的歸屬，甚至於1956
年創立「台灣共和國」，自任大總統。因此政府對企圖由歷史敘述
來達到另類認同的台灣史研究，莫不嚴陣以待。

　　比如對台灣史刊物出版的審核，當然政府對所有的出版品皆進
行審查，但對有關共黨和台獨(包括台灣)的尤嚴。有關例子，王世
慶在接受筆者等人訪問時即娓娓道來。如前所述，台灣省文獻會的
機關刊物《文獻專刊》第一期封面是藍地黃虎的台灣民主國國旗，
又刊登了黃玉齋、蔡式穀、張文環三人的文章，在全刊印成後，有
人覺得「不妥」向上級反映，創刊號因而喊停，換了封面並刪除這
三個人的文章後才准發行。其真正的理由爲何？迄今不明白。又如
台北文獻會的《台北文物》，第3卷第3期刊載介紹日治時期的新文
學和新劇文章，被捲入黃啓瑞、周百鍊的派系之爭，而被有心人拿

來大作文章，遭到政府列入禁書，當時的主委正在美國，只好火速
趕回處理。

　　前述的《台灣省通志稿》文學篇在送審的過程中被退稿，當時
由文學家廖漢臣、徐坤泉、張文環三人現身說法來撰寫日治時期台
灣文學的發展，人選上十分恰當，卻不知何故被禁止。由上述三例
子，可見是有文字獄的。凡是有壓迫的地方，必有反彈產生的力量，
在日本從事獨立運動的學者或研究者乃在海外撰寫台灣史，最出名
的是史明的《台灣四百年史》。他是左派人士，書中最重要的論點
是「台灣民族論」，且書中大量撰寫台灣戰後的二二八及白色恐怖
相關資料，使初閱者受到震撼！王育德常年研究台灣話（屬於閩南
話）並且於1963年出版《台湾：苦悶するその歷史》一書，言簡意賅
敘述至70年代台灣的歷史。他切除早期中文書籍所載、被視為台灣
的史事，將鄭成功也視為軍閥、入侵者。這本書加上George Kerr（葛
超智）的 *Formosa Betrayed* 成為台獨人士台灣史的Bible。閱讀這兩
本書而得到「啓蒙」、終而走上台灣獨立建國之道的人也有。

　　此外王育德等人還在1960年創立《台灣青年》做為海外台獨運
動最重要的刊物，雖以揭發「蔣政權」暴政為主，但仍時有台灣史
事的相關篇章。

　　此外黃昭堂的《台灣民主國の研究》、許世楷的《日本統治下
の台湾：抵抗と弾圧》，都在東京大學出版社出版，其學術水準因
此可見，他們一面從事獨立運動，另方面也未忘卻台灣史的研究。

　　上述的台灣史研究都將中國視為台灣史上一個外來的政權，而
且在評價上不如日本殖民政權，此點亦最令中華民國政府反感。

七、台灣史料的搜集與整理

　　由於台灣經過不同的政權統治，直接史料的語文有荷蘭文、西
班牙文、中文、滿文、日文，而英、美、法、俄、德也有與台灣相
關的史料，這些官方的檔案史料或私人資料的發掘與整理，誠爲台
灣研究重要的基礎。因此，不僅有些單位開始從事史料的整理工作，
也有美國的哈燕社、亞洲學會、猶他家譜協會（Genealogical Society of
Utah）協助、對台灣史料進行搜尋和整理。

　　以公家單位而言，故宮博物院雖庋藏不少有關清代台灣的重要
檔案（包括宮中檔、軍機處月包奏摺錄副、上諭檔、月摺檔、外紀檔、
廷寄、傳稿傳包等），而爲研究者注目，但卻在1995年以後才開始出
版以台灣爲主題的相關檔案，如《清宮月摺檔台灣史料》（8冊）。至
於庋藏台灣總督府公文類纂，此一對研究日治時期最重要的公文
書，是在何時開始進行？

　　先是1947年2月台灣總督府公文類纂（包括今通稱的台灣總督府
公文類纂、台灣總督府專賣局檔案、台灣拓植株式會社檔案），由台
灣省行政長官公署秘書處文書科接收，1948年台灣省文獻委員建議
該會接收這批檔案，1953年7月這批檔案成爲文獻會的鎭館之寶，中
間收藏地點換過幾次。之後1960年代得到中美人文社會科學合作委
員會的經費贊助，開始將檔案目錄做成中、日文卡片，進行二、三
年之後，因資助單位中止補助而中斷。雖然其間亦有少數幾位學者
利用此批檔案，但一直要到2002年本批資料進行數位化、開放後才
廣爲各界使用。

　　將台灣史研究的資料重新出版，成爲早期研究台灣史的重要資
料，而方便使用的，則首推台灣銀行經濟研究室出刊的309種「台灣
文獻叢刊」。此一規劃的重要人物爲周憲文。1946年他辭去台灣省
立法商學院院長兼國立台灣大學法學院院長後，進入台灣銀行創立
的經濟研究室（原名金融研究室），原以研究台灣經濟爲主要工作目

標，但他鑒於研究歷史第一要有史料，第二要有史觀，史觀有賴個
人修爲，史料則必須公開、方便使用，乃在台銀主管的同意下，從
1957年8月起到1972年12月止長達15年的時間，將公藏、私家的資料
以32開本、道林紙、加新式標點印行，每本出1,000冊，原想只刊印
「清代有關台灣的私人著述爲主」，後來並及官書，在年代上不限
於清，而向上下延伸，唯有不刊生人著作。在周憲文努力下的這套
叢書成爲最方便使用的台灣史研究資料，嘉惠許多早期台灣史研究
者，在台灣文化史上有不可或缺的價值。周先生在結束此項工作後，
猶賈其餘勇，續編「台灣文獻叢刊外編」，由台灣開明書店印行，
這部分較不爲人所知。台灣銀行經濟研究室除刊印「台灣文獻叢刊」
外也刊行「台灣研究叢刊」，刊登當代重要著作及翻譯外文書籍，
如蔡啓恒翻譯禮密臣(James W. Davison)《台灣之過去與現在》一書。

　　「台灣文獻叢刊」坊間書局及台灣省文獻會曾予重刊，2003年
11月21日中研院台史所籌備處完成了「台灣文獻叢刊」資料庫的建
置工作，透過網路可無價自由使用這309種資料，是第一套經數位化
的台灣史資料。

　　除了周憲文爲刊印台灣史料盡力外，王世慶對古文書和族譜的
搜集也值得大筆特書。他曾擔任美國亞洲學會台灣研究小組成員，
第一年完成《台灣研究中文書目》，第二年起有鑒於古文書的重要
性，乃在台灣經濟改善、大事翻修樓房、拋棄和賤賣古文書之際，
向研究小組提出搶救古文書計劃，而在1976年起開始執行，到1983
年止，前後8年，共搜集5,600多件，早已超過日治官方搜集的4,000
多件。這些成果研究小組分成10輯，每輯12大冊，印製五套，分別
由中研院史語所、美國史丹佛大學的胡佛研究所、哈佛燕京圖書館、
美國國會圖書館、日本東洋文庫等5個單位購藏，藏於史語所的這套
也在中研院古文書掃瞄計劃下，建置影像檔。

　　台灣族譜的搜集，早有美國猶他家譜協會及摩門教會在南太平
洋、日本、韓國等地區收集，王世慶乃由台北地區開始試訪，由於
族譜一般是給家族的人看，並不願提供外界參考，因此搜集倍感困
難。自1974年12月到1978年6月約3年半的時間，共搜集1,218件族
譜，附產品還包括功德榜。此外摩門教會也和中國文化大學合作繼
續搜集族譜，進行7年後，將這兩次的搜集拍成微卷，分別藏於美、
台，台灣有6份微卷，分別藏於中研院民族所、中央圖書館台灣分館
等處。族譜、古文書相對於公家檔案，搜集更為不易，但對史料研
究而言，亦為不可或缺。

八、林本源文教基金會對台灣史研究的贊助

　　做為清代台灣第一大家的林本源，在林柏壽的資助下創立林本
源文教基金會，對台灣史研究做出三大方面的貢獻。一是自《台灣
風物》第17卷起予以資助。前曾述及1951年12月《台灣風物》創刊，
由於經費、稿源的不足常有二期合刊、油印的現象，在6卷5、6期合
刊（1956）到10卷2、3期合刊（1960）是《台灣風物》最艱苦的時期。
這一雙月刊到16卷5期（1966年10月）改由板橋林家的林崇智擔任台
灣風物社的主任委員，在他的遊說下，1977年在林本源文教基金會
的贊助下，此一雜誌才逐漸穩定，到第20卷1期以後由雙月刊改為季
刊，此後迄今未曾脫期，在台灣出版界來說可謂奇葩，是僅次於公
家刊物《台灣文獻》老牌老字號的雜誌。
　　《台灣風物》一開始承繼日治末期《民俗台灣》的傳統，而後
成為研究台灣風土的重鎮。1970年代以前，國際情勢丕變，本土意
識高漲以後，不少年輕一輩學者投入研究台灣史的行列，而該刊也
漸漸由鄉土的、漫談式的文章一變而為學術氣氛逐漸濃厚的刊物，

尤其自第31卷1期起由台大教授黃富三主編後,《風物》的學術性更
強,但也未排斥非學院的文章。到36卷3期黃主編赴美後,改由中研
院社科所研究員張炎憲接辦,迄今已15年,是該刊壽命最長的主編。
而在5年前左右,《台灣風物》雖也收納民俗探風的文章,但趨進刊
載學術論文的氣氛越來越明顯,已由綜合性的雜誌變成學術性刊物。

　　基金會支持的第二項工作,是將陳奇祿等人辦的「台灣研究研
討會」復會。前曾談及,「台灣研究研討會」在1967年5月共舉行14
次以後即告結束。由於陳奇祿與任基金會董事長的林崇智是舊識,
而林崇智對台灣研究特別熱心,除接辦《台灣風物》外,也在1977
年起資助「台灣研究研討會」,自4月起每兩個月舉辦一次,成為當
時吸收台灣史新知最重要的場域。第一次主講者是在台大任教的楊
雲萍與方豪,談的是「關於連雅堂先生」。這一每兩個月舉行一次
的研討會不僅有學術的交流,也有物質的饗宴,當時都選在許昌街
YWCA舉辦。筆者在1983年6月畢業於台大歷史所博士班後,即被
當時的主持人黃富三請去發表我的博士論文《清代台灣綠營》,這
是我第一次當眾發表論文,也是我學術生涯的開端。這一有意義的
活動,為台灣史研究者所締造的溝通平台,終因台灣史研究漸盛,
各種研討不斷召開而於1995年11月5日結束,總共舉行100回。這
一研討會的內容都做成紀錄,出版為三大冊的《歷史文化與台灣》,
由書中的內容看來,就可了解由1977-1995將近20年台灣研究的脈絡
和成果。

　　除了資助雜誌、研討會的經費外,基金會也資助叢書的出版,
在早期陳漢光、毛一波、王詩琅主持編務時,曾出版過十多種叢書,
大多已絕版,亦未復知曉這十多種叢書的書名、內容。1988年起,
在張炎憲的努力下,又出版了六種,即《歷史文化與台灣》、《台
灣史關係文獻書目》等。

　　即使近年來，由於台灣經濟不景氣，利息有限，林本源文教基金會仍續辦《台灣風物》，並支持一年辦一次研討會。近二、三年來和中研院台史所合辦研討會並舉行年會。

　　相對於日治時期板橋林家對台灣民族運動的貢獻較少，戰後林本源文教基金會在台灣研究由鮮學過渡到顯學的過程中所做的資助，堪稱台灣各大家族中的唯一。而吳三連史料基金會踵繼其後，也對台灣史研究做出諸多貢獻。

九、由史蹟研究台灣史：台灣史蹟源流研究會、文建會

　　由名勝史蹟的調查進入歷史的研究似乎是由民俗、鄉土的走入專業的、歷史研究的必經之道。早在省文獻會主委黃純青的時代，即展開史蹟調查的工作，1953年勘定全省史蹟及台灣八景，這其中與林衡道於1952年任省文獻會委員關係很大。此後30多年來他一直帶隊從事訪查全台名勝古蹟和民俗的工作，此外他也想以近代社會科學理論為基礎來蒐集、整理文獻。

　　「台灣史講習會」（後改為台灣史蹟源流研究會）1970年在救國團執行長宋時選的授意下，由台灣省文獻會主委張炳楠等三人成立。該會的主旨是在告訴參加的學員（分為學生、教師兩組），台灣和大陸在遠古時代是連接在一起的，以此來加強台灣和中國密不可分的關係，具有打擊「台獨」思想的用意。林衡道於1977年任主委後，更投入極大的熱忱來辦，此一研究會包括學者演講、史蹟勘考，將研讀蔣介石的訓詞列入課程，又勸學員要讀蔣經國的《風雨中的寧靜》，還舉辦研讀心得比賽。

　　此會對當時就讀大學、研究所的學生吸引力很大，因為當時學院中除台大等幾個學校外，沒有台灣史課程，而參與這些課程的學

員包吃、住，又有贈書、史蹟勘考，成為救國團辦的活動中相當熱門的一個。我在1977年碩三時也經由抽籤才得參加，可見一斑。雖然此研究會以加強台灣與大陸的關係為主軸，但因講題有歷史、地質種種有趣的台灣主題，也引起不少學員經由史蹟的勘考而走入台灣史研究的堂奧。

在這樣的氛圍下，1976年台北市、台灣省、高雄市三個文獻會及相關單位(1976年成立時高雄尚未加入，一直到1984年才開始輪辦)，聯合成立「台灣史蹟研究中心」，每年輪流由台灣、台北、高雄文獻會來主辦。成立中心後還有三項重要的工作。一是發行《史聯雜誌》，接受各界尤其是曾參加過研究會的成員投稿，這工作都由中心的研究組來負責。二是創立史蹟源流研究會的年會(大約召開三天)，年會中有兩個重頭戲：1.舉辦徵文比賽，由學員來投稿，經評審後由一、二、三名和佳作若干名做論文發表與心得報告；2.是由學員結業後所組成，以各縣市為中心的「史蹟小組」成員，發表他們在當地的史蹟勘考。三是由研究組籌畫召開研討會。

筆者曾在高雄市文獻會接辦史蹟研究中心業務時，被邀任研究組組長，除主編《史聯雜誌》外，還曾在1986、1987召開「台灣史研究暨史料發掘研討會」。1986年時有關台灣史的研討會不多，邀請主講的學者與鄉土史家共18人，猶記開會當天早上有地震，而中研院的人二還要我交出此次參加會議所有人的名單，當時雖已是解嚴前夕，但政府對台灣史研究仍有疑慮。1987年則和中國民族學會、中央研究院台灣史田野研究工作室合辦，有16人發表論文，其中不乏新穎的題目，如鄉土史家黃榮洛的《初探『殺河南兵』事件》。

台灣史蹟研究中心也出版一些史料如《吳子光全集》、《柏莊詩草》、《詩畸》(擊鉢吟)、《台灣史叢談》，後者是救國團(也可說是國民黨)的台灣史範本，強調台灣、中國大陸地質、文化、血緣

都密不可分;而台灣早在《尙書》中已載入,強調台人抗清、抗日,
較少及於社會經濟、教育人文面。但此書經由台灣史蹟源流研究會
的傳布,其普及度絕對超過任何一本《台灣通史》或《台灣史》。

　另一由史蹟指定而間接造成台灣家族史、人物史、建築史的迅
速發展,則爲1982年成立的文建會,1983年政府頒定文化資產保存
法,將台灣的古蹟列爲第一、第二、第三級(目前只有國立、縣市立
古蹟及歷史建築),由於要指定爲古蹟前必要先臚列其足以成爲何級
古蹟的原因,因此歷史、建築兩方面都必須有初步的研究,俟經審
定爲古蹟後,必須做調查報告,就更需進一步研究該古蹟在歷史、
建築上的重要性。其中若有私人民宅的指定,則家族史必須出爐、
家族中的人物及其經歷也須考訂,建築的流派、匠師、建材、工法
亦在報告範圍中。隨著一處處古蹟的審定,一篇篇的台灣史研究論
文也就出現。因此史蹟源流研究會、文建會在台灣史研究上有其貢
獻。不過,使台灣史進入學問殿堂,甚至使她成爲一個獨立學門的
真正主力,則仍有賴學院對台灣史人材的培養。

十、學院中的「台灣史課程」

　1995年9月,教育部顧問室有鑑於「台灣史」的課程有日益受重
視之狀,乃委由台灣師範大學歷史系進行大學歷史系所「台灣史課
程規畫」,先調查了全台灣所有歷史系、所最近3-5年有關「台灣史」
課程、師資、教學方法、教材、指定書目及學生選修情形等,希望
能掌握台灣史課程開設現況、設計台灣史參考教學、研訂實施方案。
經吳文星、張勝彥、鄭梓三人的研究下,顯示自1992至1996年間全
台各歷史系、所開的課程,計有導論、概論,如台灣史、台灣通史、
台灣發展史;有斷代史,如清代台灣史,台灣近、現代史,戰後台

灣史；有專史，如台灣經濟史、台灣海洋史、清代台灣農墾史、台
灣民間宗教史、台灣佛教史、明清台閩佛教史、台灣社會與文化、
台灣的文學與社會思潮、殖民地與戰爭、中日關係史以及台灣民族
史。雖然課程開得五花八門，但「台灣史」課程尚不普及，有些系
所還將台灣史和其他歷史課程對開。此外，台灣史尚未進入必修科
目，而是二、三、四年級選修；其中值得一提的是淡江大學歷史系
自80學年開6學分的「台灣通史」，屬大三必修；師大歷史系亦自84
學年度開6學分的「台灣通史」供大二必修，算是特例。

　　上述課程中有所謂「中日關係史」，而實際是在上矢內原忠雄
的《帝國主義下的台灣》，有藉此科目開台灣史課程的意味。又中
央大學歷史系自1993年成立歷史研究所後，即以培養台灣史研究之
人才為重點，在3年內即已開了13門台灣史專題課程，是歷史研究所
中台灣史課程最多的所；至於中部逢甲大學並沒有歷史系，只有歷
史教學組，雖規定在「本國歷史」、「中國現代史」課程中，台灣
史要占一定的比例，但有關台灣歷史的課程仍需以如下的課程作為
掩護，如「台灣歷史與中國文化」、「台灣文學與中國文化」、「台
灣民俗與中國文化」、「台灣古蹟與中國文化」。

　　1987年台灣解嚴，其後10年間，對台灣史已較為重視，各大學
逐漸開台灣史的課，不過有沒有開課(或開必修課)並未對碩、博士
論文的產量產生絕對的影響。20多年來對台灣史學位論文進行分析
研究的有李筱峰、施志汶、彭明輝、吳文星、張勝彥等人。據施志
汶統計自1993-2002年間，歷史研究所以台灣史研究為主題的碩士論
文總計340篇，較之1983-1992年的68篇，增加達5倍之多，相較戰後
至1992年的95篇，亦有3.58倍。

　　若根據彭明輝的研究，由1960年以前零產出，至1961-1970年占
3.2%，1971-1980年提升至6.9%，1981-1990年增至10.9%，突破一成，

自1991-2000年間則快速成長，較前期增加1倍多，占23.2%，2001
年大幅提升至41.7%，已突破4成。在1982-2002年間，論文的議題集
中到政治、經濟問題，社會史也慢慢崛起，研究的年代在1982年以
前約六成研究清代，日治只有一成八；但到1992年日治時期已約占
三成七，清代以三成四落居第二，戰後的研究因與時代貼近也躍升
至二成七左右；到1993-2002年間，戰後以三成七居首位，日治二成
八居次，清代二成一居末，清代的研究逐漸走下坡，而攸關台灣近
百年來的研究已高達六成四。

　　另一個值得觀察的現象是由早期的重社會經濟而漸向重視社會
文化史傾斜，如由史研所的社會文化類論文加以統計，則其百分比
在2004年占53.7%，2005年36.7%，2006年34%，2007年39%，以年
平均四成居首位。至於跨領域、非史學出身學位論文的產生，也值
得觀察。如果以2004-2007年（史學、非史學）學位論文來統計，2004
年史研所尚維持七成四左右的論文數，但2005年降為三成二，2006
年降為二成四，到2007年降至一成九，台灣史本身培養的人數遠不
及社會科學、文學所培養的人數，是此一現象產生的原因。

十一、台灣史研究所成立

　　如果說以中研院台灣史研究所、政大台灣史研究所、台灣師範
大學台灣史研究所的成立，做為台灣史成為顯學的指標，那麼2004
年這一年是值得大筆特書的一年。

　　中央研究院做為台灣最高學術研究機構，在學術研究上扮演著
領航的角色。早期院內對台灣史的研究，除了上述郭廷以、黃嘉謨
出版專書外，並無一人從事專業台灣史研究。中研院最早聚焦在台
灣，從事跨學科的研究，則始於1971年由張光直院士所帶領的「濁

大計畫」。這計畫分成六組,其中雖無歷史組,但有陳秋坤、林滿紅兩位加入,尤其陳秋坤的加入,更是研究台灣區域史的學術先鋒。濁大計畫的影響如何,張光直在1995年撰文時曾說,以台灣為區域進行研究,是「台灣史在戰後的台灣,第一次明目張膽的進行,對今日台灣史之成為顯學,起了開山的作用。」

張光直院士復於1986年決定負起由中研院推動台灣史研究的學術職責,向國科會申請了台灣史田野研究工作計畫,並在1988年由院方成立「台灣史田野研究會」,由史語、近史、社科、民族四所聯合進行,設定之後即全力投入資料的搜集,發行《台灣史田野研究通訊》(1-27期)並出版《台灣平埔族文獻資料選集─竹塹社》(上)、(下)及相關書目的編排,如《台灣平埔族研究書目彙編》、《台灣漢人移民史研究書目》、《台灣民間信仰研究書目》等。1993年6月成立台灣史研究所籌備處,正式確認了台灣史學門,而國科會在填寫專長項目時,也不再將之歸入中國地方史內。

吳大猷院長、李遠哲院長共聘12位學術諮詢委員,來協助台史所籌備處,並以黃富三為第一任籌備處主任,陸續聘用專業研究者,學科專長有歷史學、人類學、地理學、政治學、建築學等,使台史所具有學科對話和科際整合的條件,並進而凝聚出社會經濟史、殖民地史、族群史、文化史、環境史等幾個研究方向。在籌備處期間,發行機關刊物《台灣史研究》(目前已發行到第17卷,自第15卷開始改為季刊,2008年已被評比為國科會歷史學門第一級刊物,並被2008年IHCI Core收錄,此誠為長年努力的成果),並召開多種學術研討會,發行論文集,並出版史料,尤其是日記與古文書,亦即台灣史作為一個專門的歷史學門,必須有豐富的史料做基礎,這是該所研究人員在撰寫論著之餘的另一工作重點。2004年7月1日台灣史研究所正式設立,此後台灣史研究又進入另一時期。

　　2004年以後台史所的研究以五大領域設群，奠立了三大研究取向：1.基礎學科研究：以歷史學為基礎，結合相關學科之理論與方法，從事貫時性實證研究；並廣泛調查蒐集國內外官方及民間台灣資料，建立台灣研究的史料學；2.區域比較研究：重視台灣內部的區域差異，並注意台灣與南亞、中國大陸與大洋洲等區域的歷史文化交流，探討區域之間人群來往、互動與認同等關係；3.整合性研究：對於台灣歷史研究的重要課題，推動跨學科、跨區域和長時期的整合型主題研究計畫；以擴大台灣歷史的研究範圍和理論視野，進而建構台灣歷史學社會發展的系統知識。

　　除了中研院設台史所外，政大也設台史所，以研究日治、戰後為主軸，並在2006年設立博士班，是第一個台灣史博士班，每年招收5名博士生；此外師大也設台史所，較偏向區域發展史、科學史，近兩年來由於師資結構的改變，日治、戰後亦在推展中。兩個所的發展是否能各有特色、做良性的競爭，尚有待觀察。

　　中研院台史所與這兩個台灣史研究所的互動自2008年開始，藉由《台灣史研究文獻類目》（2007），由三所合作進行該年台灣史研究的評介，中研院負責總類、經濟類，台師大負責社會文化類，政大負責政治類，動員幾十位台灣史學者、研究生共同來思考過去一年的研究狀況，會中提出的研究結果與方向有如下結論：

　　1. 就研究的時代而言，以日治、戰後近百年研究為主，清代研究減少。清史研究減少，一方面是日治、戰後研究的增多，另方面是清史的題材較少有到國外交流的機會。跨朝代的通論性論文，較難掌握史料與史觀，較少人從事，亦勢所必然。

　　2. 就論文性質來看，以社會文化史占多數，其外在原因是歷史學門跨出邊境，大量將其他學科有時代縱深的文章也列為台灣史的論文，其中包括不少台灣文學史，這和國內有十個台灣文學系所產

出不少論文有密切的關係。

3. 就傳承而言，王泰升、吳文星、施添福、黃秀政指導下的學生在台灣法律史，日治時期的各類學術史、教育史，歷史地理，方志學方面，都能集中在某一領域而有所突破，漸漸看出有異於早期楊雲萍、方豪、王啓宗、李國祁等所形成的學風，亦爲可喜的現象。

4. 台灣史研究範圍的擴大，由原來屬人擴充到包含屬地，亦即在研究日治時期台灣史，也將生活在該時期的日本人包括在內，正如戰後外省人與本省人共創戰後台灣史一般。此外，台灣史也能利用社會科學、文化理論增益歷史學科的不能，因而能和文學、經濟學、社會學、體育學等學門的研究者對話、互相學習，因而擴大研究的範圍。

5. 史觀的問題仍難取得共識：這也是台灣史學界最吊詭的現象。亦即對日本統治(甚至荷、西時期)時期的台灣史解釋，有明顯的分歧，有人大力批評「皇民史觀」，有人認爲日本人是「現代化的奠基者」、「文明的傳播者」。在二二八研究中最能見到針鋒相對的論點，甚至歷史事件的重塑只成爲個人表達政治立場的工具。歷史本來就有多面觀察的傳統，本不足爲怪，但以政治立場論釋歷史所造成的不同調，在台灣複雜的政治情況持續下，恐怕短時間內很難改變。

6.史料的刊布、數位化，對研究起了正面的作用：自《熱蘭遮城日記》、《荷蘭台灣長官到巴達維亞總督書信集(一)1622-1626》、《艾爾摩沙島事務報告》的中譯出版後，對荷西時期的研究起了相當大的作用；而《灌園先生日記》的刊布，對日治歷史的研究提供了重要素材，自不待言。但近來資料的方便使用，也造成了只用關鍵字搜尋的資料、依時間順序排比成文，而造成零碎化、偏狹化的現象值得注意。

十二、史料的發掘、編輯、翻譯與數位化

　　史料是研究台灣史不可或缺的資源，但是台灣數百年來的歷史
分別由不同的政權統治，所留下的官方檔案大半站在統治者的角度
來看，缺少發自民間的史料，因此在推動台灣史研究的過程中，搜
集家族、私人資料成為相當重要的事。相對於《台灣總督府公文類
纂》的數位化工作(由中研院與台灣省文獻會合作完成)，中研院台
史所除將309種《台灣文獻叢刊》數位化外，也積極建立台灣日記資
料庫。目前將已出版的兩部大部頭日記放入，即《水竹居主人日記》
(共十冊)、《灌園先生日記》(共27冊，已放入16冊)，另《黃旺成
先生日記》(二冊)，以及前述《台灣文獻叢刊》309種中有關的日記
如胡傳《台灣日記與稟啟》、蔣師轍《台遊日記》；也得到國史館
林滿紅館長同意，提供《楊基振先生日記》，這些日記資料將使民
間對當代的看法得以顯現。

　　此外，也盡力協助或獨力將官方檔案數位化，如將台灣省參議
會、臨時省議會、省議會的紀錄、土地銀行、林務局、最高法院檔
案的資料數位化，甚至建立台灣史資源網，希望能成為豐富而獨特
的資料庫以方便研究者。中研院史語所在2009年1月1日起開放其資
料庫免費供外界使用，其中如善本書的傅斯年圖書館人名權威資料
庫、明清檔案的內閣大庫檔案資料庫(目錄、全文影像)；此外台大
圖書館對淡新檔案、岸裡大社資料、古文書、圖書也有重要的資料
庫可供使用；另日治法院檔案的發現，進行數位化工作，也在王泰
升教授與台大項潔教授的努力下完成，而於2009年3月21日召開「日
治法院檔案與跨界的法律史研究」。這一切都可知，自1993年中研
院台灣史研究所籌備處成立的這16年來，在台灣史資料庫、數位化

上，已做了極大的努力。

　　相對於中研院、台大的努力，地方上、民間也同步在進行各自的地方學研究，如宜蘭學、澎湖學、淡水學、台北學等。而這些「學」的產生，與早期文獻會與今日文化局的推動關係密切。各地的文獻會成立是在第二任省文獻會主委黃純青大力推動下於1952年成立，之後展開第一波的修志熱；然而各縣市文獻會因政府的不重視，而後逐一停辦，只剩台灣、台北、高雄三文獻會，已如前所述。到了80年代修志風又起，主要是在內政部鬆綁，不再先由台灣省文獻會審查，再經內政部複審後，才能出版方志。此一鬆綁不僅使各縣市急於修志，連全台309個鄉鎮也都躍躍欲試，由於過去仰賴修誌的學者專家、文獻委員有限，因此文化包工公司出現，橫行方志界，以得標為目的，其內容與品質未盡妥善。民選台灣省長由宋楚瑜當選後，1997年成立文化處，極力推動修志工作，不僅補助，還由王良行教授編訂出所謂「六篇體」的修志規範。2001年文化處結束業務，但各地方的修志工作仍持續進行，修志熱迄今未退潮，至於台灣文獻館主持的《台灣全誌》更是修方志中的集大成者。

　　除方志外，口述訪談工作的進行也不遑多讓。口述訪談成果的出版在近20年達到高峰，舉2007年一年來說，就有國軍(陸、海、空)眷村口述歷史系列、國史館有兩本佛教人物訪談二冊，還有作家的訪談。中研院台史所舉辦第11屆全國口述歷史工作會議，以「口述歷史週」的型態出現，其特色為對台灣大專院校中「口述歷史教學」的座談，以及與日本、中國的口述歷史界進行經驗的交流，同時也編製《戰後台灣口述歷史書目》。2009年成立「中華民國口述歷史學會」，同年也出版《台灣口述歷史書目彙編1953-2009》，共收5,005條書目。

　　方志、口述史外，圖像資料的刊布(加上說明)也是目前出版界

的寵兒，有以個人爲主，有以家庭爲主，有以地區爲主，如國家圖
書館出版的《日治時期的台北》都是。其中圖像以資料庫呈現、較
大規模的有國立臺灣博物館、台大、中研院台史所、國家圖書館、
中央圖書館台灣分館等。

　　方志大抵以鄉鎮爲最小的單位，台灣一度也盛行大家來寫村
史，以每一村爲單位來進行，但能具體落實、且品質好的，並不多
見。主要原因在於不是人人都具備書寫的能力，而村史也必須有一
定的內容與嚴謹度，而非發出多元的聲音即爲「民主」，大家都來
參與就可以達成共識。更慘的是文化包工仍舊出現，這一來，文建
會的美意也在人去政亡的情況下只維持一個短的時間。

十三、由鮮學經顯學到險學

　　由於台灣的政治情況特殊、統獨的拉扯，史觀的難以取得共識，
因此研究台灣史原本可視之爲國史，也可視爲鄉土史的，是很自然
而然發展的一個學門，卻被賦予廣泛的政治性。這當然與早期政府
漢賊不兩立、反攻大陸的意識型態，使台灣只能是個「反攻復國的
基地」、只爲中華民國而生有關。戰後自大陸遷來的人不是台灣人、
本省人，而是外省人，因此台灣當然不能是台灣人的台灣，因此台
灣人自然不能研究台灣史，因而有當時的學子只知道黃河、長江，
從不知台灣有淡水河、濁水溪的怪現象。不論你以鄉土史視之，以
區域史、以國史觀點來看，都不能「忽視」台灣史的研究，也不能
完全由中國立場，台、中關係史來看台灣，畢竟在現實的歷史發展
上台灣和中國的歷史過程是不相同的。由戰後楊雲萍等人提倡台灣
史，到1983年我取得台大歷史系的博士學位時，居然是全台第一本
歷史所台灣史博士論文。文化大學和台灣大學都在1967年成立博士

班，卻要到1983年才有第一本台灣史博士論文出現，中間經過17年。

　　1993年到2004年這12年光陰，台灣史研究可謂「顯學」，因為歷史學博碩士論文中，台灣史論文達到四成上下，與1966年才有兩篇台灣史論文相比，當然是快速成長。然2004年雖然有三個台灣史研究所成立，但是政局的變化、中國強大的磁吸，以及台灣史研究老被認為與政治難脫關係，使學生裹足不前，都使台灣史的研究似有消沉之勢；而且面對中國以大量人力編製《台灣文獻匯刊》、《館藏台灣研究檔案》，要超越《台灣文獻叢刊》的大部頭數百冊的文獻資料，以及廈大、中國社科院近代史研究所、南京、武漢等地有關台灣史的任務性研究，都有步步進逼本地台灣史研究的趨勢；再加上廈大台灣研究院培養一大批三年即可拿到博士學位的台灣學生，而這些學生大半是考遍台灣各研究所難被錄取的，長此以往僅受短暫的訓練、卻又人數眾多，若政府再承認其學歷，排山倒海回台求職，台灣自己訓練的學生找工作更雪上加霜，學台灣史不是「險學」嗎？

　　由於社會科學的研究必須落實在本土性的研究，因此早就以台灣做為研究場域，和台灣史研究在1993年前的鮮學狀況不能相比。而到2006年底台灣公私立大學之台灣文史系所共有23所，大半為語言、文學、文化系所，台灣歷史所只有2個，何況只有台灣歷史所而沒有系！在學門上歷史系有被社會科學、文學瓜分、入侵之虞，歷史學也成為「險學」。在研究上，台灣史的邊界雖然向外延伸，有容乃大，但被跨界研究擠壓，也不能不熟悉各種理論，發揮論述的能力，而後史家最重要的技藝—史料的考訂，是否會在其他學科的浸淫下，變成以論代證？又對某些概念、理論的快速借用、囫圇吞棗的結果，也許會增加「可讀性」，但史學的基本要求安在？長此以往史學雖擴大範圍，卻會被跨學科的專史研究壓迫得難以喘氣，

形成「險學」的局面。

　　近年來人文學科的研究已由後殖民理論進而談到現代性，或以東亞的詮釋框架來思索研究的徑路，日本帝國下殖民地的比較研究、日本殖民地主義與歐美國家(尤其英、法)的比較、殖民地前後政權的比較，都是可以展開國際對話的主題，如何培養、訓練年輕的研究生具有更充實的研究能力，更是刻不容緩的事。

十四、結語

　　我自1975年進台大歷史所碩士班後，並未以研究台灣史為志業，而是以研究汪精衛為目標，但方豪教授的當頭棒喝使我從事台灣史的研究，經歷了台灣史的鮮學時期。我在寫博士論文期間，有一整年(1982年)都在故宮文獻處看檔案，我所提借的檔案，故宮博物院都要有專人先行「審查」後，沒有問題我才能看，這是現在萬萬想不到的事。

　　當我進入中研院近史所時，據聞我的審查報告中有位審查人說我在《書評書目》評論過德馨室出版的《王詩琅全集》，是在評論「漢奸」的作品，是不合宜的；也有我母校政大歷史系的教授致電呂實強所長，千萬不要讓我進近史所。當我終於審查通過，第一天上班，近史所同仁奉另一審查人之命來勸我說，從此不要再做台灣史了，這是1984年2月的事。

　　1991年1月我被行政院成立的「研究二二八事件小組」的成員挑選加入「研究二二八工作小組」，之所以需做這些苦差事只因當時是「鮮學」時代，專業台灣史研究者不多，而我又在1989年升等為研究員使然。由於參加二二八，打亂了我的人生規畫，也使我成為政治事件受難者的訪談者，被我訪談過的有數百人。在這一年撰寫

報告期間，必須由口述歷史作起方能完成報告，其中的艱辛難以為外人道也，如在零下6度、耶誕節前後獨自一人在南京二檔看二二八資料；又如受到一位姓龔的先生長期寫信來騷擾，即使我不回信也不斷寫來，最終他向當時的所長張玉法告狀……，不斷接莫名其妙的電話……那一年如何熬過來，到今天已難回想。

在研究院期間，經歷了中研院台灣史田野研究計畫到台史所設籌備處、設所，乃至於任所長，這一切的過程。在院外，我參與了影響中學台灣史教科書最大的《認識台灣》的編纂工作，曾被極右派人士包圍編譯館抗議，由於我衣著簡便未被視為「教授」，因而輕易突破重圍；也參加了新台幣改版設計的委員會，今天新台幣五百元的鈔票，以棒球為主，即出自我的點子；後來更成為「財團法人戒嚴時期不當叛亂暨匪諜審判案件補償基金會」的董事（迄今8年），協助「白色恐怖」的補償工作。

我自1983年取得博士學位後迄今已27年，經歷了鮮學後半期（可以1965年台大召開「台灣研究在中國史學上的地位」座談會分為前後期），到1993年中研院台灣史研究所籌備處成立，當時我是「台灣史田野研究室」執行小組召集人，帶領室中成員寫了設所規畫書，為該籌備處的成立盡一分心力。1993-2004年台灣史成為顯學，台史所成立。翌年我被病魔侵襲，足足半年才痊癒，病中李遠哲院長勉勵我接下台史所的重擔迄今。這一路走在研究台灣史的道路上，時而在眾聲喧嘩時欲「去」之而後快，時而踽踽獨行，回顧茫然無友朋，終於走到了今天。也無歡喜、也無憂。

許雪姬，澎湖人，中央研究院台灣史研究所研究員兼所長，研究制度史、家族史等，未來五年將研究不同的政權在台灣如何甄拔人才及其考試制度。

拾貝於婆娑洋畔、美麗島間：
一個學院台灣史研究者的觀察札記

張隆志

一、歷史與當代

在21世紀初的台灣，歷史似乎無所不在：從政治到媒體，從報章雜誌到教科書，各種版本的歷史都在向我們發聲。而歷史研究也不再只是學院的專利，從文史工作者的古蹟踏查，到報導文學家的耆老訪談，今日台灣可謂「每個人都是自己的歷史學家。」若著眼於歷史書寫主體的多元化，以及流通傳播管道的普及化，解嚴以來的本土研究熱和台灣史論述，實可視爲歷史知識民主化的重要表徵。另一方面，由於後現代知識氛圍的籠罩，以及當代族群政治的風潮，使得這個島嶼上的歷史論述充滿緊張與不確定。歷史不再是共通經驗的分享園地，而成爲不同記憶的競逐場域。在各種認同焦慮和論爭激情中，彷彿成爲人人可以輕易挪用、改造和棄置的工具。英國史家霍布斯邦在他橫跨20世紀的重要回憶錄中，曾特別指出歷史時空錯置（anachronism）和狹隘地域心態（provincialism）的兩大弊害。21世紀的台灣史讀者們，真的已經學會尊重歷史，並從中獲得智慧、樂趣和解放了嗎？

台灣史研究自1980年代後期以來，由於解嚴後言論思想的自由

多元、各種檔案文書的開放，當代新興思潮的譯介，以及新生代人才的投入而蓬勃發展。在史料發掘、課題開發、人才培育及國際交流等方面均取得重要成果。長期以來被視為政治禁忌和學術邊陲的台灣史，如今已成為台灣人文社會學術最新興的領域之一。另一方面，過去二十多年來，眾多新史料與史實的發掘與重建，似乎仍未促進台灣歷史意識的深化與公共論述的成熟。而身處於學院體制中的本土研究者，面對當代台灣的學術及政治情境，亦仍待克服知識的挑戰和學科的藩籬，提出對於台灣史的新思維。有鑑於此，起步中的台灣史學史研究，其主要目的便是深入理解今日台灣史學界多元異質的複雜言論景觀。並從整體而多元的觀點，透過不同時期史學思潮趨勢、知識社群網絡、學術組織制度，以及代表人物作品的實證個案與比較分析，重建近代台灣史研究的知識系譜以及學術脈絡，進而提升此一研究新領域的學術討論水平 *。

　　《思想》在製作解嚴以來台灣政治與文學等回顧專輯後，希望能以當代台灣史研究為主題進行評論。作為仍在摸索成長的台灣史學徒，筆者此時僅能以野人獻曝的心情，針對學院台灣史發展進行初步觀察和反思。此一偏重個人求知歷程和學術內在理路的片斷陳述，恐未能回應《思想》欲深入觀照當代台灣學術與世變關連的殷切期待。唯私心期待這篇台灣歷史拾貝者的隨想札記，能為這個遲來許久的專輯做個小小註腳。並在本期各篇宏觀史論的周邊，提供讀者對於台灣史研究的不同思考視角和討論興趣。

---

*　筆者關於台灣史研究多重知識系譜及具體實例的介紹討論，已另以〈當代台灣史學史論綱〉為題，發表於中研院台史所期刊《臺灣史研究》16卷4期(2009)，請有興趣讀者自行參閱。

二、典範與系譜

應該是2003年的5月底吧？在提交博士論文的午後，獨自開車到美國麻州劍橋市郊的Mt. Alburn公墓，佇立在張光直先生的墓碑前。在耀眼的陽光和搖曳的樹影間，凝視著那簡潔的碑文（K.C. Chang, Archaeologist, 1933-2001），靜靜地追念留美從學多年期間的師友情誼。還記得1995年初，在哈佛大學Peabody Museum 52C 張先生的研究室裡，與他討論提前離美回台就職的決定。當時張先生已經接受中央研究院李遠哲院長的邀請，抱病返台擔任副院長職務，言談中充滿著對於台灣學術前景的期待。就在1993年7月，中研院學術評議會在台灣立法院的政爭聲中，投票通過成立台灣史研究所籌備處。此一決定除了回應當時社會輿論的呼籲和期待，更象徵著1986年張先生返台推動中研院「台灣史田野研究計畫」以來，學院台灣史研究的新里程碑。經過10年的篳路藍縷，台史所終於在2004年正式獨立成所，然而張先生卻已在2001年初壯志未酬病逝美國，未及目睹其心血結晶了！

張光直先生在中央研究院推動的台灣研究，是學院台灣史研究的具體範例。從他的回憶錄《番薯人的故事》可以看到：作為台灣新文學先驅張我軍的次子，張先生早年從北京回台灣就學時，雖曾經歷1949年「四六事件」的冤獄。但他並未走入政治運動，卻決定從事冷門的人類學研究。而在以頂尖中國考古學家聞名於世的同時，張先生更致力提倡台灣考古學和史前史研究。追溯二次戰後學院的台灣研究，可以1965年，由台灣大學文學院陳奇祿與許倬雲等人所舉辦的「台灣研究研討會」為重要指標。戰後以來雖有楊雲萍、陳紹馨及戴炎輝等少數台籍學者，延續日治時期台灣研究的傳統，

並有中國大陸遷台學者方豪及郭廷以等人，分別從中西交通史及中國近代史的觀點展開台灣史研究。然而直到張先生在1970年代自美返台，推動台灣中部濁水大肚兩溪流域的大型科際研究計畫(習稱「濁大計畫」)，才將西方社會科學及區域研究等新取向，引進清代台灣開發史和漢人社會研究領域，提供了不同於傳統文獻學及中國地方史的嶄新學術視野。

　　戰後隨著美國現代化理論與區域研究的興起，西方學者亦展開對於東亞地區的調查研究。由於冷戰時期中國大陸對外封閉，自1960年代後期以來，西方學者以G. W. Skinner及Maurice Freedman等學者為代表，陸續至台灣及港澳泰國等華人社會進行田野研究。而台灣的豐富明清檔案及日文資料，亦開始受到西方學界的注目。如美國哈佛燕京學社補助台灣大學舉辦系列討論會，美國亞洲研究學會亦成立台灣研究小組。在此學術脈絡下，1970年代張先生主持的「濁大計畫」，與同時期中研院近代史研究所推動的「中國現代化區域研究計畫」，培育出新一代的台灣史研究人才。而由陳其南及李國祁等人所提出的「土著化」與「內地化」理論，更成為台灣史學界的重要討論課題。就此意義而言，今日中研院台灣史研究所的發展系譜，除1980年代「台灣史田野研究計畫」的奠基階段，實可追溯自「濁大計畫」時期結合歷史文獻、田野研究與社會科學理論的區域研究典範。而中研院台史所此一深厚學術基礎與研究取向，也是其迥異於國內外各種政策導向的台灣研究機構之處吧？

三、世代與傳承

　　相較於許多台灣史前輩與同儕們，在戒嚴時期的肅殺氛圍下從事本土研究的艱辛，直至1980年代後期才成為台灣史學徒的我，無

寧是後進而愚鈍的。回想起來，解嚴前後台灣的政治社會變動，雖
然激發了個人的本土意識和認同。但真正吸引自己投身於台灣史研
究的動力，與其說是街頭政治反對運動的抗爭悲情，毋寧更是從業
師曹永和先生身上所看到的，前輩台灣學者的學術典型吧！

　　初次親炙曹先生，是1987年在台大史研所的課堂。那時他才於
三年前獲得中研院及台大的肯定，以中學學歷進入學院從事研究和
教學，傳為學界佳話。記得初次得知曹先生，是在《人間》雜誌所
讀到的，一篇題為〈平民學者曹永和〉專題報導。這篇文章透過生
動的報導和訪談，描述曹先生如何由一位台大圖書館員長期堅毅自
修，成為蜚聲國際的台灣早期歷史與東西交通史專家。文中並以參
與觀察的方式，以照片圖說細膩地描述他每天早上搭公車上班，排
隊吃學生餐廳自助餐，以及工作餘暇埋首自修的日常生活即景。此
一迥異於森嚴學究的治學經歷和風格，深深地吸引剛入門台灣史的
我和多位同儕。

　　還記得在我報告對於清代台灣原住民史及族群關係（當時仍習
用漢番關係一詞）的研究興趣後，曹先生便親切地指出台大研究圖書
館珍藏的《岸裡文書》，是仍未被學者充分利用的重要史料，並推
薦我擔任黃富三教授岸裡社研究計畫的助理。沒想到就在自己完成
碩士論文，並獲台大文史叢刊出版的數年後，當時乏人問津的平埔
研究，竟已蔚為本土研究的顯學！除了授課，曹先生亦應邀指導當
時剛成立的台大台灣研究社，並不厭其詳地提供有關台大圖書文獻
及研究傳統的第一手知識。從第一屆社員們調查整理台大舊藏日文
台灣資料的集體計畫（暱稱為「台調計畫」），到後繼學弟妹進而從
事台北帝國大學歷史的專題研究，此一由學生自發組織的學術實踐
行動,也促使台大校方開始重視日文台灣史料的整理與校史的編纂。

　　聯經出版公司曾於1979年，刊行曹先生的《臺灣早期歷史研

究》，此書與戴炎輝《清代臺灣之鄉治》及陳紹馨《臺灣的人口與
社會變遷》，並列爲台灣研究的重要學術名著。20年後，當聯經版
《臺灣早期歷史研究續集》及《中國海洋史論集》問世時，曹先生
已於1998年膺選中央研究院第一位台灣史院士，也是繼錢穆先生之
後，以中學學歷獲選爲中研院士的第二人了！曹先生在《續集》後
記中，提到20年來台灣的社會變遷，以及個人的學術思考轉型。他
進而提出「台灣島史」的概念，檢討過去以漢人開發史及政權統治
史爲主的傳統歷史局限，主張以島上所有人群爲關懷對象，從長時
間的觀點探討台灣歷史發展，並展開台灣與世界的對話。他以法國
年鑑學派爲例，期待台灣史研究能立基於地域與人民，以學術的歷
史事實作爲探索的依據，從而超越國家或政治，架構出結構性、總
體性、全球性的台灣史觀。

　　從曹先生的訪談報導《自學典範》書中，可以認識到他與日治
後期《民俗台灣》雜誌以及台北帝國大學史學科的深厚學術淵源，
尤其是戰後個人從學於前帝大南洋史講座岩生成一教授的珍貴師生
情誼。曹先生長期沈潛的自學歷程，與寧靜淡泊的平民風格，讓我
看到學院台灣史如何發展成爲一個受尊重而可大可久的知識傳統的
可能性。

四、史料與史學

　　近兩年來由於台灣史學史的研究興趣，我與幾位同窗好友相
約，共同閱讀台灣史研究前輩們的口述史及回憶錄，也藉此重新思
考不同台灣史學術世代與學術傳統間，各種連續斷裂與辯證匯聚的
複雜關連。有次在討論《王世慶先生訪問紀錄》時，蘭芳和麗榕提
到王先生去年在台大上課時，曾述及許多個人求學研究歷程的趣

聞，並首次提到陳文成事件前後，遭到特務跟監照相的恐怖經驗。
回想起來，首次看到王先生，應該是研究生時期，在中研院台灣史
田野研究計畫的辦公室吧？當時在傅斯年圖書館地下一樓借用的小
空間裡，王先生正向大家介紹《金廣福文書》，並詳細地解讀地契
資料的內容。後來才知道：謙虛但博聞強記的王先生，與曹永和先
生相似，兩人均無顯赫學歷背景。也因此雖在台灣省文獻會服務多
年，但直到1980年代中期才終於獲得學術界重視。以其清代台灣社
會經濟史，與日治時期總督府檔案文獻研究的成就，進入中研院社
科所（原三民主義研究所）擔任兼任研究員。2008年11月，王先生以
八十高齡，獲頒國史館臺灣文獻館「終生文獻貢獻獎」。這對於一
生淡泊明志的他而言，算是份實至名歸，但卻遲來許久的榮耀吧！

　　回顧解嚴以來台灣史研究的首要學術成果，應該是各種史料的
發掘整理及解讀利用吧？在官方檔案方面，諸如荷蘭東印度公司檔
案、清代故宮及淡新檔案、日本台灣總督府及專賣局檔案，以及戰
後二二八事件及白色恐怖檔案等，均陸續公布及翻譯。在民間資料
方面，諸如明清時期台灣契約古文書、日治時期家族及日記史料、
當代回憶錄等，亦分別整理及刊行。而在史料範圍方面，諸如古地
圖及圖像史料的重視、口述歷史及影像紀錄的流行、報刊及文學史
料的運用，乃至地理資訊系統及數位典藏技術的發展等，更擴大台
灣史料研究的視野。值得注意的是，上述台灣史料研究的豐富業績，
並非僅是解嚴後本土研究熱潮的反映，更有其深層的學術史脈絡。
從王世慶先生的《臺灣史料論文集》書中，便可以清楚看到台灣文
獻長期累積與多重辯證的發展軌跡。

　　雖然17世紀歐洲文獻及明清時期中國方志中，均有台灣歷史的
相關記錄。具有近代學術意義的學院台灣研究，則是在19世紀近代
歷史學傳入日本後，在殖民地研究的學術政治脈絡中正式展開。1895

年以後由伊能嘉矩等人所進行的台灣探險調查，開啓日本殖民地學
術研究的先聲。東京帝國大學史學科教授 Ludwig Riess 的*Geschichte
der Insel Formosa*（1897）一書，可以視爲學院史家臺灣島史書寫的
里程碑。而台灣總督府進行的台灣舊慣調查事業，可以京都大學教
授岡松參太郎等人編纂的《台灣私法》及《清國行政法》等爲主要
成果。

　　日治中期的台灣史料業績，可以1922年台灣總督府史料編纂委
員會的《臺灣史料稿本》，以及1928年台北帝國大學成立後的台灣
相關研究，例如文政學部史學科南洋史講座村上直次郎的荷蘭文獻
調查等學術成果爲主。日治後期由於中日及太平洋戰爭的影響，台
灣總督府及台北帝大均致力於中國華南及南洋調查，相關文獻圖書
收藏成爲今日台大圖書館及央圖台灣分館的館藏基礎。而在1940年
代皇民化運動時期的台灣歷史民俗研究，則可以台北帝大醫學部金
關丈夫，結合池田敏雄、立石鐵臣、楊雲萍與陳紹馨等台日文化人
所創辦的《民俗台灣》雜誌爲代表。

　　上述日本殖民地研究傳統，隨著1945年日本戰敗而中斷。戰後
日本的台灣研究，則由1960年代留學日本的台灣學者開啓新的學術
契機。例如涂照彥、劉進慶、許世楷、黃昭堂及戴天昭等人，在台
灣史成爲戒嚴時期政治禁忌的陰影下，分別從事台灣經濟及政治外
交史的研究。尤其是戴國輝更於1970年代初期創辦「台灣近現代史
研究會」，結合若林正丈、松永正義及春山明哲等青年日本學者，
從事台灣近現代史料的蒐集和研究。

　　在二次戰後中國大陸來台學者對於台灣史料整理研究的貢獻，
首推周憲文所編輯的《台灣文獻叢刊》。他以台灣銀行經濟研究室
爲中心。在台大教授夏德儀、周學普、以及圖書館同仁賴永祥與曹
永和等人的協助下，進行明清台灣史料的校註出版工作。從1957年8

月起到1972年12月止，長達15年的時間，自力刊行《台灣文獻叢刊》合計309種，為日後的台灣史研究奠定堅實的基礎。另一方面，戰後台灣省及各縣市文獻委員會，曾陸續進行方志編纂工作。1970年代則有中國青年反共救國團與省文獻會，合辦「台灣史蹟源流研究會」活動。並在林衡道等人的提倡下，開啟地方文史調查和古蹟研究的先聲。

王世慶先生對民間古文書和族譜的搜集，可以做為1970年代台灣史料整理的主要代表成果。王先生長期任職省文獻會，曾協助William Speidel 及 Arthur Wolf 等多位美國學者進行台灣研究。他在美國猶他家譜協會支持下，於1974年12月到1978年6月期間，共搜集1,218件台灣族譜，並為美國亞洲會台灣研究小組編輯《台灣研究中文書目》。尤其是其在1976到1983年間所採集影印的《臺灣公私藏古文書》，共5,691件，更是台灣文獻界的重要成就。

相較於前輩們的篳路藍縷，如今台灣史料典藏與研究工作，無論在資源設備和專業人力方面均有顯著發展。除台灣大學圖書館、央圖台灣分館及國史館台灣文獻館(原省文獻會)等三大機構外，例如中央研究院從推動台灣史田野研究計畫至台灣史研究所設所以來，亦發展成為台灣史料蒐藏的重鎮。在史料研究方面，除清代官方檔案與民間古文書解讀的傳統技藝，諸如17世紀荷蘭及西班牙史料的人才培育與翻譯，明清台灣檔案的彙編出版，19世紀西文台灣資料的網路化，日本台灣總督府文書的數位化計畫與解讀班活動，乃至林獻堂《灌園先生日記》的共同解讀與註釋公刊，都是近年來令國內外稱道的學院台灣史代表性成果，也成為未來開拓台灣史學的重要基礎工事。

五、課題與方法

　　相較於中國史及其他主流史學領域，做為台灣史的學徒，個人
在接受歷史學專業訓練的過程中，除史料學的傳統技藝外，面對著
時代社會的巨變和史學思潮的演進，更對於自我學術定位和研究問
題意識，有份敏銳的感思。從碩士時期在曹永和先生身上所看到的
日式踏實細緻學風，與法國年鑑學派整體歷史觀的結合；到留美期
間接受Philip Kuhn教授，對於中國社會史、政治史、和華人移民史
的研究訓練；以及研讀Bernard Bailyn教授對於美國移民史、革命史
及大西洋歷史的學術名著等寶貴經驗，均提供自己在台灣史學界主
流的實證主義史學，與蓬勃的社會科學研究之外，尋求新本土學術
典範的重要範例。雖然此一問題取向的研究取徑，讓自己花費遠比
同儕更多的時間精力。但也因此得以培養跨領域對話的能力，並享
受深度閱讀台灣史料與實地田野考察的研究樂趣。

　　回想起1980年代時接觸戴國煇《台灣史研究經驗談》、王曉波
編《台灣的殖民地傷痕》，陳其南《台灣的傳統中國社會》和若林
正丈及吳密察《台灣對話錄》等入門書籍的興奮好奇，與研讀伊能
嘉矩、矢內原忠雄、以及陳紹馨及戴炎輝等學術經典名著時的知識
刺激，到1990年代參與哈佛大學台灣研究會、北美台灣研究年會（後
改為學會），以及台日青年台灣史研究者會議等活動的交流鼓舞。乃
至多年來從清代台灣平埔族群史、19世紀帝國邊疆統治史、比較殖
民文化史、以及本土史學史與方法論等不同觀點，對於邵式柏、駒
込武、柯志明、鄧津華及康豹等人中外文重要作品的評介經驗，如
今都成為自己台灣史研究路上珍貴記憶了！

　　相較於過去台灣史作為政治禁忌和學術邊陲的刻板印象，解嚴

以來的台灣史研究，除各種史料發掘整理和解讀利用，研究課題的開拓累積與深化發展，實為更值得注意的重要成果。戰後台灣歷史學界雖以實證史學為主流，然自1960年代中期以來，亦陸續引介歐美史學思潮。除早期美國現代化論外，如1970年代時的社會經濟史與行為科學，1980年代的新社會史與法國年鑑史學，以及1990年代的新文化史與後現代史學等思潮，均曾直接間接影響台灣史研究的學術取向。而近年來台灣文學史與台灣醫療史等跨學科新領域的出現，尤其是歷史地理學、歷史社會學及法律史學者陸續投入台灣史研究，除促進跨領域研究的風潮，也並刺激歷史學者重新思考學科疆界及研究方法論等深層課題。

另一方面，作為本土學術的重要環節，台灣研究在90年代亦逐漸受到國際學界的重視，例如北美台灣研究學會（1994年）、日本台灣學會（1998年），以及歐洲台灣研究學會（2004年）等國際相關學會組織均陸續成立。在民間學術交流方面，除林本源基金會長期支持《台灣風物》等刊物及海外台灣研究外，如吳三連台灣史料基金會、順益台灣原住民博物館、及曹永和文教基金會，均致力蒐集海外台灣資料與推動台灣研究。近年來除蔣經國基金會推動海外漢學及台灣研究外，政府官方如行政院教育部、國科會及文建會等機構，亦積極獎勵台灣研究相關國際會議及海外台灣講座等交流計畫。

經過研究者近四分之一世紀的共同努力，台灣史如今已發展成為一個嶄新的史學領域。不同於過去以中國地方史，日本殖民地史及西方區域研究等主流典範，回顧1980年代以來的台灣本土歷史研究，可以台灣中心觀點作為其主要方法論特徵，此一研究取徑以台灣島嶼及人民歷史為核心問題意識，並批判過去以統治政權和漢人開發為主的歷史解釋典範。在人群對象方面，研究者致力從土地和人民的現實關懷出發，解明島嶼歷史及本土社會的發展過程及特殊

性格。例如平埔族群史、客家研究和婦女史等課題的研究,除批判漢人及男性中心的傳統偏見,更重視台灣原住民和弱勢群體的歷史經驗,以及台灣社會在族群、性別及階級等方面的差異。在空間範圍方面,研究者除重視臺灣內部區域及人群的差異,更進而從海洋史、區域史乃至環境史的新視角,探討台灣與東南亞、中國大陸與大洋洲等區域間不同的歷史文化交流與自然人文景觀變遷。而在時間向度方面,研究者除重新發掘被忽略的荷西與日本時代台灣史實,並檢討過去的斷代分期方式,嘗試從長時段的觀點理解台灣的社會形構及歷史變遷。

　　不同於傳統以漢人移民開發及抗日民族主義史觀的主流論述,新世代的台灣史研究者無論在個別斷代以及專題研究,例如17世紀海洋史、清代台灣平埔族群史、日治時期台灣法律史、醫學史、教育史、文學史,以及戰後二二八事件研究與白色恐怖研究等方面,均有重要發展成果。而研究者的分析視野,亦從國家官僚和統治菁英,延伸至婦女史、生活史、區域史、原住民史、人類學史、環境史等課題。並在文化認同政治、殖民治理性及台灣民族主義等理論性課題上,與國內外社會科學和文化研究學者進行跨領域對話。例如若林正丈與吳密察主編的《臺灣重層的近代化論文集》與《跨界的臺灣史研究:與東亞史的交錯》等論文集,便反映了台灣史新學術世代的學術視野和研究活力。

六、書寫與閱讀

　　還記得應是2005年11月某個晴朗的午後,自己在中研院台史所黃樓舊建築的迴廊,與前輩及同事周婉窈(現任教台大歷史系)聊到美國中國史家史景遷訪台的新聞熱。曾於耶魯深造的婉窈談到史景

遷著名的中國史敘事作品,並感嘆現今歷史系對於學生文字表達能
力訓練的不足。當時婉窈的《臺灣歷史圖說》已經成為學院台灣史
家少見的市場暢銷書(現已出增訂版,並有日韓譯本)。而印象最深
的對話,則是她對當時台灣學界本土化與國際化路線論爭的批評,
以及決定以中文讀者為主要寫作對象的個人抉擇。在那個偶然閒談
的數年後,當自己仍在思考著歷史敘事與分析解釋的方法論問題
時,婉窈已經出版學思散文集《面向過去而生》,並以優美細緻的
歷史散文形式,利用網路部落格等新媒介,發表〈海洋之子鄭成功〉
等系列敘事史學作品了!

　　在以史料實證主義為主流的當代學院台灣史研究,至今仍以史
料蒐集考訂,與史實的發掘重建為首要任務。研究者對於歷史事實
客觀性的強調,遠過於對其個人作品可讀性的重視。而相較於中國
史及世界史等發達研究領域,後進的台灣史學界除忽略對於歷史敘
事技藝的探討,以及史家文本筆法的評論,更少見對於歷史敘事理
論和知識方法論的探討。環顧近年來的重要台灣史論著中,只有歷
史社會學者柯志明的《番頭家》一書,有意識地在寫作上嘗試結合
歷史敘事與社會科學分析。並進一步從認識論及方法論的角度,深
入討論社會科學解釋與歷史敘事的關連,以及時間性(temporality)
與敘事性(narrativity)等課題。不同於周婉窈對於傳統敘事史學技藝
的堅持與實踐,柯志明則以《番頭家》一書的實際寫作經驗為例,
主張社會科學的解釋與敘事的理解非但不應相互排斥,甚且可以相
輔相成。並呼籲社會學家應重新重視並投入歷史研究。

　　從敘事類型的觀點而言,學院研究者自1980年代後期以來,亦
逐漸從漢人開發史及政權政治史的傳統主流論述,轉變為以土地和
人民為主的社會文化史書寫。例如呂紹理對於日治時期台灣人時間
作息和展覽會活動,以及許佩賢對於日治時期台灣人教育經驗和地

方社會的研究，便是社會生活史研究的具體範例。而關於抗日歷史
及二二八事件等重要政治史實的描述和紀念，雖仍以反對運動及悲
情受難敘事為主軸，但研究者已經開始利用文字圖像及口述訪談等
各種媒介，呈現族群、性別和世代在集體記憶認同上的異同。並積
極透過博物館展示，在地史蹟考察，乃至網路部落格等教育推廣活
動，落實本土歷史知識的傳播。

　　值得注意的是，隨著政治解嚴及社會民主化的趨勢，台灣史論
述出現分化發展的現象。相較於森嚴的學院歷史學，民間的台灣史
書寫和商業出版活動，則成為公共歷史知識的重要資源和媒介。除
林本源基金會及吳三連基金會等民間台灣研究組織外，諸如聯經、
遠流、南天、稻鄉、自立、前衛、海峽及玉山社等出版媒體，對於
台灣史知識的推廣傳播，均分別扮演重要的功能角色，並成為學院
及官方之外的第三種台灣歷史知識類型。至1990年代由於地方史蹟
調查及社區營造團體的興起，更造就不少活躍於地方和學界之間的
業餘史家和文史工作室。

　　隨著當代台灣歷史書寫主體的多元化，以及資訊流通管道的普
及化，台灣史作品的內容種類及市場品味，亦呈現出小眾化的現象。
今日的台灣史讀者不僅可以沈重地閱讀諸如報導文學家藍博洲等
人，帶有左翼民族史觀和社會關懷的系列台灣民眾史論著。亦可輕
鬆地瀏覽諸如專欄作家陳柔縉等人，對於台灣史上「日本時代」圖
文並茂的趣味軼聞考證。而坊間各種名人回憶錄和庶民口述歷史的
出版，則提供讀者們在煙硝味瀰漫的政論文字外，另一種親切的台
灣史閱讀經驗。

　　另一方面，面對充斥著通俗教材、掌故野史、以及政論文字的
民間台灣史論述，多數學院台灣史家至今似仍選擇在體制內從事專
業學術論文的生產。1990年代初期，曾有自立晚報出版社策劃的《台

灣史歷史大系》，有意結合最新學院研究成果加以推廣。然而除少
數優秀作品外，並未獲得讀者廣泛迴響。相較於民間台灣史家楊碧
川等人，以個人之力從事台灣史論及年表辭典的編纂成果，近年來
台灣史學界雖有吳密察監修《台灣史小事典》，以及許雪姬主編《台
灣歷史辭典》等實用及專業工具書的編纂，但至今除若干通論教科
書和專題論文合集外，仍未見代表性的台灣通史專書問世。僅有周
婉窈《臺灣歷史圖說》等作品，以其個人史識與文筆，爲一般讀者
開啓通向台灣史的知識窗口。而李毓中在病中致力從事台灣史童書
繪本創作，並以寫給兒子閱讀的《海洋台灣的故事》獲得金鼎獎的
過程，更是個動人的例外。未來如何正視歷史通俗化與知識流通的
重要性，並培養歷史敘事與媒體科技的專業能力，將是學院台灣史
家能否走出體制高牆，邁向公共歷史學的關鍵課題。

七、論爭與實踐

　　2009年11月，施添福先生從中研院台史所正式退休。在榮退研
討會上，施先生用他雄渾的嗓音，發表國家與地域社會的主題演講。
70歲的他，並在同仁和學生們的促擁環繞下，享用他自童年以來第
二次慶生會的生日蛋糕。從1998年施先生獲邀進入台史所(時爲籌備
處)以來，他的嚴謹勤奮和正直圓融，便深受年輕研究同仁敬重。從
早年成名作《清代在台漢人的祖籍分布和原鄉生活方式》開始，施
先生在二十多年來，以其地理學專業，結合紮實文獻研究與綿密田
野調查，陸續發表涵蓋台灣中北部、南部及東部區域的系列歷史地
理學論著，並在即將出版的晚年代表作品，提出其台灣地域社會論
的重要學說。
　　回顧與施先生在本所族群史研究群的問學經驗，在他台灣文獻

與歷史地理學的深厚造詣外，印象最為深刻的，便是他獨自騎著陳年野狼機車，穿梭在台灣鄉鎮間的田野經驗了！從蒐集訪查族譜地契乃至抄寫墓碑的辛苦、發現新竹舊隘墾區清代土牛溝的驚喜、考證平埔古文書及日治戶籍資料的繁瑣、還有在台東池上平原的美景間，忙裡偷閒享受美味便當和冰棒的樂趣等點滴，都讓我們津津樂道。相較於近年來流行於台北學術圈，各種冠蓋雲集、送往迎來的國際會議活動，施先生此一植根於台灣庶民社會，腳踏實地的治學取向，似乎更顯得特立獨行！對個人而言，施先生及諸多前輩們長期專注的求知態度，正是學院台灣史的學術魅力所在。而他們對於台灣歷史與社會的研究論證，提供自己超越政治激情和庸俗媒體，從而反思當代台灣歷史論爭的重要資源。

　　欲認識解嚴以來台灣歷史論爭的知識系譜，除日本殖民地研究、中國地方史研究以及西方區域研究等學術傳統外，更不容忽視戰後海外台灣人反對運動，以及島內民主運動等非學院台灣史論述的重要影響。例如1960年代出版的史明《台灣人四百年史》、王育德《台湾：苦悶するその歴史》（中譯：《苦悶的台灣》），以及前美國駐台副領事 George Kerr 的 Formosa Betrayed（中譯《被出賣的台灣》）等書，在戒嚴時期廣泛流傳於海外台灣政治異議人士及留學生社會，並在1980年代以地下禁書方式在台灣島內流通，成為許多讀者的台灣史啟蒙讀物。另一方面，1970年代中後期諸如《台灣政論》、《夏潮》、《八十年代》以及《美麗島》等黨外運動雜誌，對於台灣政治、歷史與文學的介紹與評論，亦成為80年代台灣歷史意識與本土史觀的論述資源。

　　台灣異議雜誌的歷史，源自於日治時期《台灣青年》、《台灣》及《台灣民報》等刊物。戰後則以1950年代中國知識分子胡適和雷震等人所創辦的《自由中國》、60年代《文星》雜誌、70年代初期

《大學》雜誌等為主要標竿。至1975年台灣菁英黃信介及康寧祥等人，共同籌畫出版《台灣政論》，這是第一本以「台灣」為名稱的政論雜誌，曾探討國會全面改選、解除戒嚴、解除報禁黨禁等主題。至1979年則有《八十年代》和《美麗島》雜誌的出現，分別主張議會改革及群眾運動的黨外民主運動路線，並強調台灣意識及重視台灣史地人物的介紹。而1976年創辦的《夏潮》雜誌，則以民族、左翼、鄉土為號召，介紹台灣抗日、工農運動、文化協會及帝國主義侵華及五四運動史實。1977至1978年間，更引發鄉土文學論戰。至1980年代，黨外雜誌經美麗島事件衝擊後更加蓬勃，論者分從不同觀點討論台灣史事及人物，並出現台灣結與中國結的論爭，成為解嚴以來台灣認同問題的先聲。

　　當代台灣的族群及國族認同問題，自1990年代以來，歷經島內選舉、兩岸關係與國際政治情勢的轉變而更加政治化，台灣史亦隨之成為政黨和媒體的論爭場域。不同學者亦由於國族認同及理論立場的差異，分別組成夏潮聯誼會、台灣教授協會、以及文化研究學會各種等學術組織。例如有關台灣殖民現代化問題的解釋，在1984年黨外雜誌的「台灣現代化」論爭後，曾陸續發生1997年的《認識台灣》教科書和杜正勝「同心圓史觀」論爭，以及2001年的日本漫畫家小林善紀《台灣論》論爭，而諸如二二八事件等政治象徵意味濃厚的歷史詮釋與紀念，更成為統獨問題和政治角力的論爭焦點，迄今方興未艾。德國社會學家Norbert Elias，曾提出對介入（involvement）及抽離（detachment）問題的分析。在時代和世變的洪流中，如何在知識生產與社會關懷間出處抉擇，仍持續考驗著學院台灣史研究者的學術專業和實踐倫理。

八、願景與挑戰

　　從前輩學者們在政治禁忌下的開拓傳承，歷經1980年代以來本土研究的蓬勃發展，學院台灣史研究如今無論在正當性、制度化乃至學科化等方面，均已獲得顯著成果。然欲理解當代台灣史研究的豐富內涵與複雜風貌，除認識解嚴前後台灣政治社會變遷等外在情境因素，實更需深入分析近代台灣歷史知識形成與典範轉移的長期學術軌跡。具體而言，當代學院台灣史研究的多重知識系譜，可溯自19世紀後期以來的日本殖民地研究、中國邊疆及地方史研究，以及西方區域研究等學術傳統。並受到晚清及日治時期台灣本地歷史書寫、戰後台灣人海外反對運動，以及1970年代島內民主運動等政治論述的影響。如何解明上述各種學術典範傳統間，各種連續斷裂與辯證匯聚的複雜過程及影響，便是台灣史學史的首要研究宗旨。值得注意的是，當代台灣史的興起與演變，實與近代東亞各國史學典範的形成與變遷，以及歷史知識生產與傳播的複雜過程息息相關。各個時期台灣史家對於本地社會、統治政權與族群關係的歷史論述，亦呈現不同的學術趨勢與特色。而作為帝國周邊的多重殖民社會，台灣史研究更可與東亞邊緣地域，乃至當代亞非拉地區後殖民史學進行對照比較。上述研究課題與方向，構成台灣史學史的主要學術內涵及特色。

　　綜觀過去二十多年來台灣本土歷史研究的知識成果，真正具備學術內涵及影響深遠的台灣史作品，多由堅持歷史敘事技藝及史料考證傳統的歷史學家，以及兼具扎實文獻及田野研究能力的社會科學者所提出。做為台灣歷史學的新興領域，學院台灣史研究者在史料實證與田野研究的基礎上，從整體歷史和多元比較的觀點，反思

區域研究、歷史分期以及殖民現代性分析等方法論課題。並將台灣
史放在東亞帝國建構與邊疆治理、族群關係與區域發展、以及殖民
主義與文化變遷等架構中，分析台灣在全球、區域與在地的空間面
向中，各種政經、文化、族群、性別與階級問題的複雜歷史動態。

　　另一方面，當代台灣史論述多元發展的現象，雖反映出歷史知
識民主化的趨勢，然亦出現政治工具化、商品庸俗化及研究瑣碎化
的危機。從媒體學者的黨派化、知識生產的粗廉化，以及史料解析
的扁平化等現象，均暴露出此一新領域在邁向成熟獨立的發展過程
中，專業倫理薄弱、研究質量不均、以及學術視野狹隘等可能限制。
展望21世紀台灣史學的發展前景，如何結合人文學科的淵博細緻、
社會科學的嚴謹論證、以及文化研究的批判活力，開創出具有清晰
問題意識和學術脈絡，兼具歷史敘事分析與理論意涵的新學術典
範，將是本土史學未來能否茁壯發展的重要關鍵。而面對來自島內、
兩岸及國際政經局勢變遷的多重挑戰，台灣史研究社群如何建立其
學術規範倫理，提升整體研究質量，進而以知識專業參與公民社會
和民主教育，則是新世代台灣史學者超越學院、官方和民間史學，
邁向公共歷史學家的嶄新挑戰。

　　行筆至此，回想起閱讀台灣史論著以來的各種心情感受，從對
於不義的憤怒，對於受難的悲情，對於霸權的反抗，對於出路的焦
慮，乃至於殖民的無奈等情感，都曾讓自己抑揚起伏，久久不已。
然相較於主流歷史敘事的集體激情和焦慮，影響個人更為深刻久遠
的，則是在求知問學歷程中所點滴體驗的樂趣甘苦。尤其是師友交
遊過程中，從諸多前輩學者身上所散發的那種堅毅而執著的精神，
寧靜與沈默的力量，以及對於底層和周邊的關懷。2010年5月某個陰
鬱的午後，在完稿前的文思枯竭中獨自在所內散步，適逢同事及好
友吳叡人在收發櫃臺領取郵件，包裹內是剛問世的 Benedict

Anderson 的《想像的共同體》中譯新版。叡人除分享其精譯的安德森〈旅行與交通〉新篇章，並題贈「初心不忘」四字互勉。在島內外政經情勢和生態環境正因天災人禍而動盪之際，做為一個後進的學院台灣史學徒，自己將如何不負學術實踐的初衷呢？解嚴以來台灣史研究的重要成果，將如何成為促進社會溝通和人群理解的橋樑窗口，不至淪為政治鬥爭與文化霸權的手段工具呢？而21世紀的學院台灣史家，面對當代台灣史高度政治化的言論情境，以及國族建構、後殖民差異、轉型正義與全球化等實踐課題，又將如何幫助讀者們超越霍布斯邦所指出的歷史時空錯置和狹隘地域心態呢？婆娑之洋、美麗之島，這條知識拾貝者的道路，仍然遙遠而漫長⋯⋯

　　張隆志，任職於中央研究院台灣史研究所，研究台灣社會文化史、平埔族群史、比較殖民史，以及台灣史學史。已出版《族群關係與鄉村台灣》以及中英日文學術論文多篇。現正進行台灣殖民文化史與本土史學史的專書寫作，並展開台灣公共歷史學的研究計畫。

建立衡量台灣史深度與廣度的標尺

楊 照

一

最近閱讀孫大川為卑南族的音樂家陸森寶(巴力瓦格斯)新寫的傳記,書中提到了一段發現的過程。陸森寶1988年3月去世,三年半之後,他的兒子在整理衣櫃時,發現了陸森寶親筆寫下的自傳。這份自傳有兩萬字左右,當然彌足珍貴。

「但是,接下來,我們又面臨一個大難題,就是我們看不懂這份資料裡面的內容;因為這份資料是用日文平假名寫成的,可是這不是日語,這是卑南語。也就是說,父親用平假名來拼寫卑南族的語言。……父親這種文章,不但我和二哥看不懂,就連卑南族人和日本人都看不懂,大家都陷入團團的迷霧之中,真不知應該如何是好?」(陸賢文,〈陸森寶親筆自傳‧編者的話〉)

還好,陸森寶的二女婿,陸賢文的二姐夫能夠藉由日語發音對譯卑南語,才讓陸森寶的自傳內容,得見天日,也復原了一段極其難得日治時期原住民成長經驗的紀錄。

台灣歷史,尤其台灣史料,長期存在於一組高度落差中。一方面在事實上,台灣歷史再複雜再麻煩不過,然而在一般人、尤其是歷史學界的印象中,卻將台灣歷史、台灣史料看得很簡單、很單純。

這樣的落差，構成了研究、理解台灣歷史最嚴重的傷害。

　　二十多年前，我在台大歷史系唸書，系裡有很明顯的知識學問排行觀念。有些歷史比較難，有些簡單些。因而有些歷史地位比較高，有些就比較低。最難最高的是西洋史，還有思想史。外語能力要夠強才能攻西洋史，頭腦夠清楚才有辦法涉入思想史領域，如果能做西洋思想史，那就會被視為人上人。

　　反過來，最是地位尷尬，最是乏人問津的領域之一，是台灣史。為什麼對台灣史興趣缺缺，除了那個時代大中國主義教育概念作祟之外，還有學問學術上的偏見。覺得台灣史太短，而且太簡單，有什麼了不起的題目可做的？

　　和中國歷史相比，台灣史很短，沒話說。中國歷史的來龍去脈，動輒一兩千年。一般接受的斷代概念中，「現代」之前的「近世」，從宋朝開始的。那是西元第10、第11世紀的事，離台灣開始有史可載可討論可研究，還有四、五百年。再怎麼勉強，台灣島嶼歷史的起點，頂多只能上溯到西元15世紀。

　　有問題的是，因為時程短，就想當然爾將台灣歷史看得簡單、無聊的先入為主概念。很多人都以為，那麼幾百年能發生多少重要的事呢？有什麼我們現在還不知道的嗎？荷蘭人來了，被鄭成功趕走了，鄭成功早死，在他兒子手中喪失了明鄭據點，台灣被清廷占領。然後就是甲午戰爭，然後就是馬關條約。台灣歷史，清楚明白。

　　我也曾經一度以為台灣歷史那麼清楚明白。但是週遭發生的事，看到讀到的資料，慢慢動搖了這個原本沒有經過檢驗的假定。

　　第一件事，是因為家族的悲劇記憶，重新認識「二二八事件」，也重新認識了我無緣謀面的外祖父，以及他那個世代的台灣青年。外祖父成長於日治下的「國語家庭」，日語不只是他的「第一語言」，甚至幾乎是他的「唯一語言」，連台語都不太會講，更沒有接觸過

中文的外祖父，爲什麼戰後短短兩年後，會加入「三民主義青年團」，成爲團部的地方幹部，因而在「二二八事件」後的「清鄉運動」中慘遭殺害？那樣的「三民主義青年團」，到底是什麼組織？

家中長輩的記憶，無法用簡單的歷史敘述解釋，更不能抹煞。歷史與記憶對不上頭，我們沒有資格、沒有權力取消記憶，當然只能檢討歷史。

第二件事，是在解嚴前後，重新意識到台灣原住民遭受到的殘虐待遇。他們不是天生次等的「山地人」，他們當今的痛苦，包括酗酒問題、賣淫問題，是漢人霸權與扭曲式的經濟分工造成的結果。爲什麼他們在現代發展過程中，付出了格外昂貴的代價？根本原因在──他們有不同於漢人的文化與社會組織，卻得不到尊重考量，加上勢單力薄，所以就受到了最無情的破壞與傷害。

原住民的語言、文化，不能用我們習慣的概念架構來理解。我們需要放掉放開本來對中國、漢人、台灣的認知，才有辦法接近這個島嶼最初的主人，看到這個島嶼角落裡的現實面貌。

二

1987年離開台灣出國後，到了美國有幸能夠近接使用一個藏書與管理都很傑出的圖書館──哈佛大學燕京圖書館。在燕京圖書館，我找到了周憲文先生主持編撰的《臺灣文獻叢刊》、《臺灣研究叢刊》，花了兩三年的時間，將「叢刊」內的書籍，差不多都翻閱瀏覽了一次。

到今天，我都還認爲，這兩套叢刊是個奇蹟。1950年代後期，國民黨官方一心一意要反攻復國，怎麼可能對台灣、台灣史有什麼樣的興趣？官方沒興趣，貧窮環境下，民間又怎麼可能有任何資源？

那是台灣史、台灣史料最沒有機會的年代，然而周憲文先生竟然能
利用「台灣銀行研究室」的力量，安安靜靜地收集了這麼一大套史
料，同時還翻譯出版了一大套西方經濟學名著。

　　兩套叢刊絲毫不含糊地展現了台灣歷史的真實本質——其複雜
及多元性。與台灣史事相涉的紀錄，不只多，而且多樣。要了解荷
蘭人，不能光靠中文記載，必定要參看荷蘭人自己的一手文件。這
些文件，用的是現代荷蘭人都讀不懂的古荷蘭文。荷蘭人會在台灣
發展，是他們遠東貿易擴張策略中的一環，而遠東貿易擴張，又和
同樣具有野心的其他歐洲國家互動拮抗形成的。於是，16、17世紀
的台灣史，必須經過巴達維亞的荷屬東印度公司，經過西班牙、葡
萄牙殖民運動史料，才能進行刻劃。

　　關於早期台灣的紀錄描述，有許多不是以漢文寫的。有來自歐
洲各地旅行者的遊記，有傳教士的回憶，更重要的，還有日本統治
初期進行的各種實況調查。這些描述紀錄，因為用了不同的語言語
彙，所以能夠留下漢語無法貼近形容的景況。

　　曹永和和翁佳音是世界上極為少數的古荷蘭文專家，而他們的
研究本業都是台灣史。對他們而言，古荷蘭文並不是什麼浪漫、神
秘的人類發明，因此吸引他們願意花費大量時間去掌握絕少人有興
趣的這套文字；那是解開台灣史開端之謎必備的工具，缺乏這樣的
工具，我們對16世紀台灣的圖像，絕對不可能精確。

　　靠著曹永和的努力，我們知道早期歷史中，存在著極複雜的三
角關係——荷蘭人、漢人及原住民。「……中國人在從事漁業之外，
或應土人的需要作蕃產交易，或經營貿易或零售，供應荷蘭貨物以
至日常生活的必需品。在當時荷蘭人的立場，中國人的活動，實係
必不可缺，故盡力獎勵其移居。」「就漢人而言，和土人交易，獲
利較多，其交易範圍漸漸擴大至荷蘭勢力所不及的地方。愈近邊界，

所獲利益亦愈大。在這邊界上，中國人畏懼荷蘭勢力的侵入，時或不免煽動土人採取反抗行為。於是荷蘭人就攻擊土人，並放逐土人。」（〈荷蘭與西班牙占據時期的台灣〉）

綜合這些非漢文紀錄，我們眼前浮上的台灣歷史樣貌，大不相同。例如，我們明瞭了漢人最早來到台灣定居，其實是由荷蘭人招募的。荷蘭人開啟其端，決定了台灣後來農業系統，不同於中國大陸的性格。台灣的農業，幾百年來，不是以自給自足為目的的，而是帶有強烈清楚的商業動機。雖然以農業為主要經濟活動，但台灣農業內在的商業性，卻在這個社會種下早熟發達的貨幣與數字基本概念，不同於中國大陸。

早期漢人來台，與荷蘭的生產、貿易經營關係密切。也因此來到台灣構築的經濟社群，採取的形式必然不同於當時傳統的中國家族及農業特色，而早早沾染了荷蘭帶頭、西歐正在實驗進行的近代資本主義色彩。17世紀開端，荷蘭全國人口大約只有一百多萬，然而其中卻有兩萬人從事捕魚，另外兩萬人參與海上貿易，所擁有的船隻包括兩千艘商船，總噸數達到50萬噸以上。

受到荷蘭的影響，在台灣建立的漢人社會，充滿了獨特個性，無法簡單地以傳統中國模式理解之，甚至也可以倒過來說：台灣漢人社會的存在，應該隨時提醒我們，早在17世紀中國沿海的邊緣地區，就有了自身多樣的邊緣個性，無法被以中原主流觀點一言以蔽之，需要更仔細的個別研究釐清其真實面目。

三

透過「台灣史料叢刊」，台灣史在我心目中，翻轉成為最艱難的歷史領域。研究台灣歷史，必須具備的學術條件多麼嚇人！不了

解西方大航海時代以來，到「發現東方」的種種爭議思考，以及歐
陸國家的帝國主義競逐活動，不可能理解台灣史為什麼在16世紀突
然開始，不可能理解台灣與周圍海域變化的關係。

　　荷西海洋時代活躍於台灣海域的「海盜」，其身分、關係極度
曖昧。鄭成功的父親鄭芝龍，和其他「海盜」們過從甚密，又曾經
擔任過荷蘭人的通譯。鄭成功的妻子來自日本平戶，而平戶出發的
朱印船，既是「海盜」劫奪的對象，卻又常常是他們聯盟的夥伴。
這種情勢，不可能簡單用「海盜」、「倭寇」概念輕輕帶過。

　　不了解中國明朝後期朝政困頓產生的沿海社會組織變化，就無
從準確掌握17世紀台灣成為遠東航程中心時的漢人活動。要弄清楚
這時期變化，還需要同時研究日本幕府政治影響下的對外關係，尤
其是接觸到葡萄牙人、荷蘭人，「蘭學」興起後的精英與庶民態度。
還有對外聯絡港口，平戶與台灣之間的往來模式。

　　荷屬東印度公司留下來的重要史料《巴達維亞城日記》有太多
挑戰我們「海盜」概念的紀錄。例如1633年1月記載了荷蘭有兩艘船
途經安平，航往日本長崎，攜帶鄭重禮物去拜訪「長崎奉行」，「此
行乃長崎奉行近將前往江戶，以此作為見禮祝其旅程平安，且望彼
等作好言報告以其皇帝施惠於公司。」顯然，荷蘭人並不清楚在江
戶握有統治實權的，是德川幕府，而非日本天皇。

　　到了長崎之後，日本人反映：在和荷蘭人買賣絹系時，荷蘭人
賺取的費用太高了。荷蘭人也馬上領會：「不難推想而知，即求我
方為日本人從事工作，最少需將我方利益之半數，分與彼等耳。」
接著長崎奉行又問：「何故輸入巨額商品來日本？能否永久如此繼
續？」荷蘭人的回答是：那是因為和中國方面已有自由貿易，各種
貨物多輸入台灣的結果，如果海盜等不為妨害，則貿易當更見增加。
荷蘭人抱怨海盜問題，然而日方則反而以為「我方乃在海上劫奪商

品，攜至日本販售者，且以爲我方如無劫奪，則當以空船來此。」
荷方紀錄的結論是：「彼等明瞭我方貿易情況，知悉攜來日本之貨
物，乃屬自行採購者，則對我方之觀感當能好轉。」

　　這小段紀錄清楚顯示當時海上貿易的複雜性，尤其是商人與海
盜交界的模糊。海上船隻，孰爲商船、孰爲海盜，與其爲荷蘭船、
中國船或日本船沒有直接關係，別說外表辨認不出來，甚至同一艘
船都可能今天爲商船、明天變臉成海盜。也有很多紀錄記的就是荷
蘭船隻在海上的劫奪行爲，長崎奉行的「誤會」，或許不全無道理。

　　所有這些既經商又劫奪的船隻，基本上都以台灣做轉介點。也
是因爲台灣地位曖昧，台灣開發的軌跡唯有回歸當時的曖昧性才有
辦法辨清，想要用簡單的王朝邏輯，依賴片面的中國史料，顯然得
到的只會是遙遠變形，與真相有很大距離的想像建構。

四

　　進一步看，更明白的，不使用日文資料，就無能對日治時期台
灣充分認識。但還不只如此。光懂日文都還不足以進入日本人對台
統治的核心問題。讓我們別忘了，台灣是日本現代化發展中，拿下
的第一個殖民地。馬關條約取得台灣時，日本人對於如何經營殖民
地，還沒有明白的概念。一度甚囂塵上的主張，是將台灣賣掉，馬
上可以得到財政補充，還不必傷腦筋經營台灣，更不必投資建設管
理台灣。

　　日本人之所以經營台灣，最大的理由：其他西方列強都擁有殖
民地，而且都從殖民地獲得了龐大的利益。統治台灣過程，日本人
不得不積極學習西方的殖民做法，轉手西方殖民經驗。台灣的命運，

操持在日本本土的政府、國會討論中，更間接操持在日本人理解、
想像的西方帝國主義策略。

　　日本人如何看待台灣，如何經營台灣，並不是在日本內部形成
策略的。至少在初期，歐洲幾個重要大國，尤其和日本同屬後進新
興國家的德國，是他們模仿學習的主要對象。除了軍事行動平定台
灣之外，更花費大筆經費投資台灣，並不是日本人原本心甘情願或
真正視為划算的。為什麼會有「賣掉台灣」之議，就是因為單純從
日本角度出發，怎麼算都不覺得應該繼續擁有台灣這個殖民地。「賣
掉台灣」想法被打消，靠的是直接挪用西方列強事例，假定台灣可
以提供原料和工業成品消費市場的好處。但那原料是什麼、那市場
在哪裡，其實日本人根本還不清楚。

　　換句話說，理解日本殖民早期作法，研究德國殖民論述，和研
究兒玉總督及後藤民政長官，一樣重要。更進一步，日本人不只跟
西方人學帝國主義野心，他們還學很多別的東西。日本人學來的西
方事物，構成了明治時代的特色，這些事物又透過殖民結構，進入
台灣，成為日本統治中很重要的一部份。

　　台灣社會在日本殖民統治下，重新組構，其中有日本文化、習
俗的成分，也有傳統漢人社會自體擴充的成分，還有轉手從西方來
的理性主義現代化成分。西方事物和日本文化的混合，再加上台灣
本土的折衷變化，構成了那50年台灣歷史的主軸。光是要搞懂50年
殖民經驗的真實面目，我們就不能逃躲對於19世紀西方文明的基本
研究，對於明治維新給日本帶來的衝擊，換句話說，西方浪漫主義
與日本浪人的騷動，都是我們研究台灣歷史必要的背景知識。

　　另外，日本人為了統治需要，同時也是模仿西方殖民經驗，大
規模在台灣進行人類學式的調查研究。因而留下來過去華文資料不
曾有過，第一手對於原住民體質、社會及文化的紀錄，憑藉著這些

日文資料，我們才可能有限度地回溯重建原住民在台灣的歷史過程，包括他們究竟如何深入山林，如何在山林中建構一套相應的經濟與群體生活模式。

　　日本殖民政權對台灣的實證調查，甚至可以是進一步解讀中國社會組織的重要依據。斯波義信在《宋代商業史研究》中指出：「中國的行政法、刑法等公法秩序自古就很發達，而許多私法的規定則是由民間習慣形成的，交易法、產權法等也只散見於公法規定之中。因此，歷來有關中國法學的概論著作……都以實定法為主要對象，把重點放在各王全盛時期的敘述上。……倒是臨時台灣舊慣調查會編《台灣私法》第一、三卷上下，台灣總督府編《清國行政法》第二、三卷……等，大量發掘了中國財產法（尤其是交易法）關係的私法的一些事實，明確了問題以及資料出處和範圍。」

五

　　統治台灣將近30年後，隨著「大東亞共榮圈」概念的發展，日本對台的殖民政策有了重大改變，甚至可以說，從原來的抄襲西方模式，進入了新的日本殖民佈局自主性安排。

　　1920年代後期，日本在台灣的建設投資有了明顯的增加，因為政策上明白地要將台灣從單純殖民地的地位，提升為「南進基地」。換句話說，想像中的「大東亞」往南擴張，要能克服日本國土偏居東亞北方的限制，唯有依靠將台灣轉型成為帝國的次中心，從台灣出發征服並統治南洋。

　　日本政府重新省視了台灣的地理與社會條件，通過這種新觀點，興奮地提出了野心更大的帝國夢想，當然也就在衝動追求帝國的過程中，改變了台灣的命運。

　　這套新觀點肯定並著重開發台灣的兩項「帝國優勢」。從建構更大的東亞帝國角度看，第一，台灣的偏南位置可以充當前進南洋的基地；第二，台灣原本華人社會的底蘊，可以用來協助處理日本在中國日益擴張的控制。

　　如此一來，差不多20年間，台灣、台灣人的歷史經驗有了只能從日本角度來理解的改變。台灣和南洋，包括中南半島及印尼開始產生聯繫。戰爭爆發後，先是軍伕、接著有了「志願軍」，大批台灣人依隨日本軍部進入南洋。同時，以「台北帝大」為中心，日本積極在台灣培養研究、理解南洋的人才，準備在完成對南洋控制後，讓他們擔負起調查、紀錄南洋自然、人文環境的責任，也就是由他們來扮演「殖民地轉化」的先鋒角色。

　　這一部分的準備，後來因為日本戰敗，從未真正穩定控有南洋而煙消雲散了。可是還有另一部份，培養、引進台灣人到中國，卻有頗具體的事蹟。在日本人扶持的滿洲國，擔任「外交部長」的，是台灣人謝介石。為何有一個台灣人來當「外交部長」？道理不難理解，由日本人來當滿洲國的外交門面，太輕蔑滿洲國的國家地位了，可是要由滿洲人自己來運籌外交，又絕對不是日本人能信任、能放心的。所以就用到了台灣人的特殊、曖昧身分。

　　同樣的道理，也反映在滿洲國的警政系統上。近百位台灣人以錦州為基礎，參與了滿洲國警政的設立與運作。顯然對於滿洲人的監控管制，日本人絕對不放心交給滿洲人自己，直接派用日本人又必然刺激滿洲人的強烈反感與反抗，台灣人可以兩邊親近、又兩邊保持距離，就成了最適當的選擇。

　　我們還能從滿洲國「皇帝」溥儀的自傳中看出，他身邊最信賴的醫生，也是台灣人。而且他還多次試圖透過台灣人和關東軍協商，甚至試圖建立一套由台灣人組成，滿洲皇室與關東軍間的緩衝機制。

這樣的台灣人，其身分既非中國人，也非日本人。事實上，正因既非中國人、也非日本人的身分，他們才能發揮作用。用固定的日本或中國史觀，將他們定位爲日本人或中國人，就必然失去了在歷史上描述、認知這些人歷史活動意義的可能性。他們只能是台灣人。

有部分同樣以日本「統治助手」身分前往中國大陸的人，到了戰後，因緣際會改寫了身世背景，成爲抱持抗日態度回到「唐山」的民族主義者，也就是後來在政壇上甚有影響的「半山」。他們方便地將自己改寫成更符合中國人身分的故事，有助於他們的自我調適，卻對還原歷史原貌產生了巨大干擾，多增了很難辨別、真假混雜的扭曲。

六

到了1949年，台灣再度和中國發展分離，被編組入美俄對峙的冷戰結構中。龍應台的《大江大海》書中，透過美國軍艦的航行表，將1949年的離亂整編入當時世界的大移民潮中，更凸顯了台灣歷史在這段期間與美國愈纏愈緊的關係。

中國共產黨與蘇聯的密切關係，決定了和中共對抗的國民黨，終究成了美國陣營的一部分。原本已經決定放棄國民黨的美國，基於全球冷戰對抗需要，韓戰爆發後逆轉支持在台灣的蔣介石，接著積極介入，要將蔣氏不折不扣的法西斯政權轉型爲「自由中國」、「自由民主基地」。

如此而產生了從國民黨以降，整個台灣幾十年的集體錯亂歷史。國民黨既不能放棄威權控制，又不能放棄美國要求的「民主自由」門面。在與中共對抗上，國民黨既需要自己建構的「道統」合

法性，又需要美國給予的「民主陣營」說法。於是一方面在官方立場與教育體制中，大量強化中華民族主義內容，另一方面則開放夠多民間管道，讓美式文化，尤其是大眾文化，不斷源源湧入台灣。

幾十年間，台灣的歷史，受到美國緊密牽連，也受到冷戰爭議起伏緊密牽連。兩岸的隔絕，使得在和中國、和中共的關係上，都必須經過美國的中介。「八二三炮戰」之起，之所以採取了古怪近乎荒誕的形式，只發砲不進襲，只破壞不占領，就是源由於毛澤東對美策略的考量。文革中，中國大亂，蔣介石認真籌畫要在東南進行軍事行動，也是在美方的強力反對下被打消了。

拿掉美國因素，忽略這段時間的冷戰國際勢力消長變化，我們就無從如實呈現台灣歷史變化的來龍去脈。別說從中國的角度看不清這半世紀的台灣發展，就連只專注看待台灣本身，其實都會弔詭地弄錯了台灣歷史的輕重緩急。

七

原來，台灣史是多麼困難的學術題目！

過去會以為台灣史「簡單」，錯誤認知的一個來源，是先入為主將台灣史看作是中國史的一部分，以為可以、甚至應該是在研究16世紀以降中國史的同時，「順便」整理與台灣有關的材料，「順便」述說台灣歷史。

這樣的錯覺，只會妨礙而絕對無助於我們真正認識台灣的過去。中國史範圍中能碰觸、能發掘的史料，只占台灣史圖像中的一部分。那是不容否認的重要部份，但卻無論如何不會是全部。我們必須從中國史的桌面抬起頭來，看到更廣大的歷史幅面，才有機會準確掌握台灣史的範圍與邏輯。

　　台灣史牽連廣泛、向度龐大，需要探究的領域太多了，不可能靠少數人撐起來，無論那少數人再怎麼聰明，再怎麼有才華。我重新認識的台灣史，迫切需要比目前學院運作更積極、有效的分工，不同的人分頭去準備不同的智識工具，擴大蒐集相關史料，提供足夠堅實的背景解讀史料，才有辦法慢慢將一個個時期的台灣史講清楚，進而才可能有精采的詮釋解釋。

　　台灣史每一個時期，每一個課題，都不簡單。都可供深挖找出獨特的意義來。理由無他——一個在16世紀興起的海島，牽涉在遠東貿易中，又先後被大陸內向性的中國和海洋外向性的日本長期統治，這樣的經驗，真的很特殊。

　　台灣史可深可廣，然而我們到現在都尚未真正針對台灣史，建立一套衡量其深度廣度的標尺。

　　楊照，現任《新新聞》總主筆，並在 News 98及 Bravo 91.3主持廣播節目，出版有小說、散文、評論等三十餘種，最近出版的著作為《頹廢、壓抑與昇華：解析「夢的解析」》（左岸）、《故事效應：創意與創價》（九歌）及《霧與畫：台灣戰後文學史散論》（麥田）。

思想
評論

英雄的聖經，政治家的教科書：
閱讀普魯塔克 *

吳乃德

　　瑪麗·雪萊的科學怪人在獲得新的生命之後，空白的心靈也必須填充[1]。作者給科學怪人指定三本教科書，讓他認識人類的文明、並接受文明的教化：歌德《少年維特的煩惱》、彌爾頓《失樂園》、和普魯塔克的《希臘羅馬英豪列傳》(Plutarch, *Lives*)[2]。在小說中，科學怪人告訴他的創造者法蘭肯斯坦，「擁有這些寶藏給我極端的快樂……我實在無法告訴你這些書對我產生多大的影響。」《少年維特》教給他，人類感情可以超乎他想像的神聖。而普魯塔克的作品則有完全不同的效果。「我從維特中學到的是憂鬱和陰暗。可是普魯塔克卻教導我高遠的思想；他將我提升，超越我原先的可悲境界，讓我仰慕及喜愛那些逝去年代的英雄們……我讀到這些投身公

＊　愛默生在〈普魯塔克〉一文中如此評論這位他所熱愛的作者：「他對寬容大量以及自我犧牲的愛好，使他的書像荷馬的伊里亞德一樣，成為英雄的聖經。」*The Works of Ralph Waldo Emerson,* vol. 10 (Boston: Fireside Edition, 1888), 299.

1　黃長玲、吳仕侃、楊孟軒和其他朋友，對初稿曾經提供相關資訊及修改建議。錢永祥則逼迫我(當然不是以編輯的權力)對政治領導做更多討論。感謝他們的幫助，雖然他們對完稿應仍不滿意。

2　普魯塔克，《希臘羅馬英豪列傳》，席代岳譯(台北：聯經出版公司，2009)。

共事務的人，他們如何治理、或屠殺他們的族人。閱讀普魯塔克，
我的心中湧起追求美德的最大熱情、以及對邪惡的無限憎恨。」[3]

　　普魯塔克的作品於西元5世紀翻譯成拉丁文、16世紀譯成法文、
義大利文等。從此吸引了歐洲無數的文學家、哲學家、知識分子、
和政治領袖。英文譯本於1579年出版，是英國學者Thomas North根
據1559年的法文版翻譯而成。當時莎士比亞是十多歲的青少年。莎
士比亞後來許多劇本中的人物和情節，都根據普魯塔克的傳記[4]。從
14到18世紀，普魯塔克是歐洲最受歡迎的古典作家。盧梭在他的《懺
悔錄》中說，普魯塔克的作品是他小時候最喜歡的書。盧梭自稱，
他從閱讀普魯塔克中「培養了自由和共和的精神，不屈和自尊的品
格，無法容忍桎梏和奴役。」在閱讀普魯塔克的那些日子，「我的
心思無法離開羅馬和雅典；同這兩個城市的偉人一起生活，我自己
也成為共和國的公民，成為這些強烈熱情的愛國者的子嗣，其榜樣
如火焰般將我燃燒；我相信我自己成了羅馬人或希臘人；我成為書
中的這些人物。」[5]

　　對普魯塔克的喜愛和盧梭一起成長。盧梭大約40歲時候寫的一
篇短文中，用蘇格拉底和普魯塔克筆下的卡托為模範[6]。「如果你是
一個哲學家，就應該活得像蘇格拉底；而如果你只是一個政治家，

3　Mary Shelley, *Frankenstein or the Modern Prometheus* (London:
　　Pickering & Chatto, 1996), 96.
4　T. J. B. Spencer, *Shakespeare's Plutarch: the Lives of Julius Caesar,
　　Brutus, Marcus Antonius, and Coriolanus in the Translation of Sir
　　Thomas North* (Baltimore: Penguin Books, 1964).
5　Jean-Jacques Rousseau, *The Confessions and Correspondence,
　　including the Letters to Malesherbes, The Collected Works of Rousseau*
　　vol. 5 (Hanover: University Press of New England, 1995), 8.
6　本文對人名之音譯和中文譯本略有不同。

那就活得像卡托。……全世界沒有人其死亡比蘇格拉底之死，其生命比卡托之生，更爲高尚。……如果一個民族想要追求智慧和快樂，就必須讓蘇格拉底教育，而讓卡托治理。」[7]

盧梭將兩者對比的靈感，似乎來自蒙田：「如果卡托的死更爲戲劇性，蘇格拉底的死則更爲美麗，後者顯示了其精神的和諧與平靜。」[8] 蒙田本人對普魯塔克也有相同的喜愛；他的許多散文幾乎無一不提及普魯塔克作品中的人物。比較蒙田的散文集，和普魯塔克另外一本著作《道德文集》[9]中的文章：〈論美德可以教導嗎？〉、〈論憤怒的控制〉、〈論心靈的寧靜〉、〈論兄弟愛〉、〈論對子女的愛〉、〈論多言〉、〈論迷信〉、〈朋友與諂媚者〉、〈論嫉妒與仇恨〉、〈對婚姻的建議〉、〈如何從你的敵人獲益？〉等，兩部作品的精神似乎頗爲類似，都是作者在目睹或經歷諸多塵世的紛擾之後，在心靈避難所裡所生產的雋永之作。

盧梭和蒙田喜歡閱讀普魯塔克並非特例。法國啓蒙時期許多民主進步派知識分子也都喜愛他的作品。被羅伯斯比送上斷頭臺的侯蘭夫人，只帶兩本書到巴斯底監獄：休姆的《大不列顛歷史》和普魯塔克的《英豪列傳》。處於監獄的可怕情境中，她決心以古代英雄的堅忍來面對考驗。一位友人到監獄探望她的時候，發現她正在閱讀普魯塔克，而閱讀普魯塔克使她即令處於艱困的環境中，「深

---

7 Jean-Jacques Rousseau, "Comparison of Socrates and Cato," ed. Roger D. Masters and C. Kelly, *Collected Writings of Rousseau,* vol. 4 (Hanover: University of New England, 1994), 15.

8 引自 Briancamaria Fontana, *Montaigne's Politics* (Princeton: Princeton University Press, 2008), 59.

9 *Plutarch's Moralia*, trans. Frank Cole Babbitt (Cambridge: Harvard University Press, 1936).

邃的眼睛仍如往常般甜蜜。」[10] 像許多人一樣，侯蘭夫人對普魯塔
克的喜愛來自她對希臘古典的愛好。她最著名的事跡，是在從巴斯
底監獄往斷頭臺途中所說的一句話：「自由、自由，多少罪惡假你
之名以行。」事實上，侯蘭夫人抵達斷頭臺之後的行為更令人難忘。
斬首之前，劊子手先剪掉另一名男性受刑人的長髮。站在斷頭臺上，
侯蘭夫人仔細端詳他，然後說：「短髮其實蠻適合你的，因為你的
臉型真的非常古典。」[11] 面對死亡，尤其是面對即將身首異處的可
怕情境，這是何等灑脫而寧靜的心境。難怪歌德、卡萊爾都對她景
仰不已；斯丹達爾說，侯蘭夫人是他「這個世界中最尊敬的女人。」

　　法國思想家托克維爾到美國考察之後所寫的《美國的民主》，
是至今被引用最多、啟發最多理論的社會科學經典，甚至有學者認
為他是人類史上第一位社會科學家[12]。托克維爾攜帶於美國旅途中
閱讀的書籍包括普魯塔克的作品。他在旅途中給友人的信說，「我
很羞愧地承認，以前一直沒有好好地閱讀這本書。如今我發現了它
的魅力。它緊緊地抓住我的想像；許多時刻我甚至擔心會變成唐吉
訶德式的瘋狂。我整個心為不屬於我們這個時代的英雄主義所填
滿……」[13]

　　貝多芬對民主英雄的期待，或許是來自普魯塔克所描繪的諸多
反獨裁的英雄人物。身為普魯塔克的熱愛者，貝多芬在逆境中不免

10　Lucy Moore, *Liberty: the Lives and Times of Six Women in Revolutionary France* (New York: Harper Collins, 2007), 209-15.

11　Evelyn Shuckburgh, *The Memoirs of Madame Roland: a Heroine of the French Revolution* (Mount Kisco, NY: Moyer Bell, 1990), 259-60.

12　Jon Elster, *Alexis de Tocqueville: the First Social Scientist*. Cambridge: Cambridge University Press, 2009.

13　Alexis de Tocqueville, *Selected Letters on Politics and Society*, ed. Roger Boesche (Berkeley: University of California Press, 1985), 124-25.

和其所敘述的諸多命運乖舛的英雄產生共鳴。貝多芬在發現耳聾之後不久給好友的一封信中說，「我經常詛咒我的創造者和我的存在。普魯塔克向我指出了一條屈服於命運的途徑。如果可能，我會拒絕服從我的命運，雖然我感覺只要我活著，就會是上帝最不快樂的創造物……。屈服，一個何等可悲的資源。然而這卻是我僅有的。」[14]

愛默生或許是近代世界中熱愛普魯塔克的最後一個人。愛默生的眾多文章中，很少沒有參考、或引用普魯塔克的著作[15]。他1841年的日記寫道，「普魯塔克的英雄們，是我的朋友和親戚。」[16]數年後，他開始構思撰寫自己心目中的英雄：柏拉圖、蒙田、莎士比亞、拿破崙和歌德等[17]。愛默生甚至說，「如果世界唯一的圖書館失火，我會飛奔去搶救普魯塔克，如同搶救莎士比亞和柏拉圖一樣，至少緊接它們之後。」[18]因為「當你和卑鄙的人在一起，你覺得這個世界非常卑鄙。然後你閱讀普魯塔克，這個世界變成一個驕傲的地方，我們周圍充滿了崇高品質的人、英雄、和半神。他們不讓我們安睡。」[19]

雪萊夫人、盧梭、蒙田、侯蘭夫人、托克維爾、貝多芬、愛默生，普魯塔克的愛好者名單可以不斷地繼續下去，包括直到逝世之

---

14 E. Kerr Borthwick, "Beethoven and Plutarch," *Music and Letters* 79, 2(1998): 269.

15 Edmund G. Berry, *Emerson's Plutarch* (Cambridge: Harvard University Press, 1961), vii.

16 *Emerson in His Journals*, selected and edited by Joel Porte (Cambridge: Harvard University Press, 1982), 264.

17 Ralf Waldo Emerson, *Representative Men* [1850] (Cambridge: Harvard University Press, 1987)

18 引自 Berry, *Emerson's Plutarch*, 35.

19 同上，45.

前好幾年都為自己高聲朗讀其作品的歌德[20]。普魯塔克的魔力到底
來自何處？為什麼如此眾多優越的心靈和英雄人物，為這本著作所
深深吸引？

　　普魯塔克於西元40年出生於希臘充滿歷史的小城凱洛尼亞
（Chaeronea），大約死於120年。他父親是當地最富有的人，普魯塔
克還很年輕的時候就被送到雅典的「學院」，專研哲學。其後父親
又資助他在羅馬長期居住，希望他能利用父親的社會關係謀得一官
半職。可是普魯塔克的心志卻遠高於當一個官員。他雖然博學多聞、
關係良好，並且擁有羅馬公民權，可是卻無意於世俗的功名。即使
在著作名聞整個羅馬帝國之後，他仍然淡泊如故。普魯塔克在當時
以及後來的聲望，或可用一句話來形容：「如果雅典是全世界的學
校，普魯塔克的作品就是其最受歡迎的教科書。」[21]

　　他酷愛旅行、廣為遊歷，除了希臘全境之外，他到過埃及、西
班牙、羅馬和義大利各地。可是大部分的時間都居住在他的小城故
鄉，從事寫作，和違抗父母意志而結婚的太太生活在一起。他的故
鄉並不在交通要道上，來自羅馬帝國各地的仰慕者必須繞遠路才得
拜訪他。而即使費力抵達他居住的小城，也不一定見得到主人，因
為普魯塔克經常必須花掉一整天的時間，騎馬到二十多英里外的城
市，在神廟中承擔祭司的工作；有時候在當地過夜。

　　普魯塔克不只擔任祭司，也經常承擔檢查磁磚、監督水泥和石
頭運送的工作。目睹整個羅馬世界最著名的學者做這些低賤的工
作，許多人覺得非常有趣，有些人甚至認為有損身分。普魯塔克喜

20　U. Von Wilamowitz-Moellendorf, "Plutarch as Biographer," ed. Barbara
　　Scardigli, *Essays on Plutarch's Lives*（Oxford: Clarendon Press, 1995），
　　48.

21　D. A. Russell, *Plutarch*（London: Bristol Classical, 2001），144.

歡以早他數世紀的希臘名將艾帕米農達斯（Epaminondas）的故事，來
回答這些好奇和訕笑。艾帕米農達斯曾經領導希臘盟邦，成功擊潰
斯巴達的宰制地位；西塞羅讚譽他為「希臘第一人」。這位希臘戰
功最輝煌的名將，卻接受政敵為了羞辱他，而交給他的清掃街道和
處理垃圾的工作。因為他認為「不是職位證明人的價值，而是人顯
示職位的價值。」普魯塔克認為，這個名將「賦予了這個低賤的工
作以榮譽和尊嚴。」普魯塔克也用這句話來回答取笑和不解：「我
做這些事不是為了我自己，而是為了我的城市。」[22] 正如他作品中
所描繪的諸多英雄人物，他自己也充滿著公共精神，並且身體力行，
不以善小而不為。也是這樣寧靜致遠的個性，使他對英雄人物的描
繪可以引發人類千年的想像。

　　普魯塔克的《英豪列傳》原本包括艾帕米農達斯，可惜這部分
如今已經散失。我們目前僅能從《英豪列傳》中的「佩洛比達斯」
窺見這位英雄的部分面貌。艾帕米農達斯出身貴族之家，卻沒有繼
承家產，一生安於貧窮，終生維持從小養成的學術熱衷。他曾經在
已經潰敗的戰役中冒死救出佩洛比達斯，兩人因此成為生死之交，
同心協力為國家的利益而努力。兩人之間的感情已經達到這樣的境
界：他們不但不嫉妒對方的成就和優點，甚至將對方的成就視同己
出，因而感到驕傲和快樂。兩人後來共同帶兵擊退強敵斯巴達；可
是勝利之後，他們卻同時受到政敵的起訴和審判，因為他們的統帥
任期在戰爭期間屆滿，可是卻沒有交出指揮權，而繼續指揮戰爭。
佩洛比達斯深感不平和憤怒，可是艾帕米農達斯卻耐心地忍受指控
和審判，「在他的政治生涯中從未怨恨不公正的待遇，因為不公正

---

22 Plutarch, "Rules for Politicians," in *Selected Essays and Dialogues*,
　 trans. Donald Russell (Oxford: Oxford University Press, 1993), 160.

的待遇適足以表現人的勇氣和度量，是美德的一部分。」

艾帕米農達斯是蒙田心目中三個最偉大的英雄之一（另兩位是
蘇格拉底和亞歷山大）。在蒙田筆下，艾帕米農達斯是一個「知道得
如此多，卻說得如此少」的謙遜君子。「他的品格和良知超越所有
曾經管理公共事務的人。」「古代的人認為，如果我們細心檢閱每
一個偉大的領袖，總能在其身上發現某些特殊的品質，讓他們成為
典範。可是只有艾帕米農達斯具備了——而且充分地——他們所有
的美德和能力。不論是在公共行為或私人生活中，不論是戰爭或和
平中，不論是活著還是光榮偉大地死去的時候，他都充分表現了這
些美德。」[23]

《英豪列傳》寫於大約西元一世紀；和普魯塔克其他遺留下來
的著作一樣，屬於他成熟期和晚年的作品。《英豪列傳》將25對希
臘和羅馬的偉人並列，做比較敘述和分析。普魯塔克並不認為自己
是在寫歷史，甚至不是在寫一般的傳記。在「亞歷山大」的前言中，
他說，「正如畫家不理會身體的其他部分，我只關注人類靈魂中的
某些標記。」他要呈現的不是偉人的完整面貌，而是其中值得後人
效法和警惕之處。對當時希臘和羅馬的歷史學家而言，歷史唯一的
功能是提供過去所蘊含的教訓。普魯塔克也認為，傳記書寫的主要
任務是顯露對象的品格。他的傳記因此也聚焦於偉人言行中，足以
啟發後世的道德內涵。

在雅典偉大政治家「佩里克里斯」傳的前言中，他說，「高貴（道
德之美）是一個活躍的吸引力，它能即刻引發積極的衝動。目睹高貴

---

23 Montaigne, "Of the Most Outstanding Men," in *The Complete Works of Montaigne*, trans. Donald M. Frame（Stanford: Stanford University Press, 1958), 573.

行為的人會因模仿而形塑其人格；單是對高貴行為的歷史知識，就足以誘發果斷的道德選擇。」在「泰摩里昂」傳的前言中，他提到了書寫英雄對他自己所產生的影響。

我撰寫《英豪列傳》開始是為了別人，如今繼續這個工作、倘佯於其中卻給我自己無比的樂趣。這些偉人的美德像是一面鏡子，讓我修正、美化我自己的生命。這個工作帶來的唯一結果就是讓我和這些偉人相處在一起、生活在一起。當我們邀請他們從歷史中訪問我們，我們檢閱他們為何偉大、如何偉大；從他們的行為中我們摘取最重要的、以及最美麗的部分。「啊，除這以外還有什麼事更能令人快樂？」有什麼方法更能有效改進品格？

正是基於認知到偉人傳記對品格的感染力，以及從閱讀中獲得的親身體驗，18世紀的許多知識分子特別喜愛他的作品。他們相信普魯塔克的作品足以在凡人心中激發英雄式的行為。而18世紀正是一個動盪的年代；在那樣的年代中，理想主義的改革者經常必須面對政治的橫逆。侯蘭夫人的例子顯示，普魯塔克書中對英雄人物面對逆境的敘述，如何讓18世紀的改革者在艱難處境中獲得安慰、啟示、和靈感。

18-19世紀的進步派知識分子特別喜歡的人物是：佛希昂、迪翁、和泰摩里昂。其中泰摩里昂特別獲得他們的仰慕。泰摩里昂曾經在戰場上不顧自己的生命，救出他的哥哥。可是當這位哥哥後來企圖成為獨裁者的時候，泰摩里昂卻毫不猶疑地親手將他殺死。也因為殺死哥哥，母親拒絕和他見面。泰摩里昂因為「親情的斷絕而哀傷不已，情緒紛亂陷入無望的處境，決心要禁絕一切食物，讓生

命消失而終結所有的困惑和煩惱。」後來雖然打消了自殺的念頭，
卻開始放逐自己，離群索居；其後20年不過問公共事務。

之後泰摩里昂率領柯林斯軍隊，遠征西西里。擊潰迦太基人在
西西里的殖民獨裁政權。解放西西里之後，他重建西西里，給予西
西里人民主政體，並且教化當地人民。然後他將家人接到西西里，
在當地終老，始終拒絕回到希臘接受更高的榮譽。事業成功之後，
泰摩里昂一直保持謙虛的態度。只要有人提起他的功業，他總推說
是幸運女神的特別眷顧。他甚至在家裡蓋了一座供奉幸運女神的祠
堂。

泰摩里昂為何成為18-19世紀自由主義者的英雄？第一當然是
他的民主主義信念，以及他對獨裁的極端仇視。他可以出生入死，
將兄弟從戰場上救回來。可是當兄弟企圖獨裁，他卻毫不猶豫地將
他殺死。然而他卻非冷血狂熱的教條主義者。當母親為此不原諒他
的時候，他幾乎發狂，試圖自殺，然後自我放逐長達20年之久。第
三，他是經得起考驗的、真誠的民主主義者。當他解放西西里，掌
握了絕對的權力之後並沒有成為獨裁者。最後，他謙遜、不居功。
功成之後拒絕回希臘接受歡呼與讚頌。對他而言，擊潰獨裁霸權、
創建民主體制不過是理念的實踐，再平凡不過。

如果泰摩里昂是進步派心目中的英雄，佛希昂則是保守派的英
雄、美德的鏡子[24]。佛希昂是柏拉圖的學生，從小接受嚴格的學術
訓練。他個性溫和，卻勇氣十足。他從不輕易表露感情，也很少輕
率發言，不過總是言必有物。他對所有的人都保持適當距離，然而
卻不是一個驕傲的人。後來的美國開國元勳華盛頓在這方面幾乎是

---

24 Edmund G. Berry, *Emerson's Plutarch* (Cambridge: Harvard University
    Press, 1961), 25.

他的翻版；身為非法叛軍的將領、然後是新生民主共和國的總統，他都刻意創造這些職位的尊崇。佛希昂雖然特意和人保持距離，可是待人其實非常寬大。他經常對陷入困難的政敵，表達善意的情誼。當曾經反對他的人需要他支持的時候，他也不吝於提供支持。佛希昂同時也是一個和平主義者。有別於其他的政客和野心家，他從不鼓動人民從事征戰。

佛希昂之所以特別獲得保守主義者的崇拜，或許是他從來不盲從群眾、討好群眾。在處理公共事務上，他從不隨便附和人民無知的言論和要求。因此，他經常成為分歧份子。有一次佛希昂在做公共發言的時候，聽眾罕見地熱烈贊同他的意見。他立即轉過頭來問身旁的朋友說，「我剛才是不是說了些蠢話？」他雖然從不媚俗、不討好人民，人民卻照樣尊敬他，前後45次選舉他當將領。

佛希昂的人格和操守聲名遠播，甚至連雅典的敵人都非常尊敬他。雅典被占領期間，佛希昂經常利用他的聲望代表他的國家向占領者求情；而占領者也都樂於送人情給他。亞歷山大就是特別尊敬他的敵國君主之一。亞歷山大好幾次送給他貴重的禮物，都被他退回。亞歷山大因此寫信給佛希昂，抱怨佛希昂不將他當成朋友。亞歷山大有一次甚至送給他一塊領地，他當然也拒絕了。後來佛希昂的政敵鼓動暴民，將他判處死刑。從法庭押返監獄途中，有暴民對他的臉吐口水；他平靜地轉身對押解的衛兵說，「你們應該制止這種沒有禮貌的行為。」

除了這些人格典範吸引後人之外，普魯塔克吸引後代無數知識分子的另一個原因是貫穿其所有著作的公共精神和政治參與。普魯塔克是一個學者，可是卻非學究。他不但不輕忽實際政治，反而認為唯一可以解救國家的是政治參與，當然是以美德為基礎、以共和理念為指引的政治參與。

　　普魯塔克另一部名著是《道德論文集》。在其中的「論亞歷山大的命運或美德」一文中，他甚至將亞歷山大稱爲哲學家，雖然亞歷山大和蘇格拉底一樣沒有任何的著作。亞歷山大爲什麼足以稱爲哲學家？因爲哲學家的教訓一般只及於希臘人；亞歷山大卻教導亞洲許多民族學習希臘的文明。「我們之中沒有多少人閱讀柏拉圖的《法律》，可是卻有千萬人使用亞歷山大所制訂的律法，而且繼續使用著。」亞歷山大「在這些地區建立了許多城市，消除了野蠻文化，連其中最卑劣的元素都受其影響。如果哲學家最驕傲的事情，是讓人類品性中最頑劣的元素獲得教化和改變，那麼亞歷山大顯然是一個偉大的哲學家。」[25] 身爲希臘人，普魯塔克堅守著希臘精神中公共參與的傳統。對他而言，解釋這個世界雖然重要，改變這個世界卻似乎更爲重要；探討人生的意義雖然重要，可是讓人民安享快樂的生活更爲重要。

　　普魯塔克對美德有相同的看法。雖然《英豪列傳》描繪了許多英雄人物的操守和美德，可是在他心目中，美德不只是個人的品格和德行，而是正確的政治行動。在小卡托的傳記中，他以責備的口吻評論小卡托爲了個人操守和信譽，拒絕和龐貝政治聯姻，而導致了凱撒的興起、共和體制之崩潰。

　　小卡托在私德上幾乎是一個完人。他擇善固執、堅忍不拔、疾惡如仇、對權威毫不屈服。他盡忠職守，管理國庫的時候，帳目清楚，而且永遠最早上班、最晚下班。他生活儉樸，擔任軍事將領的時候，生活待遇和士兵完全相同。可是對待朋友不只金錢極爲慷慨，和朋友遠行的時候甚至自己步行讓朋友騎馬。當他將領任期屆滿，走過歡送隊伍的時候，沿途士兵紛紛將衣服脫下，放在他的腳前，

25　*Plutarch's Moralia*, 328-29.

並親吻他的手；這是羅馬軍人所能表達的最高敬意。

他的德行和聲望，讓他成為羅馬舉足輕重的政治勢力。許多野心家都試圖討好他，希望獲得他的支持。龐貝是其中之一。當時小卡托有兩個適婚的姪女（一說是女兒）。龐貝向他提出聯姻的要求，希望迎娶其中之一，另一則許配給他兒子。小卡托斷然拒絕，向媒人說：「你去告訴龐貝，沒有人可以經由女人的寢室收服卡托。」女眷們對卡托的拒絕非常失望。後來龐貝在選舉中用金錢買票幫助他的同黨，卡托對女眷說，當初如果和龐貝聯姻，她們的名譽難免受到污染。女眷們這時也都同意，小卡托拒絕龐貝的提親乃是正確的決定。

可是普魯塔克卻不認為小卡托的決定正確。他說，「如果我們從事件本身來評斷，卡托拒絕這項政治聯姻頗值得責難。因為他的拒絕，使龐貝聯姻的對象為凱撒取代。而凱撒的權力和龐貝結合的結果，終於摧毀了羅馬帝國，以及它的共和體制。」[26] 普魯塔克認為小卡托的美德不合時宜，「就像季節未屆之前就成熟的水果一樣，只能鑑賞卻不堪食用。…雖然有過艱苦的奮鬥，他的勇氣和美德最終還是讓命運摧毀了共和國。而他自己終究也無法避免毀滅的厄運。」[27] 凱撒成為獨裁者之後，小卡托逃至北非的尤提卡。當凱撒的大軍逼近城市，他仍然拒絕凱撒的招降。自殺那個晚上，他照舊宴請賓客，然後閱讀《斐多篇》；柏拉圖在其中記載了蘇格拉底死前和學生討論肉體死亡之後靈魂不朽的問題。讀完大半之後，他上床呼呼大睡，鼾聲如往常般大作。他在清晨起床，確定所有跟他逃

---

26 *Plutarch: the Lives of the Noble Grecians and Romans*, trans. John Deyden (New York: Modern Library, 1932), 934-35.

27 同上，897.

難的人都已經安全離開之後，用配劍切開自己的肚子。他的兒子發現昏倒在血泊中的父親，趕忙召喚醫生將父親露出體外的腸子塞回去，然後將傷口縫合。小卡托甦醒之後，趁眾人不注意又拆開肚子上的縫線，將腸子掏出來。這次他終於成功自盡。

　　然而，普魯塔克在《英豪列傳》中對公益與私德之間的衝突和道德兩難，並無太多的討論。他更爲注重的倫理難題，也是足以讓後世政治家所警惕的問題比較是：造就偉大政治人物的相同力量，如何至終也毀滅了政治人物。我們在《英豪列傳》中看到太多例子，而普魯塔克在敘述這些例子的時候，也常不厭煩地重複指出：政治領袖如何爲造就其偉大的相同力量所毀滅。這個力量就是對榮耀的強烈渴求。這種對榮耀的企圖心和熱望，經常推動政治人物從事偉大的行爲，成就偉大的事業。可是他們也經常因缺乏節制地追求榮耀而毀滅。

　　在希臘羅馬古代世界中，至少就貴族階級而言，榮耀是最重要的人生目標、社會資源、和政治影響力的來源。「從阿基理斯到……帝國的結束，軍人和將軍爲它發動戰爭，政治參與者爲它目眩神迷，演說家爲它而修辭，歷史家爲它而撰述，詩人爲它而歌詠。」在古代人心中，所有的社會資源和政治權力，似乎都被轉化爲榮耀這個共同的貨幣。在這個時代中，榮耀幾乎是人類動機和體制的根源[28]。古代世界的貴族階級對榮耀的執迷，在當時並非沒有受到質疑和批判。對主流文化的批判來自兩個思潮：斯多噶哲學和基督教。哲學家試圖否定榮耀對人生的重要性，指出其虛幻、空洞、和無意義。可是其哲學成就卻爲他們帶來名聲和榮耀；因此也招致僞善之譏。

28　J. E. Lendon, *Empire of Honor* (New York: Oxford University Press, 2005), 34-35.

基督教則試圖以上帝的榮耀取代塵世的光輝[29]。然而人畢竟生活在塵世。

　　普魯塔克並不否定主流文化對榮耀的渴望，因為這是人性的一部份，而且是重要的部分。雖然人對榮耀的追求經常成為無意義的虛榮，甚至導致毀滅，然而也是成就高貴行為的重要動機之一。他不是在講童話故事，而是在敘述現實的人在現實的世界中所能成就的最大可能性，以及他們的試煉、和毀滅。人或英雄人物的心中，不可能沒有自我，只有公共福祉。普魯塔克所理解的政治世界中，對榮耀的追求和野心乃是政治活動最基本、最原始的動力。沒有這樣的企圖心和渴望，就不可能有政治參與，不可能有偉大的英雄行為。然而，同樣的動力卻也經常摧毀一個政治人物和英雄。因此，重要的是知道在什麼時候、何種狀況下，政治人物應該停止、壓抑、或轉化追求榮耀的野心，以免於毀滅。這裡我們聯想到美國的經典文學名著《國王的人馬》[30]：推動平凡人擊潰宰制政治勢力、成為政治領袖的相同力量，至終也毀滅了自己以及身邊許多善良的人。只是在這個故事中，這個力量是小人物心中強悍不羈的內在力量。

　　在收於《道德論文集》中的「政治家守則」中，普魯塔克清楚地指出追求榮耀的動力對政治參與的重要性，同時也討論了榮耀的內涵。這篇文章寫於晚年，主要的內容是以《英豪列傳》中的許多人物為例，向一位有志於政治的年輕人提供建言。他所提供的建議鉅細靡遺，甚至包括公共演說的要領、如何選擇政治上的庇護人等。他也建議政治人物，不要追求過多職位以免讓人民對他感到疲乏。

29　同上, 90-95.
30　Robert Penn Warren, *All the King's Men* (New York: Harcourt, Brace, and Co., 1946).

而當沒有職位的時候，「政治人物應該將人民視爲他的愛人，設法
讓人民因他不在而思慕他。……即使不在，政治人物也應隨時注意
並了解所有事態的發展。」對於政治人物如何處理朋友關係，普魯
塔克也提出建議。他認爲，政治人物不應該像克里昂那樣，爲了避
免麻煩而特意不和朋友來往，因爲「朋友是政治家有生命的思考工
具。」可是擁有權力和資源的政治人物也經常會受朋友請託，要求
恩惠。普魯塔克認爲，他應該回報朋友的要求，不過卻必須在政治、
法律、和合宜的範圍內。然而政治人物也必須對朋友的行爲保持高
度警戒，否則就會像梭倫一樣爲朋友所害。

　　「政治家守則」這篇文章對未來政治家最重要的建議，還是關
於如何成爲一個好的政治人物。普魯塔克認爲，好的政治人物必須
具備三個條件。這三個條件的內涵充分顯示了普魯塔克的共和主義
公共精神。其中一個條件是，知道什麼時候應該爲公共利益而放下
私人利害。政治免不了爭議和敵對，可是真正的政治家知道何時應
該爲國家公益而放棄政治差異。「我恨他，我想傷害他，不過我更
愛我的國家。」「一個人不應該將公民同胞視爲敵人；對持有不同
立場的人，我們不應以憤怒和粗魯加以對待；我們應訴求其更善良
的情感。」優良政治人物的第二項條件是，對公共利益不計毀謗的
積極投入。「在政治衝突中袖手旁觀，保持自己羽毛之潔淨，頌揚
自己的無欲和無憂生活，這些都是錯誤的。…當然，最好是防微杜
漸，在衝突出現之前即加以防止。這是政治藝術中最偉大、最高尚
的部分。」

　　優良政治家的第三個要件則是，以正確的動機參與政治。這是
三個條件中最重要者，因爲「政治活動的首要條件在於，參與的動
機具有堅實的基礎。政治參與的動機必須以判斷和理智爲基礎，而
不是來自虛榮、或鬥爭的激動情緒，或甚至只是因爲無法選擇其他

的職業。」「最爲錯誤的參與動力是，突然的情感衝動。」而理智
的判斷和選擇之基礎又是什麼呢？普魯塔克認爲，唯一正確的、可
持久的、理智的政治參與動機，是個人對榮譽的追求。然而弔詭的
是，這項政治參與唯一堅實的動機又經常摧毀一個政治人物。解決
此種「辯證關係」的唯一方式，是隨時謹慎地分辨、反省榮譽和虛
榮的差別。「你政治行動的唯一目標是榮譽。」然而，

> 對榮譽的愛好同時也是一種政治瘟疫……有時候群眾的喜好和
> 崇拜如海浪般席捲而來，讓政治人物無法想像，也無法自持。
> 柏拉圖說，年輕人應該從小就讓他們知道，不應該穿金戴銀，
> 或將金銀視爲私人的財物，因爲靈魂裡的金子才是最重要的。
> 我們也應該用這個原則來控制我們對榮耀的追求。

　　真正的榮耀來自成就；榮耀只是成就的副產品，「是成就的
象徵，而非成就的獎金。」權力和地位不會自動產生榮耀，「真
正的榮耀來自人民自願的懷念，是絕對不可能被政治領袖所玷污
的。」[31] 追求沒有真實成就的榮耀，只是對虛榮的愛慕。普魯塔
克知道，追求榮耀是基本的人性，也是推動人參與政治、獲取權
力和地位最重要的動機。人類社會的許多領域中，政治的、學術
的、文化的，權力和地位都爲個人帶來榮耀。可是沒有真實成就
的榮耀，只會令人鄙視。更嚴重的是，普魯塔克以許多政治領袖(如
凱撒)的例子指出，過度熱烈追求超過成就的榮耀、權力、和地位，

31　"Rules for Politicians," *Selective Essays and Dialogues*, trans. D.
　　Russell (Oxford: Oxford University Press, 1993), 161-62; 154; 157-58;
　　180; 141; 142; 173-75.

必將毀滅一個政治領袖。「是什麼驅使凱撒，和他的國家，走向
毀滅的命運？是榮耀、是野心、是對聲名毫無節制的追求。」

這正是普魯塔克所要傳播的理念之一。人性同時由理性和非
理性的成分構成。非理性的部分包括對榮耀、正義、野心等的激
情。激情不只是人性，甚至是生命的必要元素。追求榮譽不只是
人性，甚至是公共利益和英雄行為的動力。我們不應壓抑激情，
或譴責激情。沒有激情的人生，確實乏味。沒有追求榮耀的動力，
將沒有值得景仰的領袖，剩下的只是政治算計。然而人性中的理
性和非理性部分經常是衝突的。創造榮耀和偉大成就的激情卻也
帶來毀滅，政治領袖的毀滅、共和國的毀滅。普魯塔克指出，亞
歷山大追求榮譽的激情推動他征服了世界；同樣的激情讓他殺死
了最好的朋友和部將。激情的必要性、以及它和理性的必然衝突，
是普魯塔克美德觀的特點。他對政治人物的描繪因此也特別注重
英雄人物如何成功地節制其激情，以及節制的失敗如何導致另外
一些人的滅亡[32]。因此，政治人物必要的基礎訓練不是壓抑自我，
而是將追求榮耀的激情建立在實質的成就上，同時隨時讓理性節
制過度的激情。

對個人榮譽和榮耀的追求，是希臘羅馬時代的普遍執迷，甚
至是那個時代權力來源、體制運作的基礎之一。普魯塔克希望傳
達的訊息、引導的方向，是讓榮耀的追求和對人類的實質貢獻相
結合。不譴責個人野心，相反地，鼓勵個人的野心並且將它和公
共利益結合，將個人野心視為成就公共利益的基本動力，這樣的
想法後來不斷出現。美國開國元勳、制憲思想家、《聯邦論》的

---

32 Timothy E. Duff, *Plutarch's Lives: Exploring Virtue and Vice* (Oxford: Oxford University Press, 1999), 75-76.

主要作者漢米爾頓說，「獲得報酬的慾望是人類最強烈的行為動機……引發對人類有所貢獻的行為的最佳方式，是讓它和個人的利益一致。對名聲的愛好是高貴心靈中最強烈的激情（ruling passion）；它可以促使人為公共利益計畫、實行艱困的工作。」[33] 漢米爾頓和傑佛遜、亞當斯等人最大的不同，也在於他將共和國的未來建立在政治人物的私人野心上，而非他們的公民德行上。漢米爾頓的理念或許是他自己心志的反映。在辭掉財政部長回紐約當律師之後，朋友邀約合夥投資土地。雖然一切合法、而且完全保密，漢米爾頓還是堅定地拒絕了。「因為我的『虛榮』告訴我，我必須做一個為公共利益而犧牲私利的『公共笨蛋』，以便讓自己處在可以為國家提供服務的最佳狀況。」雖然離開公職，追求榮譽和名聲的激情仍然讓他的目光停留在不同的高度[34]。

追求榮耀的野心是政治人物的動力。而政治領袖、或英雄的特質，是有意識地將榮耀建立於實質的貢獻上。喬治·華盛頓從年輕時期就充滿野心，一直想盡辦法要出人頭地[35]。可是當他逐漸成熟，卻也逐漸自覺，試圖將今生和後世的名望，建立在正直的品格和美德上。當獨立戰爭獲得勝利之後，他的軍事將領試圖用軍事力量干政，他除了用人格權威制服他們之外，用以說服的最大理由是「為後代建立光榮的榜樣」[36]。林肯同樣野心勃勃，

33 "Federalist No. 72," Jacob E. Cooke, ed., *The Federalist* (Middletown, Conn.: Wesleyan University Press, 1961), 488.

34 Bruce Miroff, *Icons of Democracy: American Leaders as Heroes, Aristocrats, Dissenters, and Democrats* (Lawrence, Ka.: University of Kansas Press, 2000), 11-12.

35 Peter R. Henriques, *Realistic Visionary: A Portrait of George Washington* (Charlottesville, Va: University of Virginia Press, 2002).

36 Seymour M. Lipset, "George Washington and the Founding of

也同樣企圖將野心建立在實質的貢獻上。他曾經在雜記中如此審
閱自己追求榮耀的野心：

> 我在22年前認識道格拉斯法官。當時我們同樣年輕……甚至在
> 那個時候，我們都已經同樣地野心勃勃。我的野心賽跑是一項
> 失敗，完全的失敗。他則是輝煌的成功。他的聲名傳遍全國，
> 甚至遠播國外。我不會排斥他所達到的高度名望。如果我有一
> 天達到那樣的高度，必然是因為我族之中的被壓迫者和我分享
> 相同的上升。我寧願站在那樣的名望中，也不願頭頂任何國王
> 擁有過的最炫麗王冠。[37]

道格拉斯是現任參議員，林肯當時或許還不知道兩年後會挑戰
他的職位，失敗之後兩年再度和他競爭總統的職位。林肯確實渴求
名望和榮耀，然而卻是經由自己所設定的途徑：解放被壓迫者，對
人類做出實質的貢獻。將名望和榮耀建立於實質的基礎上，這是普
魯塔克、漢米爾頓、林肯、以及許多政治領袖共同的想法。

近代閱讀普魯塔克的熱潮始於啓蒙時期，終於19世紀。《英豪
列傳》就像一個窗口，讓啓蒙時期的知識分子窺見古希臘羅馬時代
的社會生活和政治世界。而普魯塔克所生動描繪的人物和英雄，其
勇敢的獨特行徑，其高遠的心志和公共精神，以及其中某些人的悲
劇性毀滅，都給啓蒙時期具有公共關懷的知識分子甚大的吸引力。
然而隨著時代的進展，普魯塔克逐漸爲人所忽略、甚至遺忘。

(續)────────────

　　Democracy," *Journal of Democracy* 9, 4(1998): 25, 29.
　37　Miroff, *Icons of Democracy*, 90.

　　現代人不再閱讀普魯塔克，大約有幾個原因。首先，普魯塔克
和其他古代歷史學者一樣，他的政治人物傳記很少描繪個人生命歷
程中所形塑的獨特性格和心理特徵。他們大多將其主角鑲嵌入固定
的品格類型框架中，以凸顯其道德教訓和倫理啟示[38]。試圖以傳記
眼光來閱讀《英豪列傳》的現代讀者確實會因此感到失望。正如普
魯塔克所自述，他的主要目標是呈現英雄的個性模型。他對英雄人
物的描繪因此也顯得平面、甚至浮面。他的英雄大體而言，都爲了
公共利益而犧牲個人福祉、甚至生命；他們也多是虛懷若谷的謙沖
君子。他們固然追求成就和榮耀，可是也有高超的自我節制能力。
這和現代讀者對英雄人物的想像顯然有巨大差距。現代讀者期待英
雄人物的傳記能夠刻畫人性的縱深，包括內心的衝突和掙扎。19世
紀末、20世紀初風行一時的卡萊爾《英雄與英雄崇拜》，其中的英
雄人物就和普魯塔克的英雄典型有巨大的差別。卡萊爾的英雄們「不
高尚、不寧靜、不自制，而是精力旺盛、狂野，甚至不太道德」[39]。
　　普魯塔克不再受現代讀者喜愛的另一個原因，或許是政治的不
正確。我們活在民主的光輝時代；而民主就是人民作主。一般人相
信，在民主時代中只有人民才能夠、才應該對國家的發展有關鍵性
的影響。討論政治菁英的品質和品格、他們的公共精神，實在不符
合這個時代的基本精神。如果民主是人民作主，則人民的素質顯然
才是決定民主品質的重要因素。討論政治菁英和政治領導不論在道
德上、情感上、政治上都不符合民主精神。道德上，強調政治菁英
的公共精神，期待他們將公共利益作爲追求榮耀的動力，不符合「權

38　Maria Wyke, *Caesar: a Life in Western Culture* (Chicago: University of
　　Chicago Press, 2008), 22.
39　Berry, *Emerson's Plutarch*, 27.

力使人腐化」的訓戒。情感上，強調政治領導的重要功能貶低了人民做為主人的身分和角色。政治上，討論政治領導的重要性乃是保守主義的偽裝武器[40]。

　　然而，我們又不得不承認政治領袖對民族發展的重要性，尤其當我們有了腐化的、或無能的國家領導人的時候。民主國家的人民對政治領袖因此經常是愛恨交加。有時候我們期待政治領袖強勢領導，可是又擔心因此讓人民成為弱勢。有時候我們期待政治領袖開創局面、領導人民克服國家發展的困境，有時候卻又希望政治領袖遵循人民的意志。雖然愛恨交加，可是對政治領袖的基調是負面的，對權力是懷疑的。

　　事實上，近代世界的許多民主思想家和民主主義者，都強調政治領袖對民主、對國家發展的重要性。社會科學祖師輩的韋伯，或許是最著名的例子。他的〈政治作為一項志業〉發表以來，將近一個世紀不斷被閱讀[41]。韋伯在該文中指出，「為政治而活」的政治人物，必須具備某些內在的精神條件：對內心召喚的熱情、對政治後果的責任、以及對政治的良好判斷。他同時也提醒政治人物，享用權力和參與歷史過程固然帶來快樂，可是也經常淪落到為權力而權力、為虛榮而權力的可悲情境。身為自由民主主義者，韋伯更在〈德國國會與政府〉的長文中，深入探討了為俾斯麥主義所宰制的

40　Arthur M. Schlesinger, Jr., *The Cycles of American History* (Boston: Houghton Mifflin, 1986), 428.

41　Max Weber, "The Profession and Vocation of Politics," ed. Peter Lassman and Ronald Speirs, *Weber: Political Writings* (Cambridge: Cambridge University Press, 1994)。中譯參見錢永祥譯，〈政治作為一種志業〉，《韋伯選集(I)：學術與政治》(台北：遠流，1991)。

國會、政府、和官僚體制，如何阻礙、扼殺政治領導的出現[42]。而優秀的、開創性政治領導，正是德國民族提升的必要條件；熱情的德國民族主義者韋伯這樣認為。

韋伯並非特例。同樣是民主主義者，而且曾經在動亂時代中親身參與政治的法國思想家托克維爾，在一封給英國自由主義思想家好友約翰‧密爾的信中，提到了政治領導對國家存亡的影響。托克維爾在信中讚揚密爾敢於提出「代理」(delegation)和「代表」(representation)的分辨，這個以現代的語言來說相當政治不正確的議題。

> 我親愛的密爾，你所觸及的問題實在至為重要——至少我強烈地如此認為。對擁護民主政治的人來說，重要的不是設計一套治理人民的方式，而是選擇有能力治理人民的人，然後賦予他們足夠的額外權力，在通盤的事項、而非瑣碎的執行細節上指引人民。這才是問題之所在。我完全相信，現代國家的命運繫於我們如何解決這個問題。[43]

特別是在民主的初生階段中，政治領導對民主體制的存亡、或健全發展，有相當重要的影響。美國傑出的社會、政治學者李普賽，曾以當代政治學對民主政體崩潰的知識為基礎，分析華盛頓對美國新生民主體制之生存所不可或缺的貢獻[44]。他的評論似乎在回應托

42 Max Weber, "The Parliament and Government in Germany," ed. P. Lassman, *Weber: Political Writings*.
43 摘自 J. P. Mayer, *Alexis de Tocqueville: a Biographical Study in Political Science* (Gloucester, Mass: Peter Smith), 115.
44 S. M. Lipset, "George Washington and the Founding of Democracy."

克維爾的擔憂。

承認領導人的重要性，要求他們具有某種品質和品格，當然不表示必須對政治領導人盲從或崇拜。終生近身觀察美國政治、甚至曾經參與政府的歷史學者史列辛格，或許是最無保留承認政治領袖之重要性的學者。他以這樣的問題提出政治領袖對歷史之影響：如果邱吉爾1931年在紐約過馬路的時候，因看錯邊而被車撞死，而非只是撞傷，張伯倫後來可能喚起全英國人民的士氣、勇氣、和意志抵抗希特勒嗎？如果希特勒在第一次大戰死於西部戰線的壕溝中，而非倖存；如果列寧1895年在西伯利亞因為傷寒死亡，而非痊癒，20世紀將是何種不同的面貌[45]？確實，如果不是列寧，布爾雪維克將無法掌權、荼毒奴役人類半個世紀；雖然共黨政權垮台已超過20年，俄國人民至今仍然深受其害。因為列寧，布爾雪維克才停止支持接替沙皇政權的克倫斯基自由派政府，也才和其他左派政黨劃清界線；因為列寧，布爾雪維克才能在革命之前的社會騷動中，免於因冒進路線而被摧毀；也因為列寧，當適當的時機來到，布爾雪維克才大膽前進製造革命。在這些關鍵性的轉折中，列寧起初都是少數派，他堅強的意志力、行動力、分析和說服能力，終讓他的主張得勝[46]。

奴役人類的是政治領袖，提升人類心靈的也是政治領袖。無論是好是壞，政治領袖對人類的影響無可置疑。然而政治領袖也是人，穿褲子的時候也必須抬起一隻腳。「任何政治領袖都可能墮落；我們必須不斷地提醒所有的政治領袖。毫不質疑的順從只會腐化政治

45 Arthur Schlesinger, Jr., *The Cycles of American History*, 421.
46 Sidney Hook, *The Hero in History*（Boston: Beacon Press, 1943），206-07.

領袖，而且也作賤了人民自己……對政治領袖不恭或許會激怒他們，然而卻是政治領袖的救贖。」[47] 新興民主國家的問題或許是，知識分子認為權力必然邪惡、也必定腐化；而一般人又過於盲目擁戴他們的領袖，即使當領袖無可置疑地貪污和腐化。

　　政治學界對政治菁英和政治領導並非毫無關切，可是相較於對一般公民的政治態度、政治行為的研究，卻遠不成比例。我們研究一般公民政治態度、政黨認同的形成、政治參與的可能性、和參與的結構性限制等，可是對政治人物的生活和工作，卻只給予勉強的關注。我們憂慮公民品質的下降（包括政治冷漠、低度參與、社會資本的淪喪等），可是對政治菁英素質的變化不聞不問。然而我們知道，政治宇宙是由一般公民和政治菁英共同組成。即使擱置何者對國家社會發展有較大影響力這個難解的議題，如果不了解政治人物的品格、理念、和素質，我們對政治世界的理解將有嚴重的缺陷，或甚至產生極大的誤解。如果我們的目標在於解釋某些重要的政治現象為何發生、或不發生，我們顯然無法忽略專業政治人物在其中的作用。

　　在研究新興民主國家的「民主治理」上，我們比較關心民主公民的養成，卻忽略了甚至更為重要的職業政治人物。我們對民主公民有許多期待，我們期待他們具有政治容忍、具有多元文化觀、依照公共利益而非個人利益投票，我們甚至期待他們參與社會組織和公共事務。可是對政治人物卻很少發出類似的期許。或許我們認為政治人物都是自私自利的權位追求者，因此不值得研究，也不值得期許。而政治人物對自己或許也沒有這樣的期許。在民主時代中，政治已經成為各式各樣的人都有資格參與的行業。正如企業家追求

---

47 同上，435.

利潤、或利益的極大化，政治人物追求權位、或選票的極大化。正
如企業家為了利潤，產品必須為消費者購買，政治人物為了獲得及
保持權位，政策或發言必須為選民接受。然而人類社會的許多行業，
如教育、醫療、司法等，其存在的意義和價值，或至少我們賦予它
們的意義和價值，並非來自單純的交換關係。政治正是這樣一個行
業。如果期許公民以公共利益來做投票選擇和政治參與，並非不切
實際，那麼期許政治人物以公共利益做為追求榮耀的動機，說不定
也非幻想。普魯塔克所描繪的英雄們或許太過極端(不過，這也是英
雄之所以為英雄的標記)。可是他所欲彰顯的這個行業的基本精神，
卻是永恆不變的。

　　吳乃德，中央研究院社會學研究所研究員。研究領域為比較政治
和台灣政治發展，出版論文包括台灣的階級政治、民主轉型、族群
關係和民族認同等主題。

交響的會話：
大衛・馬密戲劇的美國切面

廖　美[*]

起音

　　紐約今夏奇熱。位在東村二大道第十、十一街之間的教堂前庭，深夜依然聚集著納涼的人群。稍遠教堂牆籬轉角，三、五流浪漢就地或坐或躺。前頭走來一對型男，手裡各拿一根煙。

　　流浪漢甲：「分根煙吧！」
　　型男甲：「這是最後一根。」
　　流浪漢乙：「操，最後一根？」
　　型男乙：「真的是最後一根。」
　　流浪漢丙：「操，最後一根？」
　　流浪漢甲：「你可以把最後一根給我們。」
　　流浪漢乙：「對，就你手裡那根，這是規矩。」
　　流浪漢丙：「要是不懂規矩，你永遠沒法了解操你媽的紐約。」

*　作者感謝吳介民閱讀本文初稿，提出犀利切題的修改建議；也感謝許振輝從影像角度，檢視文本與場景的彌合問題。

兩位型男被「理論」說動，順服地交出手上的煙。從十一街暗
巷轉進大道,冷不防聽到這段生猛對話。想到紐約以老大姿態,「幹」
了新來乍到的外地人,燥熱的空氣突然有了涼爽的氣息……

※　※　※

百老匯巴利摩劇院門面高高懸掛美國劇作家大衛‧馬密的新戲
看板,上面呈現由小腹到膝蓋間的人身,紅色亮片迷你洋裝勉強遮
蔽臀部周圍,大腿裸露,由膚色與肌肉的緊實度,可以判定是一位
年輕女黑人。這個身材姣好的女子,從頭到尾都沒有出現在戲劇中,
因她去法院控告被強暴!被告是位白人億萬富豪查爾斯,爲打官司
來到律師事務所尋求協助,全劇就發生在律師的辦公室裡。律師事
務所由黑白兩位律師合夥,名字分別是亨利與傑克,加上剛入行的
黑人女助理蘇珊,舞台上,兩黑兩白,構成搶眼的種族外觀。

馬密的新戲就以〈種族〉(Race)命名, 從演員強詞爭辯的態
勢來看,也有競逐的意義。縱使劇名儼然,整個戲並不沉重,因爲
用玩世嘲諷的手法,來討論嚴肅的議題,是馬密最在行的本領之一。
不過因黑白種族、階級差異和性別分殊,的確形成一場又一場言語
衝突。〈種族〉是馬密在百老匯親身執導的第一部戲,由幾位電影、
電視演技派演員擔綱[1]。風格不脫馬密基本的劇作基調,即全劇宛如

1　傑克、亨利、蘇珊分別由詹姆斯‧史派德、大衛‧亞倫基亞和凱莉
‧華盛頓扮演。詹姆斯‧史派德自從在《性‧謊言‧錄影帶》(1989)
扮演到處用錄影機訪問他人性經驗的自閉年輕男子後,20年來已成
為演派一族。凱莉‧華盛頓在電影《雷之心靈傳奇》和《最後的
蘇格蘭王》中,分別扮演男主角傑米‧福克斯和佛瑞斯特‧懷特克
的妻子。跟她演出對手戲的這兩位男主角,都得到當年奧斯卡最佳
男主角獎。大衛‧亞倫基亞不像前兩者都是第一次演出百老匯戲劇,
專長戲劇的他,早就是舞台劇的熟面孔。

在熾烈的架上燒烤，劈啪作響。每個角色都堅信自我觀點，戲劇的
過程則在拆解各人戴上的假面。馬密自承，〈種族〉是「一個關於
謊言的戲劇。所有的戲劇都關於謊言，當謊言被拆穿，就是戲劇終
了時。」[2]

　　〈種族〉一劇起始，會讓人誤以爲是關於性暴力的控訴，待進
入正題，發現律師們根本不在乎強暴的真相，或案主查爾斯究竟是
否有罪，他們認真討論的是爲什麼要接這樣的一個案子？該不該
接？能不能辯護成功？查爾斯爲什麼放棄先前聘請的白人律師，而
來找他們辯護？是因爲他們一黑一白的組合，可以在媒體前達到平
衡的觀感嗎？（畢竟查爾斯身爲億萬富豪，他的案子正被媒體抽絲剝
繭地分析著。）全劇因此橫生一個狡詐的情節，環繞在是否應該接下
案子的辯論裡。黑白兩位律師思索的不外是：即使他們能證明原告
在自願情況下成爲性伴侶而贏得辯護，也可能被看成運用白人權力
和特權去毀滅一個女黑人，這樣一來，他們將被標籤爲種族主義者，
就算贏得辯護也會成爲箭靶；辯護失敗則是徹底的輸家。

　　劇中人物對話，時而詼諧戲謔，充塞挑撥和煽動；時而曖昧不
明，可給予多重解讀。馬密字字斟酌，讓對話節奏充滿活力，也用
句讀構成言唱音韻，吟誦似地傾瀉訊息。觀衆不需多費力氣，聽出
話中有話——藏在對話裡的暗示與省略。當黑人律師亨利告訴查爾
斯，爲了打贏官司，他應該陶養悔罪的外貌，查爾斯一味堅持無辜。

查爾斯：我什麼也沒做。

亨利：你是白人。

2　見David Mamet, "We Can't Stop Talking About Race in America." *The
　　New York Times*, 2009, September 9.

查爾斯：那是一種罪行嗎？

亨利：針對這個案子是。

查爾斯：你在說笑。

亨利：不幸的，我沒有。

查爾斯：你在意我是白人嗎？

亨利：我恨白人嗎？那是你的問題嗎？所有黑人都恨白人嗎？
讓我幫你搞清楚，你可以說我們是。

邏輯上，當查爾斯問：「你在意我是白人嗎？」可能無關好惡，
不過亨利立刻把問題導向黑人對白人的憎恨，經由對問句的扭曲，
快速表達自己的定見與態度。開門見山，一點都不迴避，尤其面對
一個歷史餘孽的問題[3]。從這個例子，我們可以體會，馬密如何在三
言兩語間，立即切入一個衝突的話題。

黑人律師亨利更明白表示，同樣的案例，同樣的事實，發生在
50年前，查爾斯可以堅持無辜，並且毫不費力地脫罪。現在時移勢
轉，身為白人又碰到與種族有關的性醜聞，別人容易先入為主的認
為他是有罪的。白人律師傑克也強調：「法律過程只包括三件事：
痛恨、恐懼與嫉妒……沒有關於案件的事實。有的是兩個虛構的故
事，是敵對兩造如何各自試圖影響陪審團的判斷。」這些陳述，表
達的難道不是正義的無力？

另外，事務所雇用的年輕黑人助理蘇珊，在戲劇中是一枚定時
炸彈。她一開始就篤定認為查爾斯有罪。這裡，黑白的矛盾進一步

3　馬密在受訪時，提到讓他撰寫〈種族〉一劇的動機是去問七、八十
　　歲的黑人(尤其是男性)，沒有一個人會不恨白人(見Charlie Rose 在
　　2010年7月7日 "Charlie Rose" 節目中的訪問)。

〈種族〉在律師事務所的場景。由左至右，分別是凱莉‧
華盛頓（蘇珊）、詹姆斯‧史派德（傑克）、理查‧湯姆士（查爾
斯）和大衛‧亞倫基亞（亨利）。Robert J. Saferstein 攝影。

分化為性別和上下部屬間的衝突。讓種族的爭議，除了膚色外，引
入更多層次的矛盾：以種族為中心的問題，最後從性別、從屬和階
級差異，衍生人際更多的偏見。傑克對差異導致溝通的不可能，在
深嘆中嘲諷：「這是一個複雜的世界，充滿誤解，……這是為什麼
我們要有律師。」他更進一步表明：「所有的人都要面對羞恥與罪
惡。猶太人面對罪惡，黑人面對羞恥。這是讓自卑感新陳代謝的兩
個好方法。」顯然，馬密想說的是，猶太人的原罪來自宗教歧異，
黑人的羞恥來自祖先被奴役的歷史，不同族群命定承受的罪惡與羞
恥，有時也隱含奮起的契機。

　　馬密慣常在劇中夾雜的臭罵，在〈種族〉裡出現頻率大幅減少，
或許跟律師的職業有關？不過，馬密還是透過傑克，替他發洩對政

治正確論點的不滿。目前美國主流政治，絕對不會認為「猶太人面
對罪惡，黑人面對羞恥」；這種公開標示族群分歧的論點，顯然是
很不政治正確。不過不談歧異，並不會讓歧異消失。馬密認為，關
於種族分歧的對話，美國做得很不夠。尤其在美國選出黑人總統後，
主流政治更是絕口不敢觸及黑白分歧，好像美國已經沒有種族問題
了。這種迴避問題的主流政治，真的能夠給美國帶來族群和諧嗎？

　　熟悉馬密戲劇的觀眾，在看完〈種族〉後，可能會覺得全戲欠
缺與劇名相稱的分量，也會懷疑那個急智反諷的馬密似乎不見了。
是談的內容太熟悉？或談得不夠深、製造的衝突不夠大，無法引起
激昂的情緒？如果讓劇中人滔滔不絕是馬密的專長，那麼說得太多
太雜，而顯不夠深入，確實是〈種族〉一劇的缺憾。

獨特的腔調

　　戲劇現場演出，觀眾的情緒通常可在第一時間傳達給舞台上的
演出者，又因觀看者的背景迥異，對戲劇的體會不一，的確會因為
觀眾組合不同，造成劇場天天有別的氣氛。究竟馬密是不是也如大
部分劇作家一樣，會針對觀眾的反應而修改劇本呢[4]？

　　答案是否定的。

　　〈種族〉去年試演(preview)時，我看了第一場戲；之後在正式
演出重返劇院，無非想確證「定型」後的戲劇與原初試演間的差異。
整體來說，台詞沒變，只有演員的聲量，被調高了些。另外，這次

4　1980-90年代，百老匯非常叫座的喜劇作家Neil Simon，曾寫了一本
　　自傳叫《重寫》(Re-writes: A Memoir)，在書中，他坦承每部戲在
　　上演後，針對觀眾的反應，還要修改二、三十次，劇本才會定案。

的舞台設計，很寫實地呈現律師事務所的外觀，大大出人意料，因
為馬密往常的風格，都以簡約的舞台為主。巴利摩劇院在百老匯歷
史悠久，許多已成為經典的名作，都曾在此院演出，其中包括田納
西‧威廉斯的〈欲望街車〉、重量級黑人作家奧古斯特‧威爾森的
〈喬‧特納的來與去〉和馬密的成名作〈美國水牛〉。整體來看，
劇場設計典雅，座位比其他百老匯劇院寬敞，是熱門的表演場地。
馬密能夠排到這個劇院的檔期，跟他在劇場的地位很有關係。想必，
他應該很期待探討黑白爭議的〈種族〉，能夠得到熱烈回響，在此
戲劇的萬神殿中占有一席之地。

　　不過，作為美國現存最重要的劇作家，如果觀眾對馬密的好惡
與專職評論家有異，全然可以理解。這說明〈種族〉一劇從去年12
月正式推出以來，縱使沒有得到熱烈的劇評，卻已經持續演出超過
250場。前些日子更換擔綱演出的主角，檔期繼續規畫到8月。可見
觀眾對馬密的劇作，有一定程度的興趣。

　　論者都說馬密有一雙精確靈敏的耳朵，能夠毫無差錯地記錄人
們「真確」的對話。如果這個說法是對的，那麼馬密看來只觀察雄
辯者，不理會詞窮之人。在他筆下，不管船員、演員、地產銷售員、
律師、秘書、製作人、教授、學生、舊貨店老闆等，無一不舌粲蓮
花。只是，這個對馬密的觀察太過簡略。

　　馬密創作的角色不只是機關槍式、嗒嗒作響、用犀利言辭攻擊
對手而已。最好的馬密讓觀眾聽到一種聲音，一派腔調：獨特、唯
一；觀眾走出戲院後，能毫不費力地複誦那個聲音或辨識那個腔調，
劇中虛構的角色，也自然地走進生活的視野。看馬密的戲劇跟看其
他戲劇最大的不同，是觀眾的耳朵(而不是他們的眼睛)能夠得到更
多的趣味。透過極端挑釁的聲音，馬密創出專屬他風格的美國劇場，
把對話寫到讓人聽來神經緊繃、快要擠出膽汁的感覺。

從小生活在芝加哥的馬密,熟悉當地通俗對話,有助對日常生活語言的精準掌握[5]。不過,如果只是簡單拷貝街頭的俚語黑話或口語方言,硬生生重述,變成一台錄音機,就沒有藝術可言。馬密進一步做的,是循著那些說話的腔調,把污穢下流的語言,用抒情的方式表達。另外,他集中運用許多單音字,來加快說話的速度,形成連珠炮效果。

有些劇評家評論具有特殊風格的劇作家,沒有辦法用既有的詞彙來形容,常會用劇作家的名字來命名,例如用貝克特式(Beckettian)代表舞台荒涼極簡的設計,品特風(Pinteresque)描述戲劇具沉默脅迫卻又帶著喜感的氣氛。因為很少劇作家可以像馬密一樣純熟運用聽來如街巷的言語,劇中人物那種生猛的說話方式,就被稱為馬密腔(Mametspeak)。不過,馬密腔不是如實照錄日常對話,很多時候會話被刻意切斷、不連貫、離題、各說各話;言辭經過篩選,比現實精練,我們可以說它是「高度寫實的」。真的仔細聽,反而不覺得真實。或者如作家欽努阿・阿契貝所言,當一個作家宣稱「忠實」記錄現場和事件,事實上是以情感字眼在進行轟炸,用機巧形式進行催眠,現實的紀錄本身就是一種「喬裝」[6]。馬密不是單純的記錄者,而是一個重彩表現主義者,他向我們呈現一再描繪的黑線,一個刻意鉤鏤強化的劇場景觀。

馬密寫出的對話,總是給我們一種篤定的聲音。倒是馬密在創

---

5 芝加哥雖然是美國城市中,種族激烈分歧的社會,但它的藝術社群卻有很獨特的跨族群合作歷史。

6 見Chinua Achebe, "An Image of Africa: Racism in Conrad's Heart of Darkness," in *Heart of Darkness, An Authoritative Text, Background and Sources, Criticism.* Robert Kimbrough (ed.) (London: W. W Norton and Co., 1988), pp. 253.

作初期，對言語的運用，並不是很有自信。例如，〈湖船〉（Lakeboat）成作於1970年，爲了1985 在英美重演，馬密對劇本進行多次修改。對作品沒自信的例子，也發生在馬密最具代表性的經典著作——〈大亨遊戲〉（Glengarry Glen Ross, 1983）[7]。初始完成作品，他寄給特別崇敬的劇作家哈洛・品特閱讀。品特認爲劇本沒問題，唯一欠缺的是把它搬上舞台。於是在品特穿針引線下，先在倫敦推出，立即獲得英國劇場界高度讚揚。一個月後，在紐約外百老匯上演，一開始沒有引起注目。直到幾個月後得了普利茲獎，轉到百老匯演出，持續一年有餘，從此確立馬密劇作家的地位。

因爲〈大亨遊戲〉的語言強度，馬密的劇場不免給人浮誇的印象——其中的對白，有時真像一顆顆超過160公里的快速球，速度之猛，讓人應接不暇。這齣關於低階不動產推銷員的戲劇，雖然台詞暴烈，劇名卻充滿音韻。「格蘭葛瑞」和「格蘭羅斯」是兩筆土地的名稱，前者在佛羅里達的沼澤區，後者究竟在哪裡沒有明確提及，隱含推銷員不是在販賣無用之地、就是不存在之地。戲劇裡，沒有人移動，沒有人到其他地方；當然，我們也沒有「看到」任何一塊真實的土地。

不但販賣的土地是幻覺，劇本結構也布滿幻象。情節是公司計畫透過銷售競爭，獎勵勝利者，解雇業績不良的員工。於是，沒把握能有好業績的推銷員，便計畫竊取客戶名單，賣給對手公司。這是一齣兩幕戲，第一幕有三個場景，每場都是兩人對手戲，全發生在中國餐館。第二幕則在辦公室。第二幕裡，推銷員羅瑪和刺文「即興」演出，半誘半拐地，試圖賣一塊無用的沼澤地給顧客，看似即

7　此戲在台灣譯為〈大亨遊戲〉，在香港則稱〈拜金一族〉；本文沿用台灣譯名。

興，其實是他們慣常的伎倆。表面上，劇情在尋索——「誰偷了客戶名單？」事實則在檢視人如何面對道德困境。而馬密提出的困境，不在選擇美善與邪惡，是在兩個邪惡中做選擇。劇中最厲害的推銷員銷售的不是產品，是他們說話的內容，對待客戶的態度；也就是，他們賣的是自己。

下面，讓我們看銷售員羅瑪在餐館內，如何跟潛在的顧客林克攀談。

> 羅瑪：…當你死時，你會後悔那些你沒去做的事。你認爲你是古怪的…？讓我告訴你：我們都是古怪的。你認爲你是一個竊賊嗎？又怎麼樣？你被中產階級的道德觀箝制住了嗎？…你搞了小女生，就做了。有絕對的道德標準嗎？或許…。壞人下地獄？我不認爲。人間就存在地獄？是的。我不想活在裡面。那就是我。你曾在拉大便時想到要是能好好睡個12小時就好？
> 林克：我有這樣想嗎…？。
> 羅瑪：對。
> 林克：我不知道。
> 羅瑪：或尿尿時…？回想很久前一頓美妙大餐，自己曾有過最棒的性愛。你都記住了嗎？
> 林克：我有記住嗎…？
> 羅瑪：對。
> 林克：嗯……？
> 羅瑪：…對我來說，我要說的，就是，也許不是興奮高潮。那女的、環繞著你脖子的臂膀、她使出的眼神、她發出的聲音…，或，我，躺在，我告訴你，我躺在床上，隔天她端來了咖啡加牛奶…。我現在要說的，就是我們的生命(停頓)：往前看還是

往回看。這是我們的生命。就這樣。

這種不直接賣房產，透過交心取得信任，再把信任換成交易籌碼，是上乘銷售員領先一般銷售員的主因。羅瑪在自我嘲解後，總得回歸正題，因爲銷售才是他願意跟陌生人交換私密的原初目的。

羅瑪：…我想讓你看一些東西(停頓)。或者對你一點也沒有意義…或者有。我不知道。我一點都不知道。(停頓。他拿出一張小地圖攤開在桌上)這是那兒？佛羅里達。格蘭葛瑞高地，佛羅里達。「佛羅里達，狗屎！」但或許這是真的；這就是我說的：但看看這裡：這是什麼？一塊土地。現在聽聽我要告訴你的：

第一幕的最後這段話有一連串冒號(：)，也結束在冒號裡。標點，作爲言語的抑揚、終止或延續，有一定的表情。這個冒號的表情，不只意猶未盡，還有姜太公釣魚的懸疑性。

馬密透過〈大亨遊戲〉探討諸如物質主義、貪婪、競爭、腐敗、權力、剝削、和商業倫理的問題，但〈大亨遊戲〉不是另一個憤怒的、感到內疚而創作的社會抗議劇。這個劇背後，有馬密曾經從事地產推銷的生活體驗；看得出來，他試圖把觀察提升到比較抽象的層次。對照亞瑟·米勒的〈推銷員之死〉，當我們面對主角威利·羅曼，知道他代表某種推銷員典型，仍然有道德和精神的向度，渴望被尊敬、被感恩，渴望友情與愛。在〈大亨遊戲〉裡，馬密的推銷員則演化爲無心肝、無靈魂的販賣工具，沒有構成特殊典型，不具獨立人格，要有對手陪襯，才能存在。

今天來看這個炮火齊射、「幹」聲連連的戲劇，也許不能掌握它在1980年代推出時叫觀眾驚嘆的效果；因爲更無保留的污言穢語，

〈大亨遊戲〉第二幕辦公室被竊賊侵入後，一片狼藉。Mike
Nussbaum 扮演亞倫歐，Joe Mantegna 演出羅瑪。兩人都是馬
密戲劇長期合作的演員。Brigitte Lacombe 攝影。

早已是今下影視的基本台詞。不過，當2005年百老匯重新推出此劇，
它緊緻細密的劇本在20年後，依然新鮮：一種惡劣骯髒的辦公室政
治，絲毫沒有褪色，尤其涉及過氣老員工和充滿戰鬥意志新手間的
競爭，殘酷工作場域的權鬥，不管時代如何演進，從來都沒有停止
過。

交響的會話

　　馬密用密度很高的對話來構築劇情，他不相信內心戲，也不採
取心理分析。不過，也是那些不斷改變方向、咚咚敲擊、講了一半
的話，讓演員在演出馬密作品時面臨很大的挑戰。如果演員習於用

慣有的方式講話，反而讓那些連珠砲、喋喋不休的話，變得矯揉、給人饒舌的印象。就像在即興演奏的爵士樂中跳踢踏舞，舞者可以有自己的步子，但還是得技巧地搭上節奏，否則會形成聽與看分離，讓眼睛和耳朵面臨很大的挑戰。因此，不管是演出馬密的戲劇，或模仿撰寫如馬密般的戲劇，必須了解馬密與演員的關係和導戲的原則。也就是，馬密如何營造戲劇裡會話交響的氣氛[8]？

馬密認為，表演的技術其實是身體的技術，跟運動很像。學習表演，包含如何用自己的方式走路，如何處理不確定的事，如何在不舒服的狀態下自在的存在。作為一個演員，在舞台上站好、開口，把要說的話明確勇敢地說出來。不添加任何字句、不否定任何事、不企圖操控人——不管是他本人、同伴、或是觀眾[9]。角色本身就是行動，一切都在作出來的行動中，不需要進一步去闡明角色。不要管角色在想什麼，事實上，我們也不可能知道。

所有要表達的，都在言語中，都已經被說出來了。

這樣的戲劇哲學，有助了解為什麼馬密的戲劇，多半採取簡約的布景和極簡的表演形式。在導戲時，就像要駁斥批評家把他的劇作視為純粹寫實派一般，馬密用極簡的形式來顛覆寫實。講出一番生猛活絡話語的人，難道不應該有一個寫實的布景相搭配？或者馬密更相信，語言是用來建構事實，而不在描述事實。

不過，這樣的信仰，讓馬密在劇作和導戲間，常給人無法銜接

8　在馬密所導電影〈西班牙的囚犯〉中，兩位主角的對話，也充滿音韻。例如：Ross, "Why are so many people with such difficulties?" Jimmy, "That's the question baffling me."

9　David Mamet, 1999. *True and False: Heresy and Common Sense for the Actor*, p. 22(New York: Vintage Books, a Division of Random House, Inc).

的突兀；就是作爲劇作家的馬密和作爲導演的馬密，看來好像不是同一個人。這跟多年來，劇評家都把他看成是寫實的劇作家有關。

其實馬密的戲劇，不像表面看來那麼寫實。經常當戲劇一開始，整個討論已在最核心處，馬密不會花心思一步一步去建構劇情，也不認爲有那個必要，觀衆直接面對的是馬密戲劇語言的藝術，和他高度掌握對話細節的能力。他的角色通常沒有過去和未來，有的只是當下，而且多半以蒼白、陰冷、荒涼、孤單、沒自信的方式存在著；他們面對的，通常是窮途下最後的反擊。馬密塑造人物和其他劇作家最大的不同，在於他不信任人性的合宜、得體與正派。他慣用複雜的方式來表達簡單的觀念，有時又用簡單的形式來呈現複雜想像。這樣的寫作策略，或能激盪出好作品，但也容易將觀衆捲進語言的漩渦，停留在言語的推敲。

馬密的劇本幾乎沒有舞台指引，那些對話究竟應該用什麼方式呈現，的確會因導演詮釋角度不同而有差異[10]。一個有意思的例子，發生在1990年代馬密一部很具衝突性的劇作——〈奧利安娜〉（Oleanna, 1992）。這部以校園政治、性騷擾和女性主義權利意識爲主題的戲劇，主角只有男教授與女學生兩人。教授處於中年穩當的教學生涯時期，不但申請終身教職有望，也計畫購買新居。後因處理女學生事件不當，不但無法升等，連工作都不保。這是馬密創作生涯中，最具爭議性的作品。在演出期間，觀衆或者同情教授，或者支持女學生，竟怒目對罵，甚至拳腳相向。當時，品特在倫敦導

10　曾經有人提議用全部女演員來演出〈大亨遊戲〉，馬密聽到這個點子，就說：「任何導演想對劇本作有趣的變動就是不了解劇作的原意。」見 Christopher C. Hudgins and Leslie Kane 編輯 *Gender and Genre: Essays on David Mamet*(New York: Palgrave), p. 3, 引述馬密來信。

演〈奧利安娜〉，馬密在紐約東村一家容納約300人的小劇院執導。
由於兩位導演手法有別，給戲劇定了不同的調。

　　〈奧利安娜〉是齣三幕戲。第一幕學生來向教授要求更改分數，
態度明顯居於下風。然而，教授忙於處理私事，多次因爲跟房屋仲
介或家人通電話，打斷和學生的交談；就算偶爾找到空檔與學生談
問題，姿態也很高。學生因爲得不到傾聽，情緒在崩潰邊緣。於是
男教授數度把手放在學生肩膀，試圖安慰。第二幕發生在幾周後，
女學生得到校內學生權利「團體」支持，控告教授性騷擾。教授找
女學生溝通，認爲學生誤解他的舉止，嘗試以言語説服學生撤銷控
告。此時，兩人的權力位置互換，教授擺低姿態訴求。學生因有「團
體」支持，不再理會教授的説明，執意提告。在絕望下，教授試圖
阻止女學生離開，因而引爆一場肢體拉扯。一般觀衆的反應是，在
第一幕比較同情女學生，到了第二幕則轉向支持男教授。

　　最後一幕則讓觀衆產生困惑。女學生的控告已經成立，教授無
法升等，也因不適任必須離職。同時，女學生進一步提出教授意圖
強暴的訴訟。兩人再度見面，教授正在打包。女學生要求教授同意
不再使用自己所寫的教科書，未來關於教學的內容則根據她的「團
體」所訂標準來修正，並且自白宣告先前處理事情的不當，如此這
般，她就撤銷告訴。一種麥卡錫主義式的審查，隱然成形。男教授
聽到最後，按奈不住，毆打了女學生。

　　戲劇收尾的部分，品特和馬密的處理方式不同。根據馬密最初
的劇本，教授毆打學生後很後悔，接受宣讀自白，承認「我對年輕
人的責任是失敗的」。這個原初的結局，教授成了被羞辱的角色，
同時也代表弱勢學生(或女性弱勢)的勝利。品特用的是這個版本[11]。

11　品特所以導出跟馬密不同的版本，因他一開始就收到舊版本，當馬

馬密修訂後的版本，走煽情手法。教授用一系列的動作毆打女
學生：先是拳頭攻擊，接著一邊咒罵一邊把她推倒在地，然後高舉
椅子到學生頭上，只不過在最後把椅子放下；女學生驚魂甫定，從
地上一邊站起來一邊說著：「是的，這就對了。…是的，這就對了。」

　　儘管在倫敦和紐約演出的版本不同，觀眾對〈奧利安娜〉的反
應同樣兩極。男性多半支持教授，女性則認同學生；不少異性朋友
一起看戲，最後因支持對象不同，當場就吵了起來。這個戲劇，更
坐實許多評論家所說，馬密的戲劇總在貶抑女性。究竟要不要以作
家在作品中對異性的態度來評判其作品，顯然有爭議。不過，當女
性主義團體說：「我們不需要合理化毆打女人的戲劇。」這樣的主
張，的確擲地有聲。

剖析美國社會切面

　　作為美國最重要的當代作家，馬密的特殊性在哪裡？如果小津
安二郎的電影引領我們看到日本庶民的平常生活，馬密就是美國劇
作家中，最廣泛去剖析美國社會各個切面的劇作家[12]。

　　前述提到馬密有意識地利用戲劇，挑戰社會的政治正確觀，乃
因馬密看到美國民主政治變得僵固，兩黨政治形成流行的兩種意

（續）

　　密再給他新版本時，他堅持只願意執導舊版本，最後，馬密同意品
　　特的要求。見 Nadel, Ira B. "The Playwright as Director: Pinter's
　　Oleanna." *The Pinter Review: Annual Essays* (2002): 121-128. 收在
　　Drama Criticism. Ed. Lawrence J. Trudeau. Vol. 24. Detroit: Gale,
　　2005. Literature Resources from Gale. Web. 11 Feb. 2010.

12 巧合的是，就像小津習慣以既有演員為班底，持續多年演出他所導
　　的電影一樣，馬密也重複起用熟識的劇場界朋友，演出自己的戲劇。

見，彼此不溝通，也沒有溝通的可能。戲劇提供馬密不忌諱盡情表達的場域——不必在意是否冒犯別人，應不應該冒犯別人，或冒犯了哪些人。〈奧利安娜〉一劇即在挑戰政治正確，說多數人不敢說的意見。曾有觀眾質疑他在〈奧利安娜〉的角色塑造，在政治上是不負責任的。馬密頑強地表示，他不需為政治負責，因他是藝術家，寫的是戲劇，不是政治傳播。他認為在電視上可看到許多政治傳播，都在簡化問題，推出廉價方案，而不是最好方案。「電視裡的社會和政治議題都是卡通」——是馬密對電視媒體最犀利的嘲諷。在「大眾有知的權利」的修辭下，看來人人變得很有探究精神，其實是媒體對大眾的諂媚。

除了對電視傳播不滿，馬密對電影工業的批評，在美國作家中也屬極少數。最早對好萊塢電影工業嘲諷的作家是納桑尼爾・韋斯特 (Nathanael West)，他寫的小說《蝗蟲之日》(*The Day of Locust*, 1939)，主要描述1930年代生存於電影工業邊緣的小人物，以及他們的明星夢。這本小說在1975年被改編成電影，經典畫面出現在影片結束前，影迷等待電影明星出現，卻因現場發生意外謀殺，不滿的群眾對謀殺者私刑，人群像潮水般流向暴行的一角；不明究理的影迷則如蝗蟲般瘋狂擁上，最後演成暴動，汽車被縱火，街旁門窗被砸的稀爛。這個對好萊塢的黑色嘲諷，到了費茲傑羅 (Scott Fitzgerald) 筆下的《最後影壇大亨》(*The Last Tycoon*, 1941)，變成電影製作人對電影工業權威的呼風喚雨，同時巧詐地與對手鬥法，是費茲傑羅長期生活在好萊塢的第一手觀察，從而虛構出圈內人複雜豐富的人格類型。

馬密描寫的好萊塢，取向與前兩者迥異。如果以往都是好萊塢把百老匯演出成功的戲劇搬上銀幕，馬密即在把好萊塢搬上百老匯舞台，而且在劇情結構上，讓好萊塢幾乎不可能再把它搬上銀幕；

因為，應該沒人想看一部嘲諷好萊塢的電影，其中只有三位演員。
讓好萊塢不會把〈快快耕耘〉(Speed-the-Plow)搬上銀幕，或者就是
馬密對好萊塢最有意思的顛覆。這部寫於1988年的戲劇，主要以兩
位好萊塢製作人(古爾德和福克斯)如何選取電影題材為出發，對比
製作理想電影的困難與冒險。主要是電影都為了賣錢，而賣錢的電
影是有公式可循的。他們簡潔地指出好萊塢賣錢電影應該綜合「兄
弟電影、監獄電影、大明星主演、一些女孩、動作片、流血和有個
社會議題」等，這個簡略歸納的腳本綱要，看來荒謬，卻是眾多好
萊塢電影的特色。

　　〈快快耕耘〉安排一位低階女秘書，企圖以自己的觀點和影響
力(不惜陪製作人睡覺)，説服古爾德變更與福克斯共同製作監獄電
影的計劃，轉而製作她理想中的電影——改編以「輻射和生命意義」
為主題的小説，呈現即使世界末日，還是可以因信仰與愛而不恐懼。
其實，仔細審視這個理想電影，它的本質也是浮誇的，是天真地把
人類世界的諸多問題，交給心靈成長與宗教崇拜。

　　馬密在2000年曾經自編自導一部名為《州街與主街》(State and
Main)的電影，講一群影片工作者為拍攝電影「老磨坊」來到位在
新英格蘭地區的一個小鎮，等大隊人馬抵達，才發現他們需要的老
磨坊實景，早在一次大火中焚毀，因經費所限，不可能重新搭景，
最後只有修改劇本。整個電影無論對白或人物都很生活化，那群電
影工作者和小鎮居民讓人覺得很親近。倒是小鎮居民有一項活動，
對歐美以外地區的觀眾來説，可能比較陌生，就是鎮民對舞台劇的
參與：他們不是加入鎮上劇場成為業餘演員，就是戲劇的愛好者。
馬密對小鎮居民戲劇參與的描繪，在稍有歷史傳統的小鎮是常態。
美國其他大城市，也有不少地區劇院。各地戲劇表演相對活絡的現
象，跟西方文學傳統中戲劇本來就占有一定分量、而中學教育又都

要研習經典戲劇有關。

去年秋天,我到位在麻州查爾斯河上游名為華特城的小鎮看〈快快耕耘〉,車程離紐約大概4小時。雖是小鎮,卻有容納340人座位的中型劇院,規模在波士頓地區,排入非盈利專業劇院前幾名。這類劇院,平時除重演經典劇目,更是許多新戲首演的場地;馬密的〈奧利安娜〉就選在麻州劍橋附近的劇院首演。年輕時代的馬密,與同好在芝加哥成立劇團,於特定劇院長期演出,打出知名度後,才把作品帶到紐約外百老匯上演,透過口碑及得獎,最後終於搬上百老匯的大舞台。這個奮鬥經驗,也是美國許多年輕劇作家必經的歷程;就是作品在讓紐約劇場接受前,通常要在地方劇院接受檢驗。我於周四到華特城看〈快快耕耘〉,雖不在周末,劇院觀眾九成有餘。短短一個半小時內,馬密在戲劇中嘗試探討藝術和娛樂、忠誠與背叛、理想主義和譏諷主義等對立問題。他對好萊塢的嘲諷,很能引起觀眾共鳴,從笑聲總是一致地出現在某個對話當下,可看出一斑。〈快快耕耘〉雖然沒有達到深刻反思大眾娛樂的目的,對好萊塢倒是極盡諷刺之能事[13]。

從地區劇院的生態,某種程度可以解釋,為什麼馬密認為劇院是可以傳達真實(Truth)的場域。馬密的班底演員威廉・馬西曾表示,馬密對他說過,如果想說出真實,就留在劇場,不然去拍電影或作別的事。這也說明,馬密寫了一部又一部關於社會各種切面的戲劇,或許相信劇場有不同於其他媒介的溝通功能!

---

13 儘管對好萊塢有諸多批評,馬密過去二十多年,自編自導不少以騙徒為題材的電影,包括《遊戲之屋》、《世事多變》、《西班牙囚犯》和《殺與捕》等。其中改編自小說的《郵差總按兩次鈴》、《判決》和《鐵面無私》,更成電影劇本的經典。

麻州華特城的 New Repertory Theater去年秋天推出〈快快耕耘〉。
左是演出海報；右上是秘書凱倫與老板古爾德，右下是古爾德和他
的製作人朋友福克斯。劇照由Andrew Brilliant 拍攝。

　　除了對大眾娛樂不滿，馬密對美國以經濟成就來界定生命意義
也不以為然。他第一部最具分量的作品〈美國水牛〉（American
Baffulo, 1975），即在反思美國夢。鼓勵胼手胝足的美國夢，伴隨的
是累積財富、盡情消費的邏輯：為了消費不能輕忽賺錢機會，最後
消費成了剝削的同義語。雖然以刻薄、挖苦、諷刺的方式來檢視美
國社會，言語也閃爍著幽默；整體來說，馬密的戲劇是晦暗的，描
繪的人際關係和社會價值也是令人悲觀的。更有甚者，戲劇緊張懸
盪的部分，都來自語言暴力下潛藏的肢體暴力，當言辭不敷使用，
就轉成對身體的攻擊或對周圍物件的毀損。看過〈美國水牛〉的觀
眾，對緹奇惱羞成怒，死命搗爛舊貨店一幕，應該印象很深刻。

　　回顧馬密撰寫劇本初期，作品還在摸索階段，直到〈湖船〉發表，因聚焦工人階級的陽剛對話，呈現他們對工作與生活的慨嘆，帶有濃厚憂鬱的質地，讓人初次見識到馬密處理美國基層勞工戲劇的特色。〈湖船〉全劇發生在北美大湖區的貨船上，由暑期到船上打工的年輕研究生戴爾與嘗盡人世況味的中年船員互動，觀聞他們如何用辛辣的話語品評人生，不論性愛、家庭、婚姻或職業，多有洞見。另外，在貨船上路前，廚子貴理安尼一直沒有出現，大夥便在船行當中各自權威論述廚子的可能下落。直到兩個月後貨船回返原地，才知道廚子因睡過頭沒趕上船班。這個鋪排除了讓觀眾看到諸多的預測與評判，不脫船員的自我期望和性情，也是馬密往後劇作裡，持續運用的說故事方式──譏嘲和自我欺瞞。其中，〈芝加哥的性背謬〉[14](1974)要角勃尼就是一例。勃尼能言善道地從多種角度觀察性愛，用字時髦，本人卻規避親密行為。劇名中的「性背謬」，就在張顯與社會斷裂、刻意隔離的性愛關係。

　　可以說，馬密的每部作品都在把主角推往邊界，讓他們處於孤立、獨白、少數、站在危崖、關進囚籠，承受人情低溫、成為競技場的失敗者。簡潔的角色塑造，加上機敏的對話，創出可觀的戲劇緊張，探索一個又一個叫人煩擾但深沉的美國社會切面。馬密試圖透過戲劇，參與當下重要的對話，尋找屬於美國國民性的本質，給予適當命名。因為他相信：

　　　　命名本身是強而有力的。沒有人牽涉在「關係」當中會有好時

14　〈芝加哥的性背謬〉(Sexual Perversity in Chicago, 1974)在1980年代
　　被好萊塢改編為電影《關於昨夜……》(1986)上映。這個原先透過
　　探討性與都市病徵的諷刺劇，透過戴米・摩爾可愛臉龐的特寫，搖
　　身成為浪漫喜劇。

光，人與人間可以追求、引誘、實驗性愛、約會、結婚、作伴
等，但任何事情被叫做「一種關係」最後必然導致遺憾——就
是參與者不願檢驗和稱呼它的本質。[15]

小結

　　如果說，給高達一支槍跟一個女人，就可以拍出一部電影；那
麼，給馬密一把刀，他有三種用法來完成一部戲劇[16]。刀子用來求
生（砍柴、切麵包）、整理門面（修剪髮鬚取悅愛人）及維持尊嚴（用來
劃開背叛者的心臟），代表情節發展的三幕進程。戲劇通常無關美好
事情發生在好人身上，而是可怕悲慘的事發生在一般人身邊。馬密
強調戲劇的懸疑性，而且是輕巧的懸疑劇，比較接近喜劇：即主角
在每一場景中可能一錯再錯，但可能因為善力量，得到救贖[17]。

　　仔細觀察馬密，發現他展現兩種很不一樣的人格特質：一方面
很入世，似乎一瞬間就能融進大剌剌的市井談吐；另一方面博學聰
慧、好為人師，相信戲劇是唯一能夠表達真理的場域。這兩種個性
放在創作上，就是喧囂戰鬥，語不驚人死不休。儘管說話的方式很
犀利，有時像執鍊丟出但永不停止旋轉的血滴子，有時卻又深具哲
思，傳達濃厚的人文關注。

　　三十多年的創作生涯，馬密的作品有不少變形，可說綜合了歐
美在20世紀的戲劇傳統：保有強烈個人風格，緊抓大眾關切議題，

15　David Mamet, "Secret Names," *The Three Penny Review*, Winter 2004.
16　David Mamet, 2000. *Three Uses of the Knife: On the Nature and Purpose of Drama*（New York: Random House Inc）.
17　悲劇正好相反，看來在每一關卡都做得很對的人，因內在的缺失，最終不是羞辱、死亡，就是貶落到地獄般的境地。

主角徘徊在絕望與希望、飄零與聚合、孤寂與歡愉間，戲劇的核心
既是二分和吊詭的，也是矛盾與辯證的。而這些特點，同時是馬密
性情的反映。不管可以分辨或無法辨識，所有劇作家（或文學家），
某種程度都把生命經驗融入作品中；畢竟，人們對世界的了解由生
活體驗而來，自然也反應在書寫上。

　　面對他人對作品的批評，馬密看來並不在意（至少在公開場合從
來沒有表現出來）。去年他在紐約外百老匯推出只有一幕劇的新
戲──〈保有你的萬神殿〉（Keep your Pantheon, 2009），接近劇末，
主角思索自身的死亡，突然體悟到死亡也不全然是壞事：如果死亡
最後的旅程是「到一個快樂之地…在那裡再也沒有評論家。」

　　廖美，目前於紐約布魯克學院商業與政府研究中心工作，專事勞
動經濟分析。閒餘研習戲劇、電影。曾參與里巷影像工作室，攝製
記錄片《台胞》（1994）。

孔夫子的幽靈：
新世紀的「三教合流」？

高力克

一個幽靈，孔夫子的幽靈，在中國大地徘徊。

當梁漱溟在五四反傳統主義的狂飆中力挽狂瀾而悲情呼喚儒學復興之時，當唐君毅以「花果飄零」哀歎20世紀「儒門淡泊」的文化危機之時，孤獨的新儒家先哲們也許難以預料孔子在新世紀的時來運轉。進入21世紀，隨著改革開放而導致的中國崛起，孔子和儒學也迎來了一個復興的時代。

面對轉型中國的社會衝突和精神危機，國家適時調整了文化策略，轉而從古老的儒學傳統中尋求意識型態修復的思想資源，「小康」、「德治」、「民本」、「和諧」等儒家語彙逐漸融入當代中國的社會主義理論。同時，中國在世界各地遍設孔子學院，作為國家提升和擴張軟實力的文化外交戰略步驟。2008年9月，山東省政府於孔子故里曲阜舉行祭孔大典。如果說1980年代李澤厚的「中國馬克思主義儒家化」的命題尚屬於意識型態禁區，那麼，如今「以儒補社」的意識型態調整則日益彰顯出中國式社會主義的儒家色彩。

在新世紀，尊孔已日益成為中國朝野各派的文化共識。除了主流意識型態的儒學化，儒學熱在思想界更是方興未艾，孔子成為彌合分裂的中國知識界的神奇紐帶。2004年，一批德高望重的文化名流發表《甲申文化宣言》，因而有「文化保守主義年」之譽。同年

12月18日，由新儒家陳明主編的《原道》舉辦「共同的傳統：新左派、自由派與保守派視域中的儒學」研討會。這一極富戲劇性的三方會議顯然象徵意義大於思想收穫，它表徵著自由主義、新左派和文化保守主義對於傳統的文化立場正在趨近，並達成了某種尊孔的交疊共識，大有「新三教合流」之勢。回歸儒學，是中國思想界對轉型社會意義危機、道德危機和文化認同危機的回應。本文所討論的劉軍寧的「儒教自由主義」、甘陽的「儒家社會主義」、蔣慶的「政治儒學」，可謂自由派、新左派和保守派的新儒學理論的典型代表。

一、儒教自由主義

　　中國自由主義的保守化，始於1990年代初知識界對激進主義的反思。其時，經歷了1980年代末政治變故的自由知識分子受到旅美學人余英時和林毓生反激進主義的思想刺激，開始反思和批判五四以降的激進主義及其所宗的法國啓蒙運動，並借鑑哈耶克的自由主義理論，重新思考傳統與現代、自由與傳統的關係，轉而對傳統持更溫和的保守態度。以哈耶克自由理論爲媒介，自由思想界開始關注與法國啓蒙運動不同的蘇格蘭啓蒙運動和柏克的保守主義。

　　劉軍寧是1990年代最早關注和研究保守主義的自由派學者。1990年代初，劉赴英倫訪學，開始信奉英國保守主義。1998年，劉軍寧出版了《保守主義》，闡揚柏克式的保守主義和英國式的保守的自由主義。對於劉來說，保守主義和自由主義在英國是共生的，作爲激進主義之對立面的保守主義，是自由社會的產物。所謂保守主義，就是保守自由及其傳統。劉倡言的柏克式的保守主義受到新儒家蔣慶的歡迎，但亦引來蔣「保守的柏克？自由的柏克」的爭議。

在〈自由主義與儒教社會〉一文中，劉軍寧圍繞自由主義與儒家傳統的關係，通過思想史的反思和東亞現象的分析，討論了自由主義與儒家傳統對話的命題，並提出了建構中國式「儒教自由主義」的主張。

劉軍寧指出，傳統社會邁向現代化，並在此過程中實現自身的轉化，已成為不可逆轉的世界潮流。在第一代中國自由主義者中，嚴復是近代思想史上把自由主義與儒家思想兼收並蓄的第一人，梁啟超亦對中學和西學都持一種建設性的批判態度。第二代自由主義者如陳獨秀和胡適在文化上則主張激烈的反傳統主義。與儒家思想有關的禮教和專制不能不反，而中國也不能不西化。但自由主義者的反傳統和西化的言論都過於偏激，這種激進反傳統的態度不但不宜自由主義在中國泥土上成長，反而使中國成為文化的失落者。同時，第二代自由主義者在反傳統上的貢獻亦不容忽視，他們利用理論的力量推翻了禮教和名教，使自由、民主、個性的觀念在中國得到了極大的普及，從而為自由主義和儒教思想在更高層次上的融合鋪平了道路[1]。

在劉軍寧看來，新儒家也未能解決儒家傳統的轉化問題，新儒家的困境在於，他們既想重新建立一個以儒家為代表的新的正統，又不願意讓這種正統與錢、權、勢的「三毒」結合起來，恐懼儒學的政治化；同時，他們又保持著極富攻擊性的批判精神。他們既要使儒學成為新的正統，又要使自己成為以「生命批判」為中心的知識堡壘。這就產生了一種深刻的角色衝突：他們既以建立儒學正統為己任，同時又對任何與權力相結合的儒家正統持有一種異教徒式

---

1 劉軍寧，〈自由主義與儒教社會〉，中國儒學網 http://www.confuchina.com

的批判精神。他們既想進入這個社會而占據思想的中心地位，又想超越這個社會而充當文化批判者。這種出與入之間的矛盾，瓦解了他們爲恢復儒學正統所作出的努力。

關於儒家傳統的價值，劉軍寧強調，具有兩千多年歷史的儒家傳統不僅是中華民族文化認同的基礎，也是東亞文明的體現。儒家傳統可分爲「儒學」之大傳統和「儒教」之小傳統。儒學已成爲中國學術思想的主流和中國知識分子的共識，儒教則通過「賢妻良母」的身教和「鄉約社學」的潛移默化等管道而滲入民族文化的各個層面。儒家傳統是中國乃至東亞民族文化的構成要素，它在日常人倫方面起著決定性的作用。

劉軍寧相信，儒家和自由主義具有相通對接的可能性。儒家和自由主義雖爲兩種完全不同的傳統，但二者作爲人類生存經驗的智慧結晶無疑應有相通之處。同時，對貫通儒家思想和自由主義的學術難度也應有充分的估量。儒家思想和自由主義分別作爲東西方的顯學，各自的思想內涵彈性極大，而隱含著向各個方向發展的趨向。儒家思想與自由主義的對接還必須落實到儒家教化的層次上。因此，從實踐上看，溝通儒家思想與自由主義可以爲儒教與自由主義的對接提供思想支撐。所以，儒家思想和自由主義的對話是東西方思想對話的一個重要組成部分。

東亞的現代化奇蹟，對源自西方的現代化理論和與之對立的依附理論都提出了挑戰，同屬於儒教文化圈的日本和東亞四小龍先後成功地實現了現代化。劉軍寧將東亞現象歸爲儒教和自由主義結合的成功典範，並且將儒教和自由主義的結合視爲東亞社會的基本特徵。他進而對「儒教自由主義」作了如下歸納：

　　儒教自由主義是自由主義在儒教傳統文化的土壤中安家落戶後

對儒教加以融合，形成了帶有濃厚儒教色彩的自由主義。在政
治上，儒教自由主義表現為代議政治、憲政法治、政黨政治加
上儒家的施政作風。在經濟上，實行自由市場經濟，加上克勤
克儉、互幫互助的儒家工作倫理，同時政府受儒家富民養民思
想的影響對經濟生活進行積極的調控管理。在道德文化上，儒
家自由主義既引入自由主義對個人權利、自立自主和競爭精神
的強調，又保留了儒教忠恕孝順、尊老愛幼、重視教育和注重
集體利益等價值傾向。[2]

　　劉軍寧強調，東亞的現代化奇蹟對傳統現代化理論構成了深刻
的挑戰。這一奇蹟使得即使是反對儒家傳統的知識分子也開始注意
到，儒家傳統未必是中國現代化的根本障礙，現代化的過程可以在
採取不摧毀傳統的方式下實現，傳統的調整、持續和建構可以整合
在同一過程中。破壞傳統不僅未必意味著現代化的必然實現，而且
可能導致價值體制的解體和文化認同的失落，從而損害到現代化秩
序建構過程本身。歷史表明，大規模有效的社會變革，不可能在與
社會成員共同的文化取向發生根本衝突的方式下實現。東亞經驗表
明，儒家傳統可以通過自由市場經濟這一中介物而與民主實行對
接。在日本，儒教與市場經濟、民主政治三者已完全對接起來，而
且運作得比較成功(尤其在經濟方面)。在新加坡、臺灣地區和韓國，
儒教與市場秩序已經銜接起來，現在正處於銜接市場經濟與民主政
治的進程之中。東亞路線的走向是「三點一線」：儒家傳統(作為固
有傳統的出發點)——市場經濟(中介與基本目標)—— 民主政治
(現代化的另一目標)，而不是繞開市場經濟，直接拿儒教去嫁接民

2　同上。

主政治。東亞獲得了新的自由主義政治經濟體制後，儒教傳統卻在
三點一線的循環漸進式現代化路徑中出乎意料地轉變成了現代化的
巨大推動力量。三點一線的路線導致儒家與自由主義在實踐中的結
合，給海內外華人知識界敲響了警鐘！東亞的挑戰，其實質是由儒
教與自由主義在實踐層次上的初步結合所形成的。其挑戰的對象：
不僅是中體西用，而且是全盤西化；不僅是傳統的計劃經濟模式，
而且是古典自由主義和福利國家的經濟管理模式；不僅是東西方的
執政者，而且是關心儒家傳統與中國命運的知識界[3]。

　　劉軍寧的保守主義和儒教自由主義在自由知識界頗具影響，一
些信奉哈耶克與蘇格蘭啟蒙傳統的更年輕的自由主義者如秋風、范
亞峰、王怡等，都抱持尊孔崇儒的保守態度。

三、儒家社會主義

　　作為1980年代有影響的知識領袖，新左派的代言人甘陽近年來
因主張「儒家社會主義」而引人注目。2005年5月12日，甘陽在清華
大學作了題為〈新時代的「通三統」：中國三種傳統的融合〉的演
講。「通三統」是中國儒家思想傳統中的基本概念，甘陽借用它來
討論全球化時代之中國文明主體性的問題。他強調：「唯有自覺地
立足於中國歷史文明的連續統中，方有可能在全球化時代挺拔中國
文明的主體性。」[4]

　　甘陽指出，當代中國有三種傳統並存：一是改革開放以來形成
的新傳統，它以市場為中心，包括自由和權利等；二是共和國開國

3　同上。
4　甘陽，《通三統》序(三聯書店，2007)，頁6。

以來毛澤東時代所形成的傳統，這是一個追求平等和正義的傳統，
在1990年代中後期以來表現得非常強勁；三是以儒家文化所代表的
中國數千年形成的文明傳統，這一傳統文化以中國人日常生活中注
重人情和鄉情爲基本特徵。

　　與自由主義的普世主義相反，甘陽立論的基礎是特殊主義。他
強調，要重新認識中國，重新認識中國文明的獨特性。與所有「非
西方文明」不同的是，中國在歷史上和西方沒有任何關係，完全外
在於西方。中國漫長的獨特文明傳統對於中國的現代發展具有根本
的重要性。現代社會的普遍特點是社會分殊化高、離心力大，因此
一個現代社會如果沒有足夠的傳統文明凝聚力，就可能分崩離析[5]。

　　在甘陽看來，21世紀最大的問題是要重新認識中國。「要重新
認識中國改革成功與毛澤東時代的聯繫和連續性，重新認識中國傳
統歷史文明對現代中國的奠基性。我們今天要強調，孔夫子的傳統，
毛澤東的傳統，鄧小平的傳統，是同一個中國歷史文明的連續統，
套用從前中國公羊學的一個說法就是要達成新時代的『通三統』」[6]。

　　2005年底，甘陽在接受《21世紀經濟報導》訪談時，進一步主
張市場經濟、社會主義和保守主義的平衡。他認爲，單純強調資本
主義和市場機制，只能導致劣質和惡性的現代社會；只有同時以社
會主義和保守主義來平衡制約資本主義和市場，才能形成比較良性
的現代社會。因此，現在除了要研究西方的市場機制以外，同時必
須深入研究西方的社會主義傳統和保守主義傳統。因爲西方的社會
主義傳統和保守主義傳統是促成西方現代社會向良性發展的關鍵因
素，沒有社會主義和保守主義，資本主義不可能存活。西方老輩社

5　同上，頁39。
6　同上，頁46。

會學家有一個基本看法，即認爲一個良性的現代社會取決於社會主義、自由主義與保守主義三種基本因素的相互平衡和相互制約。美國社會學元老貝爾（Daniel Bell）在《資本主義文化矛盾》中提出，現代社會的良性運轉有賴於「經濟領域的社會主義、政治領域的自由主義、文化領域的保守主義」。這些看法背後的哲學立場是，現代社會是由諸多相互矛盾和相互衝突的因素組成，良性的現代社會不是簡單主張讓某一種因素或價值壓倒其他因素和價值，而是要儘量形成各種因素和價值相互平衡和相互制約的格局。

與貝爾「社會主義、自由主義、保守主義」的價值排序不同，甘陽的價值排序是「社會主義、保守主義、自由主義」。他的文化保守主義，強調尊重以儒家爲主幹的中國古典文明精神和價值。甘陽認爲，在中國，只有首先堅持社會主義理念和價值，自由的理念和價值才能真正建立，如果放棄社會主義，自由在中國就可能成爲少數人的自由、富人的自由，而不是最大多數勞動者的自由。同時，只有在堅持中國文明自主性的前提下，自由才可能真正在中國生根，否則所謂自由很可能只是買辦主義、半殖民地主義和自我奴化的別名。簡言之，中國必須在堅持中國現代社會主義傳統和中國古典文明傳統的基礎上才能真正發展自由主義。

在甘陽看來，儒家與社會主義是中國的軟實力之所在。他對「中華人民共和國」進行了新的詮釋：首先，中華即中華文明，而中華文明的主幹是儒家爲主來包容道家佛教和其他文化因素的；其次，「人民共和國」的意思表明這共和國不是資本的共和國，而是工人、農民等勞動者爲主體的全體人民的共和國，這是社會主義的共和國。發展中國的軟實力，就是要深入發掘儒家與社會主義的深刻含

義，這將是我們時代的最偉大課題[7]。

　　甘陽關於中國發展的願景，是通過改革的「中國道路」而最終
實現「儒家社會主義共和國」。他認為，中國改革的共識形成，不
可能脫離中國社會的基本國情，即三種傳統的並存。當代中國正在
形成的「新改革共識」，其特點在於這種共識必然要同時承認上述
三種傳統各自的正當性，並逐漸形成三種傳統相互制約而又相互補
充的格局。從長遠意義看，這種新改革共識如果得到健康的發展，
將有可能逐漸突顯中國道路的真正性格，即中國改革所追求的最終
目標，並不是要形成一個像美國那樣的資本主義社會，而是要達成
一個「儒家社會主義共和國」[8]。

　　甘陽的儒家社會主義論，在海內外引發重大爭議，清華大學加
拿大籍學者貝淡寧等將甘陽的儒家社會主義命名為「左派儒學」，
引起了國際學術界的關注。北大教授錢理群則對甘陽「新三統」的
「毛化」傾向提出批評，指出甘以「毛澤東+鄧小平+孔子」建立新
國家意識型態的主張表現了「國師心態」，其新三統即獻給當局的
「治安策」[9]。

三、政治儒學

7　甘陽，〈關於中國的軟實力〉，《21世紀經濟報導》2005年12月26
　　日。
8　甘陽，〈中國道路：儒家社會主義共和國〉，2007年5月25日博客
　　中國。
9　錢理群，〈在臺灣講學的第一課：交通大學社文所「我與共和國、
　　毛澤東六十年」課程「前言」〉，《臺灣社會研究季刊》第76期，
　　頁372。

　　蔣慶是新世紀「儒學熱」中的新儒家領袖，這位1980年代初畢業於西南政法學院的前法律學者，因闡揚「政治儒學」的理念與「重建儒教」的訴求而獨樹一幟，在國內外儒學界產生了很大的影響。蔣還關心儒家的生命信仰、儒學的真精神與真價值、兒童讀經以及大學通識改革等現實問題。1990年代以來，蔣慶一直致力於研究和復興儒學的事業。2003年，《政治儒學》的出版，使蔣成為當代新儒家的代言人。在《政治儒學》中，蔣提出了「政治儒學」的理念，並主張以復興政治儒學為重建儒教正統的路徑。

　　蔣慶指出，儒學有兩大傳統，一為心性儒學傳統(即生命儒學傳統)，一為政治儒學傳統(即制度儒學傳統)。兩者相輔相成，各盡其用。但宋明以來，心性儒學偏盛，政治儒學式微，其結果內聖有餘外王不足，外王開不出而內聖亦終將走向枯寂。現代新儒學承宋明心性儒學之餘緒，把儒學改造成一種系統的生命形上學。現代新儒學重建儒學之功雖巨，但外王問題仍未解決，儒學與社會、政治、歷史的關係已成為困擾當代儒學的最大癥結。因而，重新找回政治儒學傳統並對其進行創造性的詮釋、重構、發展，已成為儒學發展的當務之急，也是儒學改造中國與世界(開新外王)的先決條件。

　　關於「政治儒學」，蔣慶的定義是：

政治儒學是孔子依於《春秋》經創立的、融會其他諸經政治智慧與禮制精神的、體現政治理性、政治實踐、政治批判、制度優先與歷史希望特徵的、區別於心性儒學與政治化儒學的、具有正面意識型態功能而能克服自我異化的、從春秋至漢至清至近現代一脈相承的純正儒學傳統。[10]

_____

10　蔣慶，《政治儒學：當代儒學的轉向、特質與發展》(三聯書店，

　　蔣慶指出，政治儒學不同於政治化的儒學。政治儒學是堅持以
儒家價值理想批判和轉化現實政治秩序的批判儒學，政治化的儒學
則是喪失了儒家批判功能而與帝王制度一體化的意識型態。以公羊
學爲代表的今文經學屬於政治儒學，而以左氏學爲代表的古文經學
則屬於政治化的儒學。政治儒學是儒學的正脈，政治化的儒學則是
儒學的異化。漢以後政治思想多爲古文經學的天下，儒學在很大程
度上已異化爲純粹爲君主制服務的政治意識型態，政治化的儒學成
了儒學的主流，政治儒學的傳統已近於衰竭。

　　蔣慶對當代新儒家提出批評。他認爲，當代新儒家「本內聖心
性之學開新外王」的路向已走不通。一是心性儒學只解決個體生命
意義的安立問題，不解決政治制度的建構問題；二是當代新儒學以
西方科學和民主爲「新外王」事業，則儒學不能開出具有中國文化
特色的政治禮法制度，即儒家式的外王事業。當代新儒家有「變相
西化」之嫌，當代儒學則有淪爲「西學附庸」之虞。因而，當代新
儒學必須從心性儒學轉向政治儒學，因政治儒學是儒家特有的外王
儒學、制度儒學、「實踐儒學」、「希望儒學」，未來具有中國文
化特色之政治禮法制度當由政治儒學重構。蔣慶強調，政治最直接
關涉到人的宗教信仰、價值理念、道德意識和文化認同等文化深層
價值，因而政治與文化共存亡。若中國政治依當代新儒家和自由主
義等向民主化發展，則意味著中國的政治形態在朝西方文化的政治
模式發展，這必然導致中國文化理念中所固有的政治形態滅亡，從
而使文化滅亡。對於蔣來說，當代儒學的轉向，是在心性儒學之外
另闢一政治儒學路向。如此，中國儒學可平行地朝心性儒學和政治
儒學兩方向發展，以心性儒學安立中國人的精神生命（修身以治

（續）──────────────────────
　　2003），頁116。

心），以政治儒學建構中國式的政治制度（建制以治世）。當今中國的
兩大問題，即個體生命無依歸和禮法制度建構，只有重建心性儒學
和政治儒學才能解決[11]。

　　2004年春，在杭州「當代儒學國際學術研討會」上，蔣慶進一
步主張重建儒家「王道政治」，並提出了「王道政治三重合法性」
的政治儒學理念與「儒教議會三院制」的構想。對於蔣來說，政治
儒學的核心即王道政治。中國政治的發展方向是王道而不是民主，
這是中國文化回應西方文化挑戰的應有之義。但是近代以來，中國
政治發展的方向出現了偏差，所有政治思潮都把民主作爲中國政治
的發展方向，如自由主義標榜西方式的民主，社會主義追求社會主
義民主，新儒家也以開出民主的新外王爲宗旨。環顧當今思想界，
中國人已經喪失了按照中國文化的內在理路獨立思考中國政治問題
的能力，這是當今中國思想界的最大悲劇！鑑於此，在思考當今中
國的政治問題時，不能追隨西方的政治潮流而捨己從人，必須回到
中國文化的內在理路即王道政治來確立中國政治的發展方向，王道
政治就是當今中國政治的發展方向。王道政治具有「超越神聖的合
法性」、「歷史文化的合法性」和「人心民意的合法性」，在「政
道」上實行「三重合法性制衡」，其基本理念已由吾國古聖先賢確
立。王道政治在「治道」上實行議會制，行政系統由議會產生，對
議會負責。議會實行三院制，每一院分別代表一重合法性。三院可
分爲「通儒院」、「庶民院」、「國體院」。通儒院代表超越神聖
的合法性，庶民院代表人心民意的合法性，國體院代表歷史文化的
合法性。通儒院由推舉與委派產生，議長由儒教公推之大儒擔任，
終身任職制；議員由社會公推之儒家民間賢儒和國立通儒學院培養

11　蔣慶，《政治儒學》〈序〉。

的四書五經儒士擔任。庶民院由普選與功能團體選舉產生，議長議員則按西方民主政治議會的規則與程式產生。國體院由世襲與指定產生，議長由孔府衍聖公世襲，議員則由衍聖公指定吾國歷代聖賢後裔、君主後裔、歷史文化名人後裔、社會賢達以及道、佛、回、喇嘛、基督諸教人士產生。三院中每一院都擁有實質性的權力，法案必須三院同時通過才能頒行，最高行政長官也必須由三院共同同意才能產生，以合乎天道、民意和歷史文化，從而可使三重合法性在治道層面得到制衡[12]。

2008年，蔣慶在曲阜孔子文化節之孔子學術會堂作了題為〈復興儒學的兩大傳統：「政治儒學」和「心性儒學」的重建〉的講演。他指出，西學在政治法律領域與生命心性領域對儒学形成了有史以來最嚴重的全方位挑戰。在當今中國，只有全面復興儒學傳統，即同時復興政治儒學傳統與心性儒學傳統，才能全方位回應西學對儒學提出的挑戰。蔣強調，重建政治儒學能夠解決當今中國面臨的合法性危機問題與「中國特色政治」問題。當今中國的政治秩序面臨的合法性危機，主要表現在中國效法西方文化建立的政治秩序受西方政治的現代性與世俗化影響，缺乏「超越神聖的合法性」；同時，這種效法西方文化建立的西化的政治秩序又缺乏「歷史文化的合法性」。一個政治秩序如果缺乏超越神聖的合法性與歷史文化的合法性的支持，僅靠「人心民意的合法性」的支持，不足以建立長期穩定和諧的政治秩序。因此，要建立長治久安的政治秩序，在獲得人心民意的合法性的支持的同時，還必須獲得超越神聖的合法性與歷史文化的合法性的支持。從中國的儒學傳統來看，只有政治儒學所

---

12 《王道政治是當今中國政治的發展方向：蔣慶先生答何謂王道政治的提問》，http://www.Confucius2000.com，2004年5月23日。

推崇的王道政治具有天道、歷史、民意的「三重合法性」資源，能
夠賦予中國政治秩序以「超越神聖的合法性」與「歷史文化的合法
性」，從而使中國的政治秩序真正能夠長治久安。重建政治儒學能
夠解決當今中國面臨的合法性危機問題。

　　在蔣慶看來，克服當今中國信仰危機，有賴於心性儒學的重構。
為了克服港臺新儒家把心性儒學異化為西學化的「思辨的概念形上
學」，唯一的解決之道就是恢復心性儒學傳統的「工夫學」，它可
以使心性儒學的中國特色——「生命體認之學」得以恢復。所以，
恢復生命體認的「工夫學」是復興心性儒學的當務之急。近百年來
中國儒學的意義價值系統全面崩潰，信仰真空延續至今，導致中國
出現了嚴重的信仰危機。面對這一信仰危機，西方傳入的各種世俗
思想與學說不能解決，而整個中國又不可能全民改宗成為信奉基督
教的國家。因而唯一的解決辦法就是重建心性儒學，因為心性儒學
即中國人的安身立命之學，其最大功能就是解決人的生命信仰問
題，使人達到天人合一的神聖至善境界，實現生命的終極意義與價
值。因而只有重建心性儒學，才能使中國人以中國獨特的信仰方式
與信仰內容來解決信仰危機問題。同時，要救治當今中國面臨的道
德崩潰問題，唯一的辦法就是重建心性儒學，因為心性儒學即道德
之學，其所推崇的仁、義、禮、智、信「五常」與忠、孝、廉、恥、
敬、讓、謙、和等都是人類必須遵守的普遍道德。重建心性儒學是
解決中國道德崩潰問題的當務之急[13]。

　　蔣慶的新儒學轉向，旨在以重建政治儒學和心性儒學，弘揚孔
子創立的儒學正統，以解決當代中國的政治秩序重建問題，並回應

---

13 蔣慶，〈復興儒學的兩大傳統：「政治儒學」和「心性儒學」的重
　　建〉，這哲網 http://www.zhezhe.com，2009年11月9日。

轉型社會的意義危機、道德危機和文化認同危機。

四、轉型社會與儒學復興

劉軍寧的「儒教自由主義」、甘陽的「儒家社會主義」和蔣慶的「政治儒學」，表徵著新世紀中國思想界尊孔崇儒的「交疊共識」。在經歷了革命和反傳統的20世紀狂飆之後，古老的儒學終於迎來了鳳凰涅槃的復興時代。進入新世紀，自由主義和新左派相繼接受文化保守主義理念，並轉而吸納和整合儒家傳統，儒學已成為當代中國各派思潮的公分母。自由主義和新左派尊孔崇儒的保守化轉向，在文化取向上與文化保守主義大有趨近之勢，形成了三大思潮建設性的對話和互動。劉、甘、蔣三氏雖然思想取向各異，但其對於文化傳統的連續性、儒家傳統的倫理價值、儒學為中國文化認同的基礎等問題，仍達成了相當的思想共識。新世紀思想界尊孔的「三教合流」，表徵著轉型中國歷史巨變中之思想氛圍的深刻變遷。

儒學是中國文化的骨幹。自漢代以降，儒學作為中華帝國的國家哲學而垂兩千餘年，對中華文明影響深巨。在20世紀中國的革命和現代化進程中，古老的儒學經歷了一個衰落的世紀。1905年廢除科舉，儒學失去了經學之尊而從政治与教育領域被放逐。辛亥革命推翻帝制，儒學頓失帝國哲學的制度依憑。民初袁世凱帝制運動與孔教運動的合流，激起新文化運動之激烈的「打孔家店」運動，使儒學成為帝制的最後殉葬品。自此，五四激烈反傳統的文化激進主義伴隨著20世紀中國歷史進程。雖然五四時期有梁漱溟「孔學復興」的孤獨抗爭，1930年代「新啟蒙」中有張申府「打倒孔家店，救出孔夫子」的理性籲求，但孔子的厄運並沒有在革命時代終結。文化大革命中的批林批孔運動，孔子再度被送上革命的祭壇。甚至在進

入改革開放時代以後，孔子的命運亦並沒有隨國家命運的轉折而改
變，1980年代回歸五四的「新啓蒙運動」，仍承襲了五四時期現代
與傳統二元對立的反傳統主義，把中國現代化的遲滯歸咎於僵化的
儒家傳統。直至1990年代，思想界在國內變局和海外思想的雙重刺
激下，才有反思激進主義和「告別革命」的轉向，「救出孔夫子」
才逐漸成爲遲到的時代共識。從五四的反孔到新世紀的尊孔，儒學
經歷了20世紀革命時代的厄運而不墜，顯示了一個古老文化傳統之
歷久彌新的偉大生命力。

　　在1980年代新啓蒙運動的反傳統主義浪潮中，中國哲學史家陳
來是爲數不多的預言儒學復興前景的學者，他對傳統的信心來自其
獨到的判斷：「中國文化復興的最大條件就是現代化」[14]。與五四
反傳統主義者認爲現代與傳統水火不容的觀點恰恰相反，陳認爲現
代化的成功不是傳統的災難，而是傳統復興的最大條件。新世紀孔
子和儒學的否極泰來，應驗了陳來當年的預言。

　　陳來的預言揭示了儒學與國運的深刻關聯。在革命時代，從五
四「打孔家店」到文革「批林批孔」，儒學一直處於衰落的下行線。
而在後革命時代，從1980年代「文化熱」後的思潮轉向到1990年代
的尊孔，儒學則轉向復興的上行線。20世紀儒學興衰隆替的命運表
明，現代化與傳統既相互衝突，又相輔相成，二者最終可以從衝突
走向融合。清末民初現代化的挫敗伴隨著儒學中衰，而改革時代現
代化的起飛則推進了儒學復興。

　　余英時認爲，中國近代思想史經歷了一個激進化的過程。一百
年來，它積累了一股越來越大的動力，好像巨石走峻坂一樣，非到

14　陳來，《傳統與現代——人文主義的視界》（三聯書店，2009），頁
　　342。

達平地不能停止，最後以文化大革命為終點[15]。黃仁宇則以「梯度
式的反應」解釋中國現代化運動的激進化趨勢，他認為，中國晚清
以來在西方文明刺激下作出了從洋務運動到戊戌變法到辛亥革命到
五四運動的「梯度式反應」，「中國若非採取如此一波推一波的方
式，則不能走入全面改革，一次失敗，就加添下一層之壓力。」[16]質
言之，中國近代思想和現代化運動的激進化，是改革不斷受挫所積
累的壓力所造成的。如果說晚清以降中國思想史經歷了一個「激進
化」的過程，一部激進化的思想史與中國對西方文明的「梯度式反
應」相伴隨；那麼，1990年代以來中國思想史則經歷了一個「保守
化」的過程，與之相伴隨的是中國對西方文明的「倒梯度式反應」。
歷史證明，激進化是改革不斷受挫所積累的壓力所造成的；相反，
保守化則很大程度上是現代化成功不斷釋放改革壓力所致。正是改
革開放所導致的「中國崛起」，極大地釋放了改革壓力，並提升了
人們的文化自信心，才使文化決定論的啟蒙心態和反傳統主義漸失
思想土壤。而轉型時代的社會矛盾和後烏托邦時代的意義危機，則
使儒家傳統的倫理價值日益凸顯。此即轉型中國思想界保守化轉向
的深刻思想背景。

　　作為偉大的東方軸心文明，儒學是一個包涵宇宙、社會、人生
的整全性價值系統。儒家倫理大致包括以仁學為中心的德性倫理和
以禮教為中心的規範倫理，仁學與禮教分別以人文理想與宗法倫理
為基礎。孔子闡揚周代禮樂文明，以仁釋禮，融道德人文主義於禮
樂傳統之中，形成了中華農業文明獨特而博大的儒家文化傳統，它

15　余英時，〈中國近代思想史上的激進與保守〉，載《錢穆與中國文
　　化》（上海遠東出版社，1994）。
16　黃仁宇，《資本主義與二十一世紀》（三聯書店，1997），頁473。

凝聚了中華民族的人文理想和生存智慧。如同所有軸心文明一樣，道德人文主義和宗法封建倫理，代表了儒家倫理的普世性和時代性。漢代以降，儒學作為一統獨尊的帝國哲學，成為整合官僚系統、鄉紳自治、宗法家族的「宗法一體化結構」（金觀濤、劉青峰語）的意識型態樞紐。中國文化由此形成了「以道德代宗教」、「以倫理組織社會」（梁漱溟語）之特色。然而，儒學畢竟是農業文明的產物，其宗法禮教已不適應工業文明。從中國現代化之意識型態更替和社會轉型的視域看，反儒運動的興起勢所難免，儒學批判是中國文化實現軸心文明轉型的必然步驟。但批判傳統不等於毀棄傳統。五四啟蒙知識分子對儒家傳統全盤毀棄，將儒學完全視為過時的封建遺產和中國現代化的文化障礙，其激進反傳統的「打孔家店」運動使儒學玉石俱焚，綿延兩千多年的儒家文化傳統被「倫理革命」粗暴地割斷，激進主義之浪潮至文革達於頂峰，導致了20世紀中國「孔子之死」的深刻文化危機。新世紀儒學的復興，正是中國文化傳統對五四以降文化激進主義的強烈歷史反彈。從五四的廢孔到新世紀的尊孔，從現代化早期儒學的衰落到現代化起飛階段儒學的復興，歷史的鐘擺式運動畫出了一條儒學運行的U型曲線，它表徵著古老的儒學歷經現代性的世紀洗禮而復興的偉大歷程。

新世紀的儒學復興，有著中國社會轉型的深刻歷史原因。日本和東亞四小龍的經濟起飛和社會轉型，都伴隨著一個嚴重的社會衝突和道德淪喪的過程，儒學成為物質豐裕的東亞人走出現代文明的困境而重建社會價值和精神信仰的傳統資源。當今中國正在重演二、三十年前東亞儒學復興的歷史。中國經濟改革創造了舉世矚目的經濟奇蹟，也導致了嚴重的社會分化和道德失範的危機。富起來的中國人失落了傳統倫理和社會主義道德，日益陷入物質主義的空虛和原子化偽個人主義的泥沼。改革開放以來，經濟發展主義成為

新的國家意志,意識型態「去烏托邦」的實用化、俗世化和功利化,
導致了後烏托邦時代深刻的信仰真空,進一步深化了百年中國的意
義危機。文明的困境和生命的異化,催生了重建精神家園的訴求,
儒家倫理遂成為當代中國人重建文化認同、道德價值,精神信仰的
精神遺產。在「禮崩樂壞」的轉型社會中,古老的儒學為中國人提
供了一個溫馨的精神家園。

五、自由儒學、左派儒學、正統儒學

　　劉軍寧的「儒教自由主義」、甘陽的「儒家社會主義」和蔣慶
的「政治儒學」,表徵著新世紀儒學復興的潮流,以及自由主義、
新左派和文化保守主義回歸儒家傳統的「三教合流」趨勢。新世紀
思想界的這種「保守化」轉向,是對轉型社會之意義危機、道德危
機和文化認同危機的回應。然而,在上述三種儒學言述中,共同的
傳統並不能彌合主義的分歧,我們從其不同的問題意識、價值取向
和思想旨趣中,仍不難看出三種新儒學背後不同的意識型態底色。
如果說甘陽的「儒家社會主義」是一種「左派儒學」(貝淡寧語),
那麼,我們不妨稱劉軍寧的「儒教自由主義」和蔣慶的「政治儒學」
為「自由儒學」和「正統儒學」。
　　劉軍寧的儒教自由主義,旨在探討自由主義經濟政治制度與儒
教文明結合的可能性。對於劉來說,儒教自由主義是自由主義与儒
教相融合而形成的帶有濃厚儒教色彩的自由主義。劉從柏克式的英
國保守主義理論吸取了靈感,他認為,自由秩序從傳統中生長而來,
保守主義和自由是共生的,越是自由的社會,保守主義越可能發生。
另一方面,東亞現代化經驗為劉的儒教自由主義提供了有力的經驗
支援。處於儒教文化圈的日本和東亞四小龍成功建立自由市場經濟

的儒教資本主義模式,提供了儒教與市場經濟對接的成功範例。其
後,臺灣和韓國相繼和平完成民主化的政治轉型,「儒教民主」成
為東亞民主的新模式。東亞由儒教資本主義而儒教民主的社會轉型
路徑,挑戰了儒教與現代性二元對立的五四命題,證明了儒家傳統
與自由市場、民主政治相配合的高度調適能力。作為一個自由主義
者,劉軍寧的儒教自由主義之要旨,在於探討自由主義如何在儒教
中國植根生長。他堅定地肯認自由主義的市場經濟和憲政民主的普
世性,並認為任何民族的現代化都不可能脫離市場和憲政的軌道。
同時,他又相信,傳統是自由生長的基礎,文化轉型的路徑不是摧
毀傳統,而是傳統在現代化過程中的創造性轉化,自由主義的政治
經濟制度並不排斥非西方民族的多元文化。東亞的儒教文明完全可
以和自由主義的市場經濟、憲政民主成功接軌。

甘陽「通三統」的儒家社會主義,則以文明主體性立論,強調
中華文明異於西方文明的獨特性,主張融合孔夫子傳統、毛澤東傳
統、鄧小平傳統的「通三統」的「中國道路」。甘的通三統使人想
起1930年代張申府的新啟蒙思想,張氏主張孔子、列寧、羅素的融
合,即儒家傳統、社會主義、自由主義的融合。相比較,張的「新
啟蒙」方案顯然西方文化的色彩更濃。對於甘陽來說,孔子的儒家
傳統和毛澤東的社會主義傳統,才是中國崛起的軟實力之所在。甘
的儒家社會主義共和國願景,亦強調社會主義、保守主義、自由主
義的平衡,但其社會主義、保守主義、自由主義的價值排序突出了
中國道路的社會主義本質。加上鄧小平傳統之黨國主導型社會主義
市場經濟的有限經濟自由主義因素,「通三統」的「中國道路」的
基本特徵,無疑是具有儒家色彩的社會主義。甘陽的儒家社會主義
是文化民族主義、國家主義和社會主義的結合,他對中華文明的獨
特性、文明主體性、中國崛起的軟實力和「中國道路」的倡言,具

有鮮明的反西方化的歷史主義和文化民族主義色彩。如果說劉軍寧
的儒教自由主義旨在尋求儒學與自由主義兩大東西方文明之空間的
融合；那麼，甘陽的儒家社會主義則強調孔子傳統與毛澤東傳統、
鄧小平傳統等中華文明之時間的連續。毛、鄧傳統雖融合了某種西
方社會主義和經濟自由主義因素，但其與古代傳統一脈相承而保持
了中華文明主體性。對於甘陽來說，正是這種歷史綿延的文明主體
性，構成了中國道路的核心特徵。這種立基於中國「特殊性」和「文
明主體性」的「中國道路」，表達了新左派非西方的「另類現代性」
的文明願景。

　　蔣慶的政治儒學則是當代新儒家的最新代表。與劉軍寧的儒教
自由主義和甘陽的儒家社會主義不同，蔣的新儒學以一種接續孔子
正統儒學的純正的原教旨主義儒學自許。蔣氏新儒學具有濃厚的文
化保守主義和政治保守主義色彩，他重建儒學的抱負遠大於現代新
儒家前輩。蔣不滿於現代新儒家偏於內聖的心性儒學路向、以及其
以西方形而上學代替儒家工夫學所導致的儒學的異化，而以重建政
治儒學的新儒學轉向而獨樹一幟。蔣的問題意識，是以政治儒學和
心性儒學全面回應轉型中國的秩序危機和意義危機。而蔣氏新儒學
的重心，是重建孔子外王的政治儒學。不同於現代新儒家處於守勢
的形而上學化和開民主科學「新外王」的西化理路，蔣的政治儒學
具有鮮明的保守主義的進攻性，它不僅是一種批判儒學，而且是一
種以建立儒家王道政治為目標的制度儒學。在蔣看來，只有「王道
政治」才能解決當代中國政治的合法性危機和建構「中國特色的政
治」問題。為此，他設計了政道上「超越神聖的合法性」、「歷史
文化的合法性」、「人心民意的合法性」相制衡和治道上「通儒院」、
「庶民院」、「國體院」三位一體的儒家議會制，作為接續中國固
有文化脈絡的具有「中國文化特色」的政治模式。蔣的政治儒學具

有鮮明的反民主色彩，它以聖賢式的王道政治作爲民主政治的替代物，以克服民主政治超越神聖的合法性、歷史文化的合法性之闕失。政治儒學還具有強烈的反西方化的文化民族主義傾向，蔣否認源於西方之民主政治的普世價值，強調中國的文化主體性、「中國文化特色的政治」。蔣的政治儒學追求一種中體西用的政治，即以儒家王道政治爲主體、輔以西方民主的治理技術的「中國文化特色的政治」。

　　從劉、甘、蔣三氏的儒學論述中，不難看出新世紀儒學回歸的三教合流中「共同的傳統」下分歧的主義。他們所代表的自由儒學、左派儒學、正統儒學不同的思想旨趣，組成了一曲新世紀儒學復興的變奏曲。在全球化和中國復興語境中，劉軍寧的儒教自由主義之要旨，是自由主義政治經濟制度如何通過與儒教文明的對接而在中國植根生長。甘陽的儒家社會主義，旨在以儒學和社會主義爲中國崛起和反挑戰西方文明之中國道路的軟實力。蔣慶的新儒學則充滿以重建當代新儒學而回應中國秩序危機和意義危機的憂患意識。三氏儒學觀之分歧，焦點還在現代性與傳統的關係，此爲跨越三個世紀的中西古今之爭的延續。

　　在中華文明復興的新世紀，以歐化蔑棄傳統的悲情化的五四式激進主義，已日漸衰微。相反，隨著大國的崛起，弘揚中華文明的「獨異性」的豪邁聲音代之而起。對於中西文化異質論，瑞典皇家人文學院院士、著名漢學家羅多弼提出了批評：

　　　今天的中國，很多人為自己的文化傳統感到驕傲，很多人強調
　　中國文化的獨特性。這當然沒有什麼不好，屈辱感被驕傲感所
　　代替，應該是一件好事。不過我聽到「獨特性」這個詞時，還
　　是有一點擔心，因為我覺得這個詞好像把中西文化描述成本質

上完全不同的文化。我們都是人,歸根結底,我們具有同樣的
需求、同樣的喜怒哀樂,每個人都有他的獨特性,每種文化也
都有它的獨特性。但是我相信獨特性還是以普遍性為基礎的,
甚至可以說,獨特性是普遍性的具體表現。[17]

　　文化的普遍性與獨特性問題,歸根結底是全球化時代凸顯的人
類文明的普世價值與多元文化的關係。自五四以來,西化派和保守
派的中西之爭往往於「普遍性」與「特殊性」各執一端,西化派抱
持西方中心論,將「現代化」等同於「西方化」;而保守派則堅執
以特殊主義為抗拒現代性之普世價值的思想武器。這種共殊之爭,
可以追溯到歐洲思想史上的啟蒙主義與反啟蒙的歷史主義之爭,它
仍可在當代中國思想界找到迴響。其實,任何文明都是普遍性與特
殊性的統一,共相寓於殊相之中。儒學亦兼具人類文明的普世價值
和中華文明的獨特性格。中西文明的對話,需要抱持開放的心靈,
超越共殊對立的意識型態心態。
　　在全球化和中國復興的新世紀,當儒學成為中國知識分子共享
的傳統時,共殊之爭並沒有終結。自由儒學、左派儒學和正統儒學
不同的文明方案,仍表徵著新世紀中國思想界深刻的意識型態衝突。

高力克,浙江大學國際文化學系教授,主要研究領域為中國現代
思想史,著有《五四的思想世界》、《調適的智慧:杜亞泉思想研
究》、《求索現代性》等。

17　羅多弼,〈中西文化差異沒那麼大〉,《人民日報》2009年11月9
　　日。

當代中國「國家本位」思潮的興起

成慶

大陸思想界在上世紀1990年代爆發的「自由主義」與「新左派」之間的論戰，至今已有十餘年。假使時代精神與歷史之間存在某種暗合的肌理，這十餘年的大陸政治社會轉型史中，必然蘊含了無數新的思想議題可資檢討。但弔詭的是，在這麼長的時間段裡，並沒有發生任何一場類似的思想論辯。儘管身在這個思想場域的人都能強烈地感受到彼此的立場分歧，但是卻並沒有形成一場大規模的、就某個主題或某種意識型態而集中展開的論戰。對於如此一個多變的社會而言，這顯然並不正常，背後的原因更是耐人尋味。

在筆者看來，這種沉默背後，其實湧動著不斷分化與整合的趨勢。但是這種分化與整合卻不像「自由主義」和「新左派」這般標籤分明，清晰可辨，而是蘊含了相當豐富而多歧的思想邏輯，值得我們認真整理與檢討，並努力從中辨識出未來中國思潮的某些可能方向。

如果說近年來有什麼最主要的思想趨勢，那就是左翼的批判知識分子與政治保守主義逐漸合流，開始形成一股國家本位思潮。初步看來，他們的共同之處在於肯定國家(或執政黨)在政治、社會及文化生活中的主導作用，而徹底放棄1990年代關於市民社會與國家的二元對抗論述，最終認同國家(或執政黨)權力在政治、文化、社

會等領域的全面宰制性,甚至認為這種國家主導的治理方式有其正
當性。

　　這種對「國家」的重新認識,無疑與這三十餘年中國經濟的快
速發展密切相關,而對國家的集體膜拜心理,更是以一系列標誌性
事件表達出來,比如西藏2008年的3.14事件、奧運聖火危機、四川
汶川大地震以及世界「驚豔」的奧運開幕式等等。雖然這些事件背
後所反映的民眾心理各有不同,但對於知識分子而言,會帶來一個
相當迫切而關鍵的問題:今天我們應該如何面對國家,而這個「國
家」又意謂著那些政治、倫理與文化的內涵?

　　或許只有從這個問題入手,我們才能準確地捕捉到今日大陸思
想界的分歧所在,那就是當這30年的「改革紅利」逐漸萎縮甚至完
全消失後,我們要用什麼樣的政治價值、道德倫理與歷史視角來審
視個人、社會與國家。這不僅涉及具體政治議題的討論,而且更關
切到中國人對當下生存及倫理意義的體驗與認知。

　　由此之故,筆者試圖通過對汪暉、甘陽、強世功等學者的論述,
來觀察今日大陸的國家本位思潮。總體來看,無論是左翼還是右翼,
他們都試圖將未來政治規劃的重點放在國家身上,而不是放在個體
與社群(社會)上,而這已經與20世紀1990年代知識界的著力點大有
不同。

左翼批判知識分子的「政黨—國家」觀:以汪暉為例

　　2007年,汪暉在〈去政治化的政治、霸權的多重構成與六十年
代的消逝〉一文中,指出了今日政黨—國家結構的去政治化趨勢,
並且提出下列問題:「第一,伴隨著政黨體制的『去政治化』和國
家化,究竟什麼力量才能取代原先的政黨政治模式,以協調日益複

雜的社會關係中的不同的政治意志、體現不同的政治力量？社會的力量如何能夠上升為一種政治的力量？第二，政黨的國家化也就意味著政黨本身勢必介入複雜的利益關係，當代世界的國家危機也必將轉化為政黨危機，那麼究竟什麼力量才是一個體現普遍利益的力量和機制？」

假如從這一段看，我們或可認為，汪暉看到今日執政黨不斷自我利益化的趨勢，並且試圖從「社會」的角度來質疑與批判政黨政治，但或許事實上並非如此。最近，他在《21世紀經濟報導》上的〈自主與開放的辯證法：關於60年來的中國經驗〉的訪談中談到，「在中國，共產黨領導下的多黨合作體制也是以各政黨的代表性為基礎的。但是，在市場社會條件下，國家機器直接參與經濟活動，國家不同分支與特定利益的關係相互糾纏，改革初期的『中性化國家』正在發生轉變。由於政黨相對遠離經濟活動，反而能夠相對自主地和『中性地』表達社會的意志，例如，反腐敗就主要依賴政黨機制的有效實施。1990年代以降，國家意志主要是通過政黨的目標呈現的，從『三個代表』到『和諧社會』及『科學發展觀』，都是如此──這些口號不再直接表達政黨的特殊代表性，而是直接訴諸全民性的利益。在這個意義上，政黨成為主權的內核。」

儘管在這個訪談中，汪暉重複了過往的部分觀點，對政黨利益化後的結果提出質疑。但很顯然，他將政黨作為主權代表的思路卻並未改變，也就是說，在他的論述裡，「政黨」才是最高權力的代表。

汪暉以政黨作為主權代表，這一思路與當下大陸的自由主義者（包括左翼與右翼）以及社會民主論者（強調以新興組織作為基礎的社會運動）不斷質疑執政黨正當性的看法無疑背道而馳。但是汪暉為何會認同「政黨主權」，並且還賦予其正當性？而且我們還可以進

一步地追問，在汪暉的視野裡，政黨與國家、社會又形成了何等的
關係？

從西方政治思想史的脈絡來看，主權問題的發生，直接與國家
密切相關，如博丹的那句名言，「主權乃是國家絕對與永恆的權力」。
但問題卻在於，「國家」是什麼？其主權究竟歸屬誰，由誰來執行，
卻使得國家主權問題變得異常複雜。

以「政黨」作為主權代表，背後必定隱藏著這麼兩層含義：首
先，政黨必定代表某種普遍性的政治同意與利益；其次，在政治上，
政黨是主權權力執行的代理人，一切由政黨實施的權力都是正當
的，就算政黨內部存在政治分歧。

那今日的政黨何以能充當這種主權代表呢？這或許和汪暉對近
代中國革命經驗的看法有關。對於汪暉而言，「大民主經驗」乃是
中國革命遺產中需要得到肯定的內容。這當然是因為在汪暉的政治
價值中，最為重要的乃是一種普遍性的政治平等觀。而更值得注意
的是，汪暉在肯定中國革命中的「政治平等價值」時，其實同時也
肯定了近代革命所形成的「政黨一國家」體制。

按照斯考切波（Theda Skocpol）的分析，中國革命所締造的政
黨，一方面是控制國家與管理社會的工具，另一方面還是大眾動員
的機構。由此我們可以明白，汪暉的政黨主權論，其實核心仍然不
脫離中國革命所形成的「政黨一國家體制」，即以政黨來控制國家
權力，動員社會。

不過這個政黨一國家體制何以為正當？汪暉本人並未專門闡
明。按照他對中國革命經驗的看法，他認同這樣一種由政黨進行大
眾動員的「平等模式」，也就是說，中國革命過程中的這套現代「政
黨一國家」體制，是一種貫徹政治平等的社會運動；它不僅改造了
國家機器，而且還按照這種平等價值塑造社會，按照階級範疇重造

人際關係。在國際政治範圍裡,中國革命是對帝國主義霸權的反抗,在國內,是對各種社會壓迫與不平等的解放,因此以政黨駕馭國家機器,完成這樣一種「平等政治」的政治實踐。

不過汪暉也看到這背後的種種危機。在〈去政治化〉一文中,汪暉提出,文革前的「路線鬥爭」是讓政黨具備「政治」性格的必備條件,因為這些路線鬥爭蘊含著一些關於中國革命路線重要問題的大爭論。但是文革後,由於拒絕對路線鬥爭進行檢討與反思,因此政黨開始走向「去政治化」的道路,黨內的政治討論開始消失。然後汪暉將一個利益化的國家主體與反市場化的「社會主義政黨」進行了某種區分,他總結說,改革開放之初的的國家是「中性化」的,如今的國家卻已經被利益化。對於汪暉而言,關鍵問題是,代表了普遍利益的「政治性」的政黨本應是主權代表,但如今也開始逐漸「利益化」,在這樣的狀況下,社會民主的危機本身就是政黨的危機。

儘管汪暉並沒有將他所謂「政治化」的未來實踐路線圖明確表達出來,但按照他的思想邏輯,似乎有兩條路徑可尋,要麼是「重新革命」,要麼是「再次專政」。前者是徹底拋棄現有政黨,依靠某種方式形成新的政治力量,重新占領國家機器,讓代表「平等價值」的新階級主動地使國家機器「政治化」,進而重新改造社會;後一條道路則是通過某種方式重新啟動這個已經被逐步利益化的政黨,從意識型態上使其「政治化」,對資產階級與利益集團進行專政。如果是前者,那基本屬於列寧式的道路,而如果是後者,那就是國人非常熟悉的文革經驗了。

但是值得注意的是,以執政黨作為「工人階級的代表」,這種「代表論」與赫魯曉夫的「全民黨」理論是有區別的。正如汪暉自己所言,三個代表理論與全民黨理論都是試圖解決黨與國家、黨與

其代表性之間的問題。但要注意的是，這種依靠政黨的「利益普遍化」來整合政治分歧的作法並不是汪暉的解決方案。他反覆強調的是政黨的「代表性」與「政治性」，也就是要重新激發出政黨的政治性格，從而避免一種政治性的「黨—國體制」演變為進行常規管理的「國—黨體制」，前者尚區分工人階級與資產階級的敵我關係，後者卻失去了政治性，只進行技術化的統治，而忽視了黨的政治任務其實是要保障大多數工人階級的利益。

因此我們可以得出這樣一個初步的結論，汪暉只不過將「國家」基本視為一個中性的管理工具，而「政黨」不僅具備一種普遍性的政治價值——平等，獲得了人民的同意，而且還可以掌握國家的主權，負責權力的使用與分配。但是這樣一種政黨國家體制，今日又遭遇到哪些問題呢？

依筆者的粗略觀察，這30年來的改革過程，基本上與文革後意識型態的瓦解與治理發生危機密切相關。革命政黨通過改革，一是彌補政治正當性流失問題，二是通過改革的利益化過程，來維持政治治理的需求。因此中國市場化的推行不能歸咎於一個全球化與新自由主義的「陰謀論」，而是有其複雜的歷史背景。

這10年來，政府憑藉著經濟、政治資源上的壟斷地位，全面壓抑社會自我組織的形成與發育，私人領域的基本權利也無法通過法律得到全面落實，反而讓人們看到一個新興威權國家的逐漸成形。它以利益化的政黨作為主體，眾多大中型國有企業作為資源控制者，不斷地擠壓民營企業生存空間，過度汲取社會資源。更讓人擔心的是，由於共產主義意識型態無法維繫，導致在革命倫理退潮之後，社會道德危機日益加重，政府儘管嚴格控制政治領域，但卻有意放鬆娛樂領域管制，鼓勵私人生活娛樂化，將公眾視為經濟動物，使其不斷地去政治化與利益化。

　　汪暉在兩年前看到了這股「去政治化」的趨勢，但為何最終會將執政黨看作是「再政治化」的實踐者與希望所托，這背後的邏輯耐人尋味。他不斷地提醒我們，要當心全球市場化帶來的利益集團化，卻忽視了一個基本事實，那就是中國市場化的過程，基本是通過政黨利益化來綁架國家的邏輯。政府權力與國際資本之間進行合作，製造出大量權貴性質的利益集團，反過來又抑制各種政治組織成長。而汪暉之所以最後要對執政黨投懷送抱，而不對新興社會組織的政治潛力著一言一詞，恐怕追根溯源，還是與他對「政治」和「社會」的看法密切相關。

　　如果注意到汪暉早年所寫的文章——〈當代中國的思想狀況與現代性問題〉與稍後的〈1989和「新自由主義」的歷史根源〉，我們可以看到，當年汪暉在總結20世紀1980年代的中國改革經驗時，認為1980年代的改革開放，無論是農村的「承包責任制」，還是城市裡的市場化改革，或是中央與地方之間的「放權讓利」，最初只是一場對於壟斷性社會主義制度的改革。在這個過程中，由國家主導的市場化與私有化帶來了新的不平等關係，知識分子非但沒有意識到這場改革中的「新自由主義意識型態」，反而形成某種「共謀」關係。在汪暉看來，1989年的社會運動其實是一場利用社會主義的平等觀來批判市場化不平等結果的「社會保護運動」。

　　他認為，這場社會運動屬於另外一條「社會主義傳統」，即「在國家壟斷和市場擴張中發展起來的社會保護運動，它以反對壟斷和要求社會民主為特徵」。在20世紀1990年代，無論是汪暉對晚清的歷史研究還是對當代問題的分析，他基本利用的是國家／社會的架構，首先他否認自由主義經濟學理論中的市場自發秩序無論在西方還是中國歷史中曾經存在過；反過來他也會批判，在這個改革過程中，新自由主義知識分子試圖用一套市場化的意識型態重新塑造國

家，最終使得國家與利益集團共同壟斷社會資源，造成更大的政治、經濟與文化領域的不平等關係。

在當年自由主義與新左派的論戰中，表面上的分歧是平等與自由的價值衝突，但許多問題並未得到有效展開。當時如汪暉等人，認為晚清以來的中國社會轉型，從未逃離過國家的參與和主導。而且自由主義者所鋪陳的那套以資本主義市場為基礎的市民社會理論，最終只會導致利益集團主導國家機器，導致「民主」的喪失。而在當時，大多自由主義者都會援引東歐經驗，認為市場社會的興起，會有利於一個對抗國家的新的社會基礎的培育，而以一種市民社會與國家的二元論來發展相關的政治論述。

在那場論戰之後，這10年間，汪暉一方面在其著作《現代中國思想的興起》中試圖重新發掘出中國近代從帝國轉化成現代民族國家的特殊歷史經驗，而且還試圖從理論上來說明，中國的這種特殊發展路徑不同於西方現代民族國家，是對西方普遍主義民族國家理論的挑戰。

這裡並不想具體討論這種中國的特殊性本身是否能獨成一套發展模式，而是指出，正是在反對全球市場化和反對西方新自由主義論述的旗幟下，汪暉試圖在一種前市場化（反市場化）的視野裡重新理解這30年來的改革經驗，這也構成了他重新理解當代中國政治的基本前提，其本質是想對市場化塑造「前市場化國家」這個歷史過程進行批判。

對市場化與經濟社會的反對，在西方思想史上不算陌生，而且還自成一條思想史的脈絡。黑格爾曾將市民社會視為一個不自足的經濟領域，最終要由倫理性國家進行救濟。但是從洛克開始，自由主義就發展出一條試圖以經濟性格的社會秩序來取代政治秩序的思路，這個思路經過18世紀的古典經濟學家發展，在19世紀發展出一

股強烈的以社會取代政治的思潮。20世紀的集權國家則試圖通過摧毀各種行會、公司等組織，最終將社會整合進以國家為核心的政治秩序之中。正是在這樣的思想背景下，我們方可理解，為何在20世紀極權主義運動失敗之後，米塞斯、哈耶克的「社會自發秩序觀」會得到普遍性的接受。

如果今天回顧1990年代大陸所爆發關於市民社會與公共領域的論爭，當時最早的一批市民社會論者，的確曾有用在市場化過程中成長起來的市民社會「倒逼」國家的政治路線圖。他們廣泛引用東歐社會轉型經驗作為佐證，認為一個獨立的市民社會足以對抗國家的政治控制，這尤其以一批自由派經濟學最為典型。但是汪暉後來在其主編的《文化與公共性》中，不僅對「市民社會」這一概念進行批判，而且認為以「公共領域」與「公共性」作為特徵的媒體，同樣也面臨被利益化的危險，成為利益集團的代言工具。它們不僅容易受國家、政黨政治的利益擺布，而且還會因為商業利益而與大眾文化結盟，反過來又主導大眾文化趣味。

因此，汪暉既反對自由主義的市民社會論述，也不信任代表公共領域的輿論，甚至對市場中的「大眾」都不抱好感，認為他們與工棚裡的工人不同，是被商業機制塑造的人群。在2006年，他發表了一篇〈改制與中國工人階級的歷史命運：江蘇通裕集團公司改制的調查報告〉，在這篇關於當下改制的個案研究中，汪暉不僅延續了早期對市場化改革的批判，而且認為在全球化的條件下，這種市場化最終剝奪了工人的權利，形成了政治與社會的不平等。因此他呼籲，工人階級必須聯合起來，形成一股獨立的政治力量。他在文章結尾處意味深長的寫道：「以剝奪工人階級的基本權利為前提的這一所謂『市民社會』只能是新型社會專制的歷史基礎。在原先的社會主義國家，經過革命後的社會改造，工人階級的地位有了大幅

度提高；通過把這個階層重新打入『弱勢群體』來營造所謂『市民社會』或『中產階級』的方式，等同於在對這個階級實行專政的前提下進行社會改造，其殘酷性是令人深思的。」

在這裡我們或可感覺到汪暉對由市場化塑造的國家形態的失望，他認為「市民社會」的興起同時伴隨著是工人階級地位的淪落，這是在對工人階級進行專政。在1990年代，他對市場社會塑造國家表示擔憂，認為這是對社會主義傳統的破壞。而到今日，他已認為國家的利益化過程基本宣告完成，而唯一可能指望的政治實體只能是有待重新啟動「政治性」的執政黨。

我們或可發現，汪暉關於政黨與國家的分析與列寧的政黨理論更具有親和性。列寧曾經在〈我們的綱領〉中清晰地表達了無產階級政黨與德國社會民主黨之間的差異，認為無產階級政黨的最終任務就是奪取政權和組織社會主義社會，政黨代表著革命運動的全部利益。列寧在1917年發表的《國家與革命》，則繼續介紹了馬克思的國家學說以及無產階級在革命中的使命，儘管列寧本人並未涉及到一個逐漸利益化的政黨與國家的關係問題，但是列寧清楚闡明了革命政黨的任務，就是用革命奪取國家權力，從而實現無產階級對資產階級的專政。

從這個角度看，汪暉的政黨主權論以及普遍利益代表論實際上就是列寧式政黨理論的翻版，因為只有代表「平等」價值的無產階級政黨才能代表一種普遍的利益與政治同意，而今天要讓無產階級成為獨立的政治力量，唯有讓那個逐漸利益化的「前社會主義政黨」重新「政治化」，才能實現真正的民主。正是在這樣的思路下，汪暉似乎只能將希望寄託在中國前市場化時期的「社會主義政黨」的政治遺產，同時又為了與改革開放後的利益化政黨進行切割，於是將國家與政黨悄悄地進行分離，從而最終公開為執政黨背書。

　　這一態度的背後所反映出來的是，汪暉儘管對今日執政黨的利益化趨勢表示懷疑，但是他從未質疑過這種革命化的「政黨—國家」體制，即讓某一個代表普遍的政治平等價值的政黨來駕馭國家，以「平等」的價值來塑造社會結構與人際關係，消除利益集團帶來的不平等關係。而這種種經驗，可以在20世紀中國革命的實踐過程中清楚地看到。

　　這裡有必要提請讀者注意的是，在《現代中國思想的興起》一書中，從中國思想史的脈絡來看，可以發現汪暉更傾向於一條從章太炎到魯迅的思想進路[1]。

　　關於如何將現有的「利益化政黨」重新政治化的問題，汪暉有意地將「文化」問題引入對政治的討論中。他在《中國社會科學》2009年第4期上發表了〈文化與政治的變奏：戰爭、革命與1910年代的「思想戰」〉，重新將五四的文化運動與政治之間的關係進行一次闡釋。他的政治方案其實已經在該文中得到比較清楚的表達，最終要依靠文化來啟動政治，也就是要發動一場新的文化運動，塑造

---

[1]　關於汪暉思想中的「政治存在論」特色，或許需要另外一篇文章才能論述清楚。筆者的初步看法是，汪暉的思想中其實隱藏著一股「政治存在論」的潛流。他雖然不像基督教、佛教或啟蒙思想那樣去正視人性論問題，但他其實在政治與社會批判中透露這樣一種傾向，那就是在政治的平等價值背後，其實還有這樣一層意思，即「平等的價值是通過徹底地根除虛偽和奴隸道德為前提」的人性假設，而且按照他的看法，政治與文化、價值有著密切的相關性。他儘管一方面以政治來界定人與人之間的關係，認為政治本質上是一場人與人的權力鬥爭，這種鬥爭無法消除，也不應被消除。但這背後還存在這麼一層意思，那就是因為人性中的「虛偽與奴隸道德」的存在，導致了政治的開展必須要從人性的「覺悟」角度出發方可理解，方可實踐。進而甚者，他認為這種人性的覺悟論並不是純粹的哲學思辨，而是要在歷史與社會中具體展開。

出新的政治運動主體。這種「文化政治」的看法，顯然已經與葛蘭西的文化霸權論十分接近了。

　　但是值得注意的是，這種在文化運動中形成的「先鋒隊」，勢必要與前面所提及的「政黨─國家」體制結合在一起。其最終的意圖，不是尋求一個多元化的社會結構與文化價值，而是要依靠在新的文化政治運動中形成的「先鋒隊」去掌握文化領導權，進而掌握國家機器和政治領導權，由此完成對「政黨─國家」、社會以及個人的全面改造。

國家的神聖化或權力化？

　　近年來大陸一些西方哲學研究背景的學者，逐漸轉向「國家主義思潮」，這一思潮的內容大抵包含文化上的保守主義、國家的權力主義等思想傾向。不過要了解這種國家主義思潮，卻不能單單只從政治的角度去理解。事實上它背後的思想源流相當複雜，需要仔細梳理才可能了解其中的邏輯所在。

　　國家主義思潮對於中國人而言，是一個久違的詞語。熟悉現代思想史的人會了解，民國時期，國家主義曾經紅極一時。如1920年代的中國青年黨成員曾琦、李璜等人都是著名的國家主義派。他們大抵認為國家不是一個歷史範疇，而是自然生成的，不僅僅是一種制度，而且還是一種最高意志的體現。往後看，知識分子中推崇國家主義的也不鮮見，比如以林同濟、雷海宗為代表的「戰國策派」以及張君勱所代表的「國家社會主義派」。這種認同當然是與列強環伺，民族危亡的歷史背景密切相關。但除卻這種政治現實的考慮外，他們還會將民族國家視為一種帶有超越性格的共同體，因此國家不僅具有政治管理的功能，而且還具一種神秘化的精神特質，國

民身處其中，不僅可以保存一己之身，進行各種政治、社會活動，
而且還能獲得存在的意義。

　　1949年後，無產階級專政國家成為暴力機器，革命倫理依靠偉
大領袖的卡理斯瑪魅力來提供，同時共產主義的末世烏托邦也賦予
了人民群眾在歷史中的生存價值。國家在這個階段，主要充當的是
工具性的暴力機關。（當然黨內政治路線也十分複雜，文革發動也與
毛澤東反對無產階級專政國家演變為理性官僚機器有思想上的關
係。）直到上世紀1980年代，中國的知識分子受改革開放所賜，美風
歐雨洗刷之下，頓感與西方文明隔絕之久，危機感油然而生，出現
了流行一時的《河殤》這種反省東方文明的紀錄片。當時的知識分
子普遍奉西方文明為圭臬，痛責中國傳統文化的缺陷，基本屬於一
種先進文明／後進文明的比較框架。不過80年代其實還孕育了另外
一條思想脈絡，那就是以反思西方文明與技術世界的反現代性思想
脈絡，如對海德格爾、薩特、尼采等哲學家的引介。

　　這條反現代性思想脈絡的出現，自然是與當時許多知識分子的
切身體會有關。1980年代的商業化氛圍讓許多人深感「拜物教」的
危機，甘陽就曾這麼描述當時的感受：「商品化社會由於瓦解了傳
統社會而必然造成了『神聖感的消逝』，從而幾乎必然導致人（尤其
是敏感的知識分子）的無根感，無意義感，尤其商品化社會幾乎無可
避免的『商品拜物教』和『物化』現象及其意識以及『大眾文化』
的氾濫，更使知識分子強烈地感到在現代社會中精神生活的沉淪，
價值基礎的崩潰。」

　　正是在這樣的氛圍下，才爆發了1990年代關於「人文精神」的
大討論，對於世俗化與物質化的憂慮已成為知識分子的一種普遍共
識。但是當時這種反思僅僅在哲學與文化層面，法蘭克福學派、後
現代主義思潮成為批判現代文明最時髦的理論武器。不過隨著中國

經濟上的繼續發展，世俗化程度的日益加深，這種價值與信仰空洞化越加深重，也給知識分子帶來道德上的危機。同時還有市場化帶來的傳統社會關係的瓦解、農村的空心化、城市單位制的崩潰，使得往日看上去溫情脈脈的人際關係被市場化的利益關係所吞沒，社會倫理受到極大挑戰。

政治儒學在此時應運而生，蔣慶等人以儒家倫理不僅作爲修身的道德要求，而且還試圖將這一套價值標準推到政治領域，成爲政治神學。不過這種傾向一直未獲得普遍接受，直到近年來「國學文化熱」興起，這套「政治儒學」重新受到部分知識分子的青睞。

這種保守思潮的出現，從個人角度出發，是知識分子對於個人存在意義的追問，即以什麼樣的道德標準自處；而從社會與政治的角度看，則牽涉到一個更爲複雜的問題，那就是作爲現代民族國家，要以怎樣的文化與倫理價值來作整合？從政治層面看，現代民族國家該如何維持自身的統一性和穩定性？從文化層面看，中國文化到底是什麼？我們要以怎樣的文化獨特性來與西方文明作出區分？從價值層面看，一個逐漸富強和現代化的國家，會不會陷入現代技術世界所導致的那種韋伯式的「理性的鐵籠」？

正是在這些問題的關照下，國家本位思潮才逐漸在部分知識分子中間彌漫開，而這種思潮大抵可分爲兩種論述進路：1.從個人道德和社會整合的角度出發，強調國家在個人與社會的倫理生活中扮演重要角色，普遍反對西方現代民主，其政治方案往往是舉行類國教式的儒家思想推廣活動，強調精英知識分子在這種政教一體的機制中扮演重要的角色；2.以施米特式的國家—政治觀與精英主義的取向，強調秩序的重要性，並且以霍布斯的利維坦式國家作爲對社會無政府狀態的解決方案，害怕所謂「多數民眾的暴力」與政治的無序化，強調國家強權主義以統合政治。

　　這兩種類型只是粗略的區分。在實際的論述中，許多知識人可能同時具有當中的某一種或某幾種傾向。但是他們的普遍特徵是擁有精英主義立場，強調國家在倫理上和政治上的合理性，基本對「社會民主運動」了無興趣，甚至是敵對的態度。

　　以蔣慶為例，他比較密切地將儒家文化與政治哲學結合在一起進行論說。他對儒家文化特殊性的強調，來源於對儒家「王道政治」的認同。他宣稱，這種政治觀同時容納了「天道、歷史與民意」這三重合法性資源，要遠勝於西方現代性的民主合法性資源。而他的具體政治設想，是想用「通儒」作為神聖性資源的代表，以「通儒院」、「庶民院」以及「國體院」作為議會政治的結構。

　　蔣慶的深層意味是想將現代語境下的政治合法性問題重新神秘化和等級化，以文化等級來塑造政治結構，而其最終訴求，是要通過尊儒，來恢復一種傳統的政教關係，即「政統」與「道統」並立的傳統。蔣慶眼裡的國家，既受到「國教」的約束，又要扶持「國教」。這種對國家的想像，是從一種一元化的儒家倫理出發，個人與社會的文化只不過是國教由上向下推廣的結果而已。個人與社會沒有文化上的自由選擇權，也就意味著，蔣慶的這種政治儒學論，雖然會有所謂的道統去約束國家，但是這一道統卻又要靠國家去強制推廣。這無疑形成了一個弔詭：知識分子要依靠國家來推行一種約束國家本身的「道統」。

　　另一位著名學者甘陽，其思想演變之劇烈，也為人所嘆服。熟悉大陸當代思想接受史的人都會知道，劉小楓與甘陽在斯特勞斯與施密特學說引進過程中發揮了重要作用。劉小楓從個人的救贖走向政治神學，有其內在的脈絡，但是他本人少有對政治現實的直接論述，故我們很難從字裡行間對其作準確地解讀。相比之下，甘陽的論述更為直接，或許更具代表性。

作為1980年代就已成名的公共知識分子，甘陽的思想中其實一直蘊藏著幾股不同的思想脈絡。比如在1980年代，他就曾表達過他思想中的「兩面作戰」心態：「就中國目前的狀況而言，問題的全部複雜性就在於，一方面，現代社會的正面價值(自由，民主，法制)還遠遠沒有真正落實，而另一方面，現代社會的負面價值(拜金主義，大眾文化)卻已經日益強烈地感受到了。一個知識分子生存在這夾縫之中，真有無逃於天地之感！當代中國知識分子在今後將不得不採取一種『兩面作戰』的態度，原因也就在此。」

不論1980年代，就算到今天，這種心態未免不是許多知識分子的普遍體驗，甚至可以說，正是類似這種粗略但明晰的二分法，構成了當代中國知識分子發展思想路徑的重要問題意識與動力。但從反現代性的進路開始，甘陽近年來越來越強調對美國模式的質疑，對西方文明的失望，轉過頭來肯定「社會主義傳統」、「傳統文化」，甚至提出了融合改革、社會主義和傳統文明的「通三統」的新政治構想。

在這種試圖容納這三種異質性的歷史經驗背景下，可以看到近年來許多知識分子可以同時肯定社會主義遺產與儒家文明，認為這二者可以並行不悖，甚至甘陽在〈中國道路：三十年與六十年〉中提出「儒家社會主義共和國」的具體定義。

假如不從政治上的個人動機去揣測，甘陽的這種思想推演邏輯自然順暢無誤。畢竟要同時兼具這三種美好的政治理想與價值，筆者也難以設計出更好的政治方案。不過這種政治規劃為何無法凝聚大眾共識呢？為何甘陽所肯定的「和諧社會論」等「新改革共識」，在許多知識分子那裡看來是荒謬的觀點？

首先要談為何甘陽要以國家作為倫理、政治、經濟的統一體，這種一元化的思想根源到底是什麼？甘陽曾自承心慕梁啟超的文化

民族主義，或許他也受梁啓超所接受的德國有機體國家主義思潮影響。這一思潮的思想史線索相當龐雜，無法在這裡細述，但可略談幾筆。

基爾克（Otto Gierke）曾分析過中世紀的「組織」觀念，認爲當時對社會組織的了解都來自於一個對「單一整體」的理解，也即是說人類全體本身是一個有機體，社會組織爲其四肢手足。這種觀念，與聖經《使徒傳》中將世界看作一個聖靈體有密切相關。這種觀念雖經過現代演變，經過黑格爾、費希特的發展，國家成爲一種帶有倫理意味的、有生命力的最高位階的共同體，但這種國家主義的背後，其實不脫一種西方古典共同體思想的現代復活版。

甘陽文章中所透露出的那種「知識分子鄉愁」，如對鄉村社會人情的肯定，如對毛澤東時代平等價值的懷念，以及對儒家文化的信仰，筆者不敢輕言廢之。但是這背後卻涉及到如何認識今日之國家，今日之執政黨的本質問題。任何「鄉愁」，都無助於我們的理性分析。

以這30年的改革經驗爲例，市場化改革帶來的最大變化，就是社會結構的重組。一方面農村捲入到全國性、甚至全球性的市場過程中，導致大量農村人口外流。原來以宗族、生產隊、鄉鄰爲基本結構的鄉村關係開始瓦解，越來越空洞化，導致農村人際關係也迅速地利益化與「碎片化」。農村青壯年只是偶爾留駐農村，大部分時間都是流入到城市，與農村之間形成了一種「候鳥式」的關係。而在城市裡，老的國有大中型企業的破產與轉制以及新興市場化使得過去依靠「單位」的人際關係，變成了一種流動性高的利益化的人際關係。因此在改革30年之後，我們自然會發現，中國式市場化改革最初是放鬆對社會的管制，讓社會在市場化的前提下進行瓦解和重組，但是在這個過程中，個人以及人際關係必然面臨重新尋找

意義和認同的問題。

從社會角度來看，近年來大陸的確出現一股社會自我組織化的整合衝動，無論是民營企業，還是各種NGO組織，以及民間的各種志願性或日常性團體，都代表著對原子化個人現狀的應對。但是國家卻突然發現，一個還未重新組織化的社會有利於管制，於是在經濟領域，不斷推進「國退民進」的政策，掠奪社會資源；在社會組織層面，嚴格控制新興社會團體的組織化與各種活動；在教育層面，一方面繼續加強意識型態教育，一方面用利益要挾的方式控制教育機構，迫使教育工作者嚴格按照意識型態的規定來進行教育。

從本質上看，今日的執政黨(以政黨綁架國家)，乃是一個革命政黨蛻化後的利益化政黨，在治理技術上它借用了西方官僚理性的管理術，縱容私人生活，嚴格控制公共生活，在道德與文化上沒有任何「文明」(無論是傳統的還是西方的)的自我期許。這種極度關注「技術統治」的思維方式，或許可以理解為西方現代技術文明與中國法家理想的「雜交」結果。

事實上，甘陽非常肯定現代國家的作用，他引用福山的研究，強調國家在組織社會過程、秩序管制方面的作用，並且認為國家職能的缺失，會導致社會無序化，進入無政府狀態。而在對國家肯認的前提下，甘陽開始了他改造國家的思路。最近，甘陽在中山大學推行其通識教育課程，從教育本身來看，這種努力無可非議。但是甘陽對教育的重視，其實還是可以歸結到他的政治理念上。只不過這條道路，是想以某種古典的「教化」入手，試圖教育出一批有「中國文明自我期許」的政治精英。

但在這種總體性力量下，我們可以發現，甘陽所構建的那套「通三統」實際上是無源之水，它沒有任何現實的社會基礎，也缺乏社會新興組織的支持。他對儒家文化的嚮往，也只不過是對西方文明

的一種盲目反動。最後或許只能如許多國家主義者那樣，幻想以哲學王的姿態去拯救「僭主」，去完成偉大的政治構想。這讓人聯想起海德格爾曾被質詢的那句名言：「君從敘拉古來？」

　　如果說甘陽這類知識分子雖被權力迷惑，尚有某種書生式的「哲學與倫理」的自我期許，那麼另外一部分以施密特的政治哲學作為指導的知識分子，則展現出一種「危險的心靈」。他們強調權力的意志決斷性，以敵我二分的政治觀作為前提，對大眾社會的輕蔑，展現出一種赤裸裸的權力哲學。

　　例如北大法學院的強世功曾在〈烏克蘭憲政危機與政治決斷〉中認為，烏克蘭的憲政危機不能運用民主協商的方式，而是要採用暴力的方式去保衛權力和秩序，任何對執政權力的威脅都要運用「你死我活的」敵對邏輯。而且他甚至在〈國家主席：三位一體憲政體制的創立與完善〉中，將某種集中黨權、軍權和國權的獨裁制看作是一種權力集中的理想狀態。

　　這裡並不想詳述強世功等人的思路，但是這一類鼓吹獨裁與「國家權力化」的知識分子，往往會更關注秩序和權力，甚於關注政治正當性問題。這本身是現代西方政治思想史中一個糾纏不清的問題，但是可以指出的是，施密特所強調的「非常狀態」與霍布斯的「自然狀態」，都是在一個現代政治正當性與超越性分離後的背景下所提出的核心問題，本身可以從學理上認真探討。但是在具體的政治實踐裡，這種對於非常狀態與自然狀態的恐懼，是否成為當權者恐嚇大眾的幌子，或者是否成為知識分子的某種害怕社會無序的妄想症，知識分子本身理應有更深刻的反省與檢討。否則最終只能落入因怕社會無序而保守，又因保守而罔顧基本政治倫理的虛無主義狀態中。

　　正是這種心靈的無序化和倫理的虛無化，才導致了近年來知識

分子普遍國家主義化的結果。當現代的道德資源不足以整合社會權威時，有的知識分子開始驚慌失措，認為去神聖化的國家與社會無法保持統一，秩序岌岌可危，於是拼命地製造出各種政治神學，一方面在文化上賦予本民族文化一種獨特性甚至優越性，另一方面則試圖將民族國家這個現代產物給予神秘化，形成某種大眾性的國家崇拜；另外一部分知識分子無意進行這種前現代色彩的神聖化，而是直接從霍布斯的利維坦模式入手，以保障秩序為國家的最高目標，以無政府狀態作為人類社會的最恐怖場景，從而以某種赤裸裸的「力本論」作為政治秩序的保障。在這樣的思路指引下，國家的權力和秩序成為最高價值，任何反對力量，都變成國家的公敵。對於前者，我們從歷史中可以看到日本軍國主義與德國法西斯主義的前車之鑒；關於後者，當代的各種軍事政權正在如火如荼地演出各種戲碼。

結論

　　這十餘年來，由於中國在經濟上的發展和國際政治上的嶄露頭角，暗示了晚清以來的富國強兵理想得到部分實現，但是這個變化的代價是一個全面利益化的政治與社會結構的形成。從個人角度出發，人際關係開始疏離，道德信仰迷失；從社會角度看，雖然企業仍然在成長，但也面臨「國進民退」的危機；農村由於城鄉的流動開始空心化，城市的新興社會組織和團體由於政治上的控制而無法形成，參與性的公民文化難以達成；從國家角度去看，則缺乏一種世界範圍內的自我文明期許，只是推行一種利益化的外交，無法在精神文化上與西方世界展開對話與論辯，而只是想單純地依靠利益博弈的方式來達成「大國理想」。

正是在這種歷史語境裡，左翼知識分子與文化、政治保守主義者試圖重新來對這樣一種新局面進行說明。汪暉等左翼知識分子緊扣中國革命傳統，在政治價值上，以「平等」作為主軸；在制度上，以列寧式的「政黨－國家」體制作為制度藍本；在政治方案上，想利用新的文化運動啟動政治，掌握未來的文化領導權，最終要麼讓現有的政黨重新「政治化」，要麼在新的歷史條件下通過文化運動塑造新的「文化與政治先鋒隊」。而文化保守主義與政治保守主義者則更多依賴現有國家權力，要麼想依靠國家推行一種準宗教，要麼培養出一批擁有「中國特色的文明期許」(可能是儒家、也可能是社會主義式，或是某種綜合)的精英來改造國家，要麼就是一種為現實政治辯護的國家主義。

從上可以看出，這些知識分子基本上以「國家」作為思考的重心，想通過改造國家或政黨實現各自的政治理想。這一傾向明顯與1990年代以「社會」為重心的思考取向大有不同。這也反映出部分自由主義者在1990年代所設想的以社會發展倒逼政治改革的路徑基本宣告失敗。一個利益化的總體性權力初步形成，而在這種籠罩性的力量下，左翼知識分子雖對現有政黨政治有所質疑，但是他們基本上仍然想接續革命的「政黨－國家」傳統，因此會繼續堅持以政黨代表國家權力的思路；文化保守主義者關注的則是社會與個人倫理的頹敗，想急切地依靠國家權力創造國教，以此解決社會與個人的意義危機與國家道德權威的雙重問題；而政治保守主義者則想通過某種方式介入國家的改造過程，使中國獲得某種不同於西方，而又能與西方平等對話的特殊文明角色。

這種高度關注國家的傾向，無疑折射出今日散沙化社會的無力局面，一種由下至上的社會政治改造方案由於國家力量的迅速崛起而中途夭折。在這樣的局面下，過去10年來民間積累的資源與社會

建設成果，將會在未來數年內被國家權力重新塑造與清洗。未來中
國面臨的，可能將會是一個徹底由個人面對國家的「後極權時代」。

　　成慶，華東師範大學歷史系博士生，研究領域為中國近代思想
史，同時也是大陸民間電子月刊《獨立閱讀》創辦人之一。

思想訪談

崛起中國的十字路口：
許紀霖先生訪談錄

陳宜中

　　許紀霖先生，浙江紹興人，1957年出生於上海。1975年中學畢業後，下鄉三年；1977年考入華東師範大學政治教育系，1982年留校任教。現為華東師範大學歷史學系特聘教授，思勉人文高等研究院常務副院長，兼任上海歷史學會副會長。深受1980年代新啟蒙運動影響，致力於中國現代化的歷史反思，以及中國現代思想文化和知識分子的研究。從「啟蒙的自我瓦解」探索1990年代以降中國思想界的分化，並積極介入當代思想論爭，為大陸著名的自由主義公共知識分子。著有《無窮的困惑》、《精神的煉獄》、《中國現代化史》（主編）、《中國知識分子十論》、《啟蒙的自我瓦解》（合著）、《近代中國知識分子的公共交往》（合著）、《大時代中的知識人》等。

　　此一訪談於2010年5月5日在台北進行，由陳宜中、王超華提問。經陳宜中編輯、校對後，由許紀霖先生修訂、確認。

一、1980年代的啟蒙及其分裂

　　王超華(以下簡稱「王」)：許先生，可否請您先談談您的成長背景？您是文革前哪一屆的？

　　許紀霖(以下簡稱「許」)：我是1957年出生，在上海長大。文革時我是小學生，紅小兵。1975年中學畢業後，下鄉三年，在上海市郊的東海農場。1978年作為文革後恢復高考的首屆大學生，考進了華東師範大學政治教育系。那時候很特殊，我本科四年畢業後，剛好缺青年教師，所以我就留校了，在任教的期間在職讀碩士研究生。

　　王：您上本科時，歲數算是比較小的。

　　許：我們班上，幾乎全都是「老三屆」，所以我是小字輩。班長與班裡年齡最小的相差15歲，他開玩笑地對他說：「我都可以把你生出來了」。我自己觀察，「老三屆」的話題總是繞不過文革。關於文革，有三個不同的年齡層，其區別在於康有為所說的「所經之事」、「所見之事」和「所聞之事」。對「老三屆」，文革是「所經之事」。對我這個紅小兵而言是「所見之事」，因為我沒有直接經歷，就算經歷也是很間接的。而對文革後的一代，文革則是「所聞之事」了。

　　我的人格，基本是在1970年代末1980年代初上大學的時候奠定的。文革和上山下鄉雖然經歷過，但畢竟經歷有限，沒有很直接的心理衝撞。我覺得跟「老三屆」相比，自己與1960年代出生的人更有親和性。

　　陳宜中(以下簡稱「陳」)：您最初做的是民主黨派研究，大學時代就對這題目感興趣？

許：純屬偶然。念大學時，自己亂看書。畢業留校之後，系裡要我跟著一個老師研究中國民主黨派。我對民主黨派本身沒什麼興趣，但發現那些民主黨派人士不得了，個個都是大知識分子；他們在20世紀前半葉的命運，與當代知識分子非常相似，在我的內心之中產生了強烈的共鳴。

我的第一篇稿，寫的是黃遠生。他是民國初年的名記者，袁世凱稱帝時要他幫忙造勢。他非常掙扎，寫完了又很後悔，因此後來寫了《懺悔錄》，懺悔自己的一生。我看了很有感受，就寫了一篇〈從中國的《懺悔錄》看知識分子的心態人格〉，投給了《讀書》雜誌。當時王焱是《讀書》的編輯部主任，竟然把我這個無名之輩的處女作發了出來，給我很大的鼓勵。從此一發而不可收，我寫了二、三十篇現代中國知識分子個案研究的文章。

許多朋友至今還對我說，我的文章裡面，還是那些個案做得最好。可能還真是這樣。那些個案我稱之為「心態史研究」，最近正在思考如何把「心態史研究」提升為「精神史研究」，也就是從個案出發，提煉出整個知識分子群體的精神，就像以賽亞・柏林和別爾嘉耶夫對俄國知識分子的研究。

王：您為何認為大學的經歷是最重要的？是有哪些特別印象？

許：1980年代大學的氛圍，與現在完全不一樣。當時私人空間很少，連談戀愛都很拘束，與女同學稍為接觸多一點，支部書記就會來干預。但是1980年代校園的公共生活非常活躍：競選人大代表、模擬審判、討論國家大事、上街遊行⋯⋯，熱鬧極了。1980年代有一種後文革的氛圍，文革中的紅衛兵精神轉化為一種「後理想主義」，從「奉旨造反」轉向追求改革，追求自由和開放。1980年代是一個充滿了激情的年代，大視野、大思路、大氣魄，這些都是1980年代人的精神特徵。這種1980年代精神對我影響很深。可以說我是

一個「80年代之子」，至今的思考、寫作依然保持著80年代的風格。

19世紀的俄國知識分子有父與子兩代人。父親一代是貴族知識分子，比如赫爾岑、屠格涅夫，既有懷疑精神也有理性精神，有內涵而沒有力量，沉思太多，行動猶豫。兒子一代比如車爾尼雪夫斯基是平民知識分子，他們的信念很簡單，為一個簡單的主義奮鬥，非常有行動力；但他們有力量而沒有內涵，堅信與其坐而思，不如起而行。當代中國兩代知識分子似乎剛好倒過來。像我們這些80年代人是不可救藥的理想主義者，輕信而行動力強；我們都是行動主義者，總是要有一個信念，都喜歡大問題，具有實踐性，而這恐怕都與文革的紅衛兵精神有關。而1990年代之後成長起來的年輕一代，比如我的學生一代，書讀得比我多，但很多都像俄國父親那代，常常有一種無力感；他們在虛無主義的環境中生長，經常懷疑行動的功效與意義，成為遊移不定的「多餘的人」。

陳：您怎麼看1980年代跟文革的關係？

許：像我們這些1980年代人，總是從大處著眼，總是在思考「中國往何處去」的大問題，胸懷責任感，而且有所行動。1980年代不過是文革年代的世俗版。如果我們把毛澤東時代看作一種紅色宗教，類似革命烏托邦的宗教時代，具有一種神聖性，那麼1980年代不過是這神聖性的世俗版。80年代去掉了毛的神聖性，但重新賦予啟蒙、現代化以某種神魅性。中國真正的世俗化要到1990年代之後才完全展開。在中國，1960-70年代生的人還多少受到1980年代的精神洗禮；但「八十後」一代則完全在1990年代之後的世俗化環境下成長起來，在文化性格上是全新的一代人，與1980年代開始格格不入。這個新，一個是世俗化，另一個就是虛無主義。

陳：您如何看待1980年代的新啟蒙運動，以及1990年代以後的變化？

許：傅柯講過，啓蒙是一種態度。1980年代的啓蒙，按照汪暉對五四運動的說法，擁有「態度的同一性」。在1980年代，大家對現代性的想像是同一的，這可以用帕森斯關於現代性的三條鐵律來形容：個人主義、市場經濟與民主政治。這就是新的現代性烏托邦，80年代的啓蒙陣營是建立在這種共同的現代性想像基礎上的。

改革開放以後的中國思想界，可以分爲1980年代、1990年代與2000年以來三個階段。80年代是「啓蒙時代」；1990年代是「啓蒙後時代」，即所謂later enlightenment；而2000年以來則是「後啓蒙時代」，這個「後」是post的意思。1980年代之所以是啓蒙時代，乃是有兩場運動：1980年代初的思想解放運動與中後期的「文化熱」，現在被理解爲繼五四以後的「新啓蒙運動」。新啓蒙運動與五四一樣，謳歌人的理性，高揚人的解放，激烈地批判傳統，擁抱西方的現代性。它具備啓蒙時代一切的特徵，充滿著激情、理想與理性，當然也充滿了各種各樣的緊張性。

到1990年代，進入了「啓蒙後時代」，或者叫「啓蒙後期」。80年代啓蒙陣營所形成的「態度的同一性」，在市場社會出現之後，逐漸發生了分化，分裂爲各種各樣的「主義」：文化保守主義、新古典自由主義、新左派等等。啓蒙是一個文化現象，最初是非政治的；啓蒙運動的內部混沌一片，包涵著各種主義的元素。歐洲的啓蒙運動發生在18世紀，也是到19世紀經濟高速增長、階級分化的時候，出現了政治上的自由主義、社會主義與保守主義的分化。不過，1990年代的許多基本命題依然是啓蒙的延續，依然是一個「啓蒙後時代」。

但是2000年以來，情況發生了很大變化。之所以稱之爲「後啓蒙時代」，這個post的意思是說：在很多人看來啓蒙已經過時了，一個新時代已經來臨。

陳：關於啓蒙，在六四之前，就已經有了些不同的意見，像是
李澤厚等人認爲不需要再談啓蒙了，但王元化仍主張要談。

許：實際上1989年王元化先生談啓蒙的變與不變，所針對的是
林毓生先生。那時候林先生已經看到了啓蒙的負面，但國內學者還
是認爲啓蒙是好的。當時他們不贊成林毓生對全盤反傳統的分析。
一直到1990年代初以後，大家才開始反思，才開始注意到啓蒙的負
面性。這反思是跟六四有關係的。

陳：林毓生先生所講的創造性轉化，今天有不少人覺得太西化
了。但是在1980年代，他的觀點卻被認爲是太反啓蒙、太反五四、
對中國的文化傳統太友善。您怎麼理解這個反差？

許：在1980年代的文化熱中，那些高調反傳統的，對傳統缺乏
最基本的了解；而且醉翁之意不在酒，通過批傳統來批現實中的政
治專制主義，就像文革的時候「批林批孔」也是借批孔而打林一樣。
但是，1980年代老一代的中國文化書院派，像湯一介、龐樸等人，
對中國傳統文化是有同情性了解的。他們是一批釋古派，通過重新
解釋傳統，將傳統與現代化結合起來。他們成爲1990年代初文化保
守主義思潮的先聲。

儘管1990年代出現了文化保守主義，但是他們仍在啓蒙陣營的
裡面。他們追求現代性這點是不變的，只是要爲普遍現代性在中國
找到它的特殊表現，即以儒家爲代表的、具有中國特殊性的現代性
道路。1990年代的文化保守主義，是承認普世現代性的；這與近十
年出現的以狂批普遍主義爲前提的「中國模式」論、「中國道路」
論、「中國特殊」論是很不一樣的。

陳：1990年代初的文化保守主義，一開始是想把文化保守主義
或儒家文化跟政治現代性扣起來。但是今天有不少文化民族主義
者，卻已經不那麼想了。

許：1990年代的保守主義是溫和的，基本是文化保守主義。余英時認為儒教分兩部分：政治儒教已經不適應民主政治，過時了；但心性儒家還有其存在的意義。1990年代初的文化保守主義是想把心性儒家與民主政治接軌，即所謂的「老內聖」如何開出「新外王」。

然而，新儒家中的蔣慶是個極端的個案。他從一開始感興趣的就是政治儒學，不是心性修養的宋明理學，而是漢代董仲舒那套政治意識型態。而且還像康有為那樣，企圖以儒教立國，要通過國家的行政力量，將讀經列入學校的必修課程。至於出版經書的巨額利潤，都要歸他領導的儒教學會！他是文化保守主義轉化為政治保守主義的一個例子。

王：您如何評估1980年代的精神遺產？今天一些學術思想的領頭人都是1980年代的人，但各自的立場卻很不一樣。

許：1980年代所留下的，總體來說當然是個啟蒙的遺產。這對我們這代人而言，是個精神性上很核心的東西。研究現代中國思想的繞不開五四，而討論當代中國問題的也同樣繞不開1980年代。現在有一個說法，叫做漫長的1980年代和短暫的1990年代。所謂漫長的1980年代，是因為80年代從1978年中共11屆三中全會開始，一直持續到1992年。而1990年代從1992年開始，是個過渡的時代。到1990年代末自由主義與新左派論戰落幕、啟蒙陣營徹底分化，1990年代也結束了。

陳：1989年是個分水嶺嗎？

許：1989年當然很重要，但要看從哪個角度。從世俗化的角度說，1992年比1989年更重要。以思想界來說，1989-92年是中國知識分子的精神彷徨期，是1980年代通向1990年代的歷史橋樑。1992年鄧小平南巡，市場經濟在中國全面出現之後，中國整個都變了。整個知識界也開始分化。在1980年代，啟蒙是非常混沌的，還沒有被

主義化，它仍是一種態度。1990年代中期以降，可以看到各路人馬已經開始主義化，打什麼旗子都已經很清楚了。無論是新左派還是自由主義，逐漸在自由、公正、民主這些議題上，形成自己明確的理論立場。這就是我稱為1990年代中期「啟蒙的分裂」。

　　陳：您曾經分析過1990年代中後期自由主義與新左派的論爭，特別是兩造的自由觀、公正觀、民主觀。如今，您怎麼看？

　　許：我認為，自由主義與新左派的論戰，從理論角度而言，是新左派大勝，自由派大敗。為什麼這樣說？汪暉如今已經國際化了，國外都想聽聽來自中國的不同聲音。但自由派至今沒有建構出一套完整的全球化時代中國問題的說法。當然，這其中有很大的競爭不平等，因為在中國的輿論環境下，新左派的聲音基本可以暢行無阻。你看看，「烏有之鄉」網站多麼囂張，至今活得好好的；而自由派的網站一個個被查禁，已經所剩無幾。新左派的聲音在中國「政治正確」，可以無限放大。尤其是這十年新左派向右轉之後，更是如此，可以刊登在《中國社會科學》這些主流體制的權威刊物上。

　　10年來，自由派的言論空間被大大壓縮，憲政民主不准提，社會民主主義也不能講。於是自由派主動放棄了理論戰場，降一個層面，換一個戰場，轉移到公共媒體去爭取「微觀維權」。不與論敵在大的問題上糾纏，而是針對具體的、特殊的微觀事件，點點滴滴爭取人權。有點像胡適提倡的「少談些主義，多談些問題」。這樣的策略改變，一方面使得公共媒體的自由派聲音占壓倒性優勢，另一方面也使得在宏觀理論上自由派更加蒼白。

　　王：您意思是說整個自由派都是一樣嗎？

　　許：原來思想界的啟蒙知識分子，許多都轉移到公共媒體。不過，除了秦暉、于建嶸、孫立平等個別幾位，大部分人的傳媒影響力也已經減弱了。因為新崛起一批傳媒的意見領袖，比如韓寒、梁

文道等，他們雖然不是學院中人，但更年輕，更熟悉媒體和網路的
話語風格，其輿論影響力已經大大超過原來的啟蒙知識分子。

二、富強的崛起還是文明的崛起？

陳：您最近寫了兩篇文章，從「文明崛起」的視野，質疑種種
主流的「中國崛起」言說之不足。您最主要的問題意識是什麼？

許：中國的崛起，今天已經成為一個公認的事實。但是，我們
要追問的是：中國的崛起，是什麼意義上的崛起？是富強的崛起，
還是文明的崛起？我的看法是：30年來的中國，僅僅實現了富強的
崛起，還沒有實現文明的崛起。「富強的崛起」只是以GDP為核心
的一組統計資料，所謂民富國強，是綜合國力的展現；而「文明的
崛起」則是一種普世價值與制度體系，是人類歷史演化中新的生存
方式和意義系統的誕生。中國在歷史上是一個文明大國，按照雅斯
貝爾斯的觀點，儒家文明與猶太教－基督教文明、古希臘－羅馬文
明、伊斯蘭教文明、印度教－佛教文明一起，是影響至今的人類軸
心文明。儒家文明提供的價值典範在於：法家追求的富國強兵並非
正途，人類生活最重要的是保持天人之際、群己之際的和諧。國計
民生雖然重要，但並不具有終極的價值。人生的意義在於成德成仁；
統治者施行仁政，民眾安貧樂道，維持身心平衡的禮治秩序；最後
實現天下歸仁的大同理想。

儒家文明通過中華帝國的朝貢體系，在東亞地區曾經建立過長
達千年的統治，那的確是一種以天下主義為核心的文明霸權。中華
文明在18世紀到達巔峰，以至於貢德‧弗蘭克在《白銀資本》一書
中，將1400-1800年的現代化早期視為「亞洲時代」。 在歐洲工業
革命興起之前，已經出現了全球經濟體系，但它的中心不在歐洲，

而在亞洲；中國與印度是全球經濟的中心，也是世界文明的中心。
然而進入19世紀之後，隨著歐洲的強勁崛起，中國文明逐漸衰敗。
老大帝國先是敗於歐洲列強，然後不敵過去的學生、因「脫亞入歐」
而變得強盛的近鄰日本。中國人痛定思痛，放下重義輕利的儒家文
明，開始追求西洋式的強國崛起。

　　早在晚清，嚴復、梁啓超這些中國知識分子就已經發現：近代
西方崛起的背後，隱藏著兩個秘密，一個是富強，另一個是文明。
富強是軀體，文明是靈魂。富強與文明，哪個目標更重要呢？在落
後就要挨打的亡國滅種危機面前，文明的目標、自由民主的理想不
是不重要，但比較起富強，顯然可以緩一步進行；當務所急乃是儘
快實現富國強兵，以自己的實力爭得世界上的生存地位。因此，在
長達一個半世紀的強國夢之中，富強壓倒文明始終是中國的主旋
律。從晚清到民國，從毛澤東時代到改革開放30年，雖然文明夢的
內涵與時俱變，但富強的目標始終一以貫之。

　　即使在毛澤東時代，意識型態掛帥，寧要社會主義的草，不要
資本主義的苗；但打造社會主義強國，依然是繼續革命的中心目標。
毛澤東求強心切，發動「趕超英美」的大躍進，試圖以非現代的方
式建立現代強國。進入改革開放年代，鄧小平先是「讓一部分人先
富起來」，隨後認定「發展是硬道理」；人民富裕、國家強盛，成
爲社會上下共同的追求目標，發展主義成爲超越各種主義紛爭的國
家主導思想，而消費主義又是百姓日常生活的意識型態。發展主義
的國家戰略與消費主義的民衆意識上下合流，其背後共用的世俗目
標，便是與價值、倫理與文明無關的富強。以尋求富強爲中心，30
年的改革開放成就了三千年未有之大變局：中國的崛起。

　　富強與文明是近代西方崛起的兩大秘密。中國在追求現代化過
程當中，暫時捨棄了文明，全付精力攻富強，不惜一切代價學西方，

追求「富強的崛起」。路易士‧哈茨在爲史華慈的《尋求富強：嚴復與西方》一書所作的序言中，不無感慨地指出：嚴復站在尙未經歷現代化的中國文化立場，一下子就發現了西方思想家未曾意識到的19世紀歐洲崛起的秘密；他在英國古典自由主義敘述的背後，讀出了「集體的能力」這一西方得以富強的主題。從19世紀末到21世紀初，幾代中國人追尋強國夢。在何種文明問題上，幾度搖擺——最初英美，又是法蘭西，隨後蘇俄，最後回到英美——至今爭論不休。但在富強這一關節點上，卻前仆後繼，綱舉目張。富強這門課是殘酷的，學生先是被老師棒喝毆打，打醒之後一招一式模仿老師。經過一個半世紀的苦練，終於到了學生可以向老師叫板、師生平起平坐的時刻。假如像雅克《當中國統治世界》所預言的那樣，2050年真的實現了「東風壓倒西風」，這究竟是中國的勝利，還是西方式富強的勝利？西方人屆時會否像當年被滿清征服的漢人那樣驕傲地回答：是的，是輪到你們東方人再次成爲世界的統治者，不過這次你們卻在精神上墮入了我們西方精神的俘虜，是我們讓你們從野蠻走向了文明。——哦不，從你們東方文明的視角來看，應該是從文明走向了野蠻！

　　一個可欲的現代性既包含物質文明（富強），也內含精神文明（價值）。一部近代西方的現代化歷史，也是道德與生存、啓蒙價值與國家理性內在衝突、相互鬥爭的過程。從19世紀到20世紀上半葉，在西方歷史內部曾經出現過物質主義與國家理性攜手、走向全球野蠻擴張的文明歧路。這種以富強爲核心的現代性，也預設了對人性的獨特理解，不過那僅僅是霍布斯意義上追求自我保存、自我利益最大化的「生物人」。這種失去宗教與道德價值約束的現代性，無異於一種野蠻的現代性，或者說「反文明的文明」。假如沒有文明法則的制衡，聽憑現代性內部富強的單向膨脹，往往會墮於腐敗、

冷酷與野蠻。二次世界大戰的爆發就與文明內部的這種殘缺性有關。

今日的中國人，比這個時代的西方人更像19世紀的西方人，表現出歐洲早期工業化時代欲望強烈、生機勃勃、冷酷無情、迷信物質力量的布爾喬亞精神。當世之國人，與儒家文明薰陶下的老祖宗比較，在精神上恍若異種。在富強這張臉譜上，中國已經步入「現代」，而「現代」的代價卻是「中國」的失落──不是國家主權意義上、而是文明主體意義上的中國。

陳：您所謂「文明主體意義上的中國」，具體包括了哪些維度？

許：富強與文明都是現代性的內在要素。所謂富強，包含三個層面：首先是器物的現代化；其次是國民精神的提升；第三個旨在實現韋伯意義上的社會－經濟機器的合理化。而文明則是一種特定的價值目標和烏托邦理想，比如自由、民主、平等、公正等等，這些都是現代文明的普世價值。富強是世俗的訴求，而文明內含了倫理、道德的價值理想。

在歐洲的現代性歷史過程之中，富強與文明是同時展開的兩面。富強為現代性提供了物質生產與制度合理化的基礎，使得人類在短短的幾個世紀之內，能夠創造出比過去所有歷史的總和都要大得多的物質財富。文明則為現代性提供了精神與制度的價值與意義，並以此發展出現代的心靈秩序與政治秩序。缺乏富強的現代性仰仗各種現代神話，其實是一種虛弱的、貧乏的宗教／道德烏托邦，而沒有文明的現代性則是可怕的、具有內在破壞力的蠻力。富強與文明，是現代性不可缺少的兩面；它們滿足了人性深處世俗欲望與精神超越兩個矛盾性的追求，是心靈秩序中神魔二元性在社會秩序中的現實展現。

雖然每個時代都有其野蠻性，並非自現代性而始；然而，現代性一方面是物質和科技的進步登峰造極，另一面卻是野蠻的空前（未

必)絕後。文明提供的技術手段使得暴力和殺人更加科學化和理性化，電影《阿凡達》中最令人震撼的鏡頭，就是自然的原始部落與武裝到牙齒的現代人的對抗。現代性承認了人性的世俗欲望無限膨脹的正當性，而當今世界各種利益政治的鬥爭，最終乃是人性中的欲望衝突。霍布斯對現代人性的認識雖然冷酷，卻是一針見血：貪婪和虛妄。人類的虛妄發展到現代，莫過於此。當各種超越世界（上帝、天命、自然、道德形而上學）崩潰之後，各種人造的崇拜物、拯救世界的意識型態充斥人間，並且都以某種貌似崇高的名義施行暴力。現代性的野蠻性不是一種外在之物，而就內在於現代人的心靈之中，它成為現代烏托邦的內在一部分。暴力不僅施行於人的肉體，而且摧殘人的靈魂；前者比較容易察覺，而柔性的強制性力量——通常表現為流行的意識型態話語——作為傅柯所說的話語權力卻無所不在。現代文明的野蠻，說到底，乃是一種心魔。與野蠻的搏鬥，是現代文明內部的戰鬥，是一場人性的自我搏殺。無論歷史如何進步，道高一尺，魔高一丈；與心魔的鬥爭，是一場人類永恆的戰爭。

　　陳：若說野蠻就內在於現代性，內在於現代文明，那麼，「文明主體意義上的中國」或「普世意義上的文明中國」如何超越這種困境？

　　許：當代中國的發展，創造了30年迅速崛起的奇蹟，但現代性的負面景觀都在中國集中地體現。如今這個全球化的現代性非常短視，非常自私；現代人為現世享樂主義激勵，不相信來世，不恐懼地獄，也不追求天堂，要的只是自己看得見的欲望滿足。古代人、中世紀人對自然與上帝有敬畏之心，生活有節制。現代人活得太囂張，肆無忌憚。地球總有一天會毀於人類自身，可能就是一次漫不經心的偶然失誤。古老的瑪雅文明曾經預言2012年是世界與人類的末日。世界末日也好，最後的審判也好，抑或彌賽亞時刻也好，都

有一個對現世有所制約的神聖(或恐怖)的終端,讓人懂得審慎、畏懼和有敬仰之心。然而,現代人,特別是缺乏信仰的中國人,如今天不怕、地不怕。無論是體現國家意志的奧運會,世博會倒數計時,還是個人生存意志所期待的買車、買房、晉升的幸福倒數計時,都是不具超越性的「世俗時刻」。一旦來臨,即陷入虛無。人們在縱欲與虛無之間無限迴圈,生死輪回,永無盡頭。這,難道就是現代中國人的宿命?

現代性靠什麼與內在的野蠻性作戰?現代性一方面滋生著不斷變種的野蠻流感,同時也不斷生產著對它們的抗體。從現代性的歷史來看,自由、民主、法治、平等各種價值以及相應的社會政治建制,還有人類幾千年的人文與宗教傳統,都是制約現代性負面的有效因素。文明之所以依然給我們希望,啓蒙之所以沒有死亡,源遠流長的人文與宗教傳統之所以仍有意義,乃是建立在這種現代性抗體的自我生產機制之上的。按照歷史的辯證法,野蠻的流感讓文明產生抗體,但同時也不斷對抗體作出反應,產生新的流感病菌。如同加繆所說,鼠疫是不可能終極地戰勝的,因爲鼠疫在人心之中。但人之偉大,乃是有一種西西弗斯的精神,與之不斷的抗爭。對於人類文明的前景,我們應該抱有一種審慎的樂觀或有節制的悲觀態度。

三、國家理性的限度

陳:您所謂「富強的崛起」,近10年來激發出某些心態狹隘的強國主義、愛國主義、國家主義、或國族主義,就連赤裸裸的帝國主義、殖民主義、沙文主義也開始甚囂塵上。您呼籲重建「文明主體意義上的中國」、「普世意義上的文明中國」,希望中國能夠「文

明崛起」，跟這個發展趨勢有關嗎？

　　許：自從1999年中國駐南斯拉夫使館被炸，到08年的奧運火炬傳遞事件，中國民間出現了一股強烈的民族主義狂飆。民族主義狂飆是一個內部非常複雜的思潮和運動，有文化認同的需求，也有中國崛起的訴求。而國家主義是民族主義思潮之中比較右翼的極端形式。民族主義追求民族國家的崛起，這無可非議。但國家主義主張以國家為中心，以國家的強盛作為現代性的核心目標。雖然民族國家的建立也是啟蒙的主題之一，但啟蒙的核心不是國家，而是人，是人的自由與解放。如今這股國家主義思潮則把國家作為自身的目的。隨著「中國崛起」呼聲的日益強烈，國家的確成為這幾年中國思想界的核心。

　　王曉明2008年在《天涯》第6期上反思汶川地震的文章，有一個敏銳的觀察。他發現，1980年代啟蒙運動的時候，大家都在談「人」，關鍵字是「個人」；1990年代隨著階級的產生和分化，核心詞變為「階層」；這幾年則轉移到了「國家」。那麼，國家與啟蒙究竟是什麼樣的關係？從各種宗教、家庭和地緣共同體中解放出來的個人，與現民族國家的關係如何？在傳統自由主義理論之中，國家理論比較薄弱。特別是當代中國的自由主義，由於過於迷信國家只是實現個人權利的工具，缺乏對國家的整體論述。於是，在自由主義缺席的領域，國家主義乘虛而入，這幾年的卡爾・施米特熱、馬基雅維里熱、霍布斯熱，都與中國思想界的「國家饑渴症」有關，構成了對啟蒙的挑戰。面對國家主義掀起的「中國崛起」的狂飆，自由主義有自己的國家理論嗎？

　　去年我訪問巴黎，在榮軍院大教堂拿破崙墓面前，感到極大的震撼。巴黎的兩所世俗化聖地，先賢祠與榮軍院大教堂，象徵著法國革命所建立的兩種正當性。埋葬在先賢祠的伏爾泰、盧梭、左拉、

雨果等啓蒙知識分子，奠定了自由平等博愛的觀念正當性；但近代的法蘭西還有沉睡在榮軍院裡面的拿破崙所代表的另一種正當性，那就是以國家榮耀爲最高追求的帝國正當性。

自由主義繼承的是先賢祠的啓蒙傳統，而中國左派經常批評榮軍院的西方帝國本質。實際上，現代西方正是有這兩張面孔：啓蒙與國家、文明與帝國。而且，對於大國來說，民族國家與帝國之夢又難以分離。

今天中國的自由主義者追求的是現代國家的啓蒙正當性，而國家主義者要的卻是帝國的正當性。《中國不高興》的作者們說穿了就是想重溫帝國的舊夢。不過，他們提出的問題也具有一定的挑戰性：在這個帝國爭霸的世界裡面，難道中國可以只要王道（自由民主）而捨棄霸道（強國夢）嗎？如果可以的話，我們又該如何回應國家建構這另一種正當性呢？

現代法治國是一種現代的帝國，但對內與對外是有區別的。在晚清思想家中，以鼓吹「金鐵主義」而聞名一時的楊度就注意到：「中國今日所遇之國爲文明國，中國今日所處之世界爲野蠻之世界」。因爲西方文明國家內外政策之矛盾，「今日有文明國而無文明世界，今世各國對於內皆是文明，對於外皆野蠻，對於內惟理是言，對於外惟力是視。故其國而言之，則文明之國也；自世界而言之，則野蠻之世界也。何以見之？則即其國內法、國際法之區別而可以見之」。誠如楊度已經發現的那樣，西方對內文明，對外野蠻。至少在殖民時代是如此，前幾年小布希又試圖重溫帝國舊夢。西方的兩張面孔「啓蒙」與「戰爭」如影如隨，西方來到東方，用野蠻推銷文明，以文明實施野蠻。

自由派與新左派都將西方單一化了，新左派只看到帝國主義的嘴臉，而自由派則缺乏沃勒斯坦那樣的世界體系視野，從國家關係

的外部考察西方法治國的帝國面相。今天我們之所以對西方有如此
多的分歧和爭論，與這兩歧性有關。這兩歧性之間的內在關聯，正
是需要說清楚的薄弱環節。

　　陳：聽您這麼說，您心目中的「文明主體意義上的中國」、「普
世意義上的文明中國」，既不等於所謂的「全盤西化」，也不是靠
「逢西必反」來建立中國的文明主體性、普世文明性。

　　許：前不久我讀了一些日本思想家丸山真男、竹內好、子安宣
邦和酒井直樹的論著，感覺今天中國正在重複當年日本的心路歷
程。日本脫亞入歐，試圖抵抗西方的帝國主義，「超克」西方的近
代化，結果卻是以最西方的方式（帝國夢）跌入了反抗的對象。通過
抵抗西方而實現自我認同，使得日本作為一個主體，變成一個曖昧
模糊的抽象物。只有明確的反抗客體，卻沒有主體的抵抗。——這
與今天中國的那些「不高興」派何其相似！

　　戰後，日本重新回到西方軌道，左派們對這種喪失了日本主體
性的近代化失望，於是轉向對中國革命有所嚮往。在他們的想像之
中，中國革命是超越了西方的東方主體性的革命。今天中國的左派
們不幸得多，他們既不像戰後的日本左派，也不像五四時期的李大
釗、陳獨秀，有一個社會主義的東方可以模仿，只能借助於中國自
身的「社會主義新傳統」。但那段歷史記憶遠遠沒有得到清算，仍
然是一片灰暗。

　　對於西方的兩張面孔，中國的自由派與新左派各自抱住了大象
的一條腿，自由派看到了天使，新左派發現的是魔鬼。而真正的西
方是複雜的，既是天使又是魔鬼。天使與魔鬼，你中有我，我中有
你。國家與人性其實也差不多，存在著一個內部的緊張。

　　在近代歐洲人裡面，一直有一種民族國家與帝國世界的緊張
性。拿破崙帶著法典、指揮千軍萬馬，以普世文明的名義掃蕩歐洲。

在法蘭西榮耀背後，其實有一個基督教普世王國的夢想。只不過，那一古老的宗教夢想到19世紀世俗化為以啟蒙為旗幟的利益擴張，一種新的十字軍東征。西方人以近代民族國家為基地，但只要有機會，不會放棄源於羅馬帝國和基督教傳統的世界主義夢想，而以啟蒙為象徵的世俗文明價值正是其正當性所在。

再說英國的成功和德、法的失敗。英國繼承的是羅馬帝國的統治傳統，只改變殖民地的上層結構，而保留其自身的風俗和文化傳統；而拿破崙的大陸法典過於深入社會，它要改變的，乃是整個社會結構乃至文化，因此早早碰壁。文化價值和宗教價值是最碰不得的東西，真正的反抗都是來自自身的文化價值解體，認同感的失落，而不在乎是否異族統治。在中國兩千年歷史當中，異族統治至少有三分之一的歷史；但中國還是中國，因為文化是中國的，所以世界依然是天下的，天下即中國，而不是別的。

問題在於，晚清以後天下變了，文化變了，而不是僅僅被新的異族征服了。這是真正的恐懼和失落。新建立來的民族國家具有近代國家的一切形式特徵，唯獨缺乏自身獨特的文明和價值。那些核心的東西是人家的，是異族的——這是動盪至今的所謂的「主體性」危機所在。毛澤東時代一度以為找到了中國的文明，又很快被證明是虛幻的烏托邦。潘維擔心即使中國崛起了，主導價值觀還是西方的，原因就在這裡。他與甘陽都注意到了文明國家比民族國家更重要，話語權比經濟實力更有力，但這兩位老兄所幻想的中國價值，依然是一個虛幻而空洞的種族性的「我們」。

陳：您關於「國家」的說法，似乎帶有某種張力。您說，自由主義的國家觀點或理論有所欠缺，只看內政而不重國際；新左派的反西帝論調則只重國際間的野蠻鬥爭，而不見文明。您強調野蠻與文明之間、或者說霸道與王道之間的緊張關係。一方面，您希望以

文明制約野蠻；另一方面，您吸收了部分國家主義的要素，不諱言文明需要以實力作為後盾。於是，好像折衷或調和出了某種「文明國家」甚至「文明帝國」的想像？這個思路似乎不太容易討好，因為有些人可能會覺得您對國家主義的讓步太多，還在強國夢的言說裡面打轉；而另一些人則可能覺得您太把普世文明當回事了，等到中國強大起來，自稱是普世文明不就是普世文明了，又何必去吸納自由平等那些所謂的啟蒙理性？

許：自從1990年代中期的自由主義與新左派大論戰之後，我本人似乎陷入了一種蝙蝠的命運：哺乳動物與鳥類開會都不接納它。同樣，自由派與新左派兩邊都不認我，不把我看作是同路人。這與我的左翼自由主義立場有關。無論是自由主義、社群主義，還是左派和國家派，我都懷有一份同情性的了解，但又保持著距離。這不是鄉愿，而是有我獨特的思考。儒家講「中道」，中道不是鄉愿，而是避免極端，取對立雙方各自的合理性，棄其過猶不及的成分。

陳：在您看來，「國家理性」的合理性及限度何在？

許：是國家富強重要，還是文明的建設更重要？這個問題，從晚清的梁啟超、嚴復、楊度、孫中山，一直到當代中國的知識分子，一直都有非常激烈的爭論。晚期的中國所面對的是一個列強競爭的世界，同時又是一個西方文明征服了東方的現實。於是，中國知識分子在追求國家富強的時候，又把成為西方那樣的文明國家作為自己的目標。那麼，在功利的國家富強與普世的文明價值之間，如何處理這二者的關係？何者處於優先性的地位？楊度在發現了西方對內對外兩重性之後，在文明與富強的關係上，採取了一種二元論的立場：前者是善惡的問題，後者是優劣的問題。為了與諸文明強國對抗，楊度提出了文明和野蠻(強權)的雙重對策：「中國所遇者為文明國，則不文明不足與彼對立，中國所居者為野蠻之世界，不野

蠻則不足以圖生存」。這有點像毛澤東的「以革命的兩手對付反革命的兩手」。我未必贊同這種國家關係中的霸道邏輯，但作為一種現代主義的觀察，不能不承認楊度要比今人深刻得多。

在這個問題的背後，是兩種理性的衝撞。在歐洲現代性的歷史過程之中，發展出兩種不同的理性傳統：啟蒙理性和國家理性。啟蒙理性的道德價值落實在個人的自由與解放。而國家理性按照梅尼克的分析，從馬基雅維里開始，國家作為一個有機的個體，它像人一樣具有自身的生存發展的理由，為了這一目的可以不惜一切手段。國家理性預設了國家主權的自主性，近代的國家主權因為超越了古希臘羅馬的德性倫理和中世紀的上帝意志，在英法最初所憑藉的是啟蒙理性的自然法傳統；但到了19世紀，德國歷史主義狂潮興起，普世的自然法傳統被判為虛妄，國家理性之上不再有任何普遍性的道德倫理羈絆，權勢成為其唯一的目的，國家成為超道德的利維坦。國家理性的正當性不再是超越的宗教或道德形而上學，而是所謂的國家與國民的同一性。國家掙脫了來自超越世界的普世性規則，它成為它自身，其正當性來自人民的授權，這種授權或者是君主制的代表（公共利益），或者是民主制的週期性的選舉授權。國家自身有其存在、發展的理由，其理由便是公共福祉。國家一旦獲得了自主性，具有了最高主權的形式，便不再有外在的道德規範，其內在的權勢如同惡魔一樣便自我繁殖，向外擴張。

梅尼克在《馬基雅維里主義》一書注意到，霍布斯的國家具有自我解體的可能性；因其自我中心主義和利己主義，無論有多麼理性，都無法產生一種將自利的、分散的個人凝聚起來的社會紐帶。某種更高的道德與思想價值必須添加到國家理性之中，於是有了德國的黑格爾主義，以歷史主義目的論的論證，賦予國家以最高的善。

歐洲有兩種國家理論：第一，從斯多葛學派到基督教的自然法

體系，塑造了理性主義的國家。在17世紀，自然法的價值不再來自
於自然與天國，開始從人的自然權利解釋國家存在的理由。第二，
從馬基雅維里開始的現實主義國家，國家本身是一個集體人格，並
非個人利益的總和，國家有其自身的存在理由。理性主義的國家與
現實主義國家(個人與國家)之間的裂痕，霍布斯是一種解決方案，
其核心是功利主義的。到盧梭那裡，其公共意志的思想讓國家獲得
現代的神學政治形式，而試圖將二者最後調和起來的，是黑格爾。

可以說，英國的功利主義政治來到德國，演化為帶有神秘主義
性質的神學政治。黑格爾的世界精神需要在歷史中逐步展現，它需
要一個像國家那樣的權勢作為主宰人類生活的載體。但手段成為了
目的本身，世界精神只是國家權勢的道德表述。國家理性獲得了一
種偉大的道德尊嚴。這種自我道德正當化的國家理性，比較起霍布
斯世俗主義的國家理性，具有更大的破壞性。這也正是為什麼德國
可以從國民國家一體化的國家主義，走向民粹運動的法西斯主義。
國家主義可以不必魔化，但法西斯主義一定需要國家的自我魔化。

陳：國家主義可以不必魔化，而應該文明化，這是您的看法嗎？

許：國家理性是現代性的內在的一部分，在一個世俗化的時代，
國家理性是不可避免的合理性，它是現代的必要之惡，但需要有駕
馭惡的文明力量。糾纏梅尼克一生的問題，便是國家理性中的道德
與權勢之爭。近代德國的一部思想史，從最初的浪漫主義、歷史主
義，走向價值虛無的國家主義，最後生出法西斯主義的怪物。晚年
的梅尼克撰寫《德國的浩劫》，思考的是如何遏制國家理性內部的
權勢擴張。作為一個歷史主義的大家，他沒有回到普世的啟蒙理性，
而是從18世紀德國早期現代性中的古典人文主義(康德、歌德、席勒
與赫爾德)那裡尋求德意志民族獨特的道德價值。用今天的說法，如
何為國家建構奠定一個文明基礎？

　　陳：相對於梅尼克，您似乎既強調以儒家為代表的中國古典人文主義，也看重普世的啟蒙理性。您不全盤反對國家理性，肯定其現代性，但主張從古典人文主義與啟蒙理性吸納建設性的因素，以重建出「文明主體意義上的中國」、「普世意義上的文明中國」。這個觀察對嗎？

　　許：從歐洲近代思想、特別是德意志精神的演化史反觀當下，我們會發現當下中國與19、20世紀之交的德國具有某種相似性，那就是富強崛起之後向何處去？現代德國的悲劇性歷史留給人類的重大教訓，乃是提醒我們：假如國家理性缺乏啟蒙理性的導航和制約，任其自身發展，將會把民族拖下無底的深淵。

　　國家理性與啟蒙理性都是現代性的內在要求，國家理性與啟蒙理性各有其內在價值，並非目的與手段的關係。然而，要警惕的是國家理性借文明的名義擴張其權勢。問題在於：我們要的是什麼樣的國家理性？是「凡存在的都是合理的」、具有自我擴張性的國家理性，還是審慎的、有道德原則的國家理性？國家理性的正當性何在？是虛幻的國家／國民同一性，或者是施米特式的代表性民主威權，還是自由憲政體制所形成的國家意志？國家理性當然也可以是中國特色的，但在中國文明之中，有儒家的天下主義傳統，也有法家的窮兵黷武傳統。你的國家理性與誰調情，結局大不一樣——雖然打的都是「中國特色」牌。

　　任何一種理性或主義，本身具有內在的多歧性。真正的歷史罪孽是一種化學反應。單個主義很難說好壞，就看與誰聯姻。近朱者赤，近墨者黑。甘陽提出要「通三統」，這個提法本身不錯，問題在於過於籠統。「三統」中無論是中國文化傳統，還是毛澤東的社會主義傳統、西方的現代性傳統，都是內涵非常複雜、具有豐富多歧性的傳統，就看如何個「通法」。現代的國家理性，究竟是與現

代的啓蒙價值、儒家的人文傳統相結合，還是與毛澤東的集權體制或者法家的富國強兵同流合污？與其籠統地談「通三統」，不如深入一個層面，仔細地梳理「三統」之中不同的歷史遺產，各家各派拿出不同的組合方案，爲中國文明的重建展開一場思想的大論戰。

四、新中華帝國及其周邊

許：當中國崛起之後，她的歷史傳統、大國地位和與世界的緊密關係，決定了中國不會僅僅以民族國家，而是會以帝國的形式重新出現在世界。我這裡說的帝國，不是指帝國主義，而是中性意義上的，乃是指對周邊和世界具有某種支配力的國家。這裡就有兩個問題需要處理：第一，作爲新中華帝國，其背後憑藉的力量是什麼？第二，其如何處理與帝國內部和外部各種複雜的鄰居關係？

先談第一個問題。在國際稱霸史上，經濟實力當然很重要，但不是最重要的。佩里・安德森去年年末在清華大學演講，討論全球歷史中的霸權演變，指出要區別兩種不同的權力：支配權與霸權。支配權（domination）是一種通過強力（force）的權力，而霸權（hegemony）則是一種通過合意（consent）的權力。按照葛蘭西的經典定義，霸權的核心在於其意識型態的本質。霸權不僅建立在強力基礎上，而且也是建立在文化優勢之上的權力體系。霸權的真正內涵在於知識與道德的領導權，即所謂的話語權。在全球政治舞台上，一個國家假如只有經濟實力，只是一個GDP大國，它可以擁有支配權，但未必有讓其它國家心悅誠服的道德權威。唯有文明大國，擁有話語領導權或文明競爭力的大國，才有可能得到全世界的尊重。

近代全球的霸業史可以清晰地證明這一點。最早利用航海術進行全球探險與殖民擴張的是葡萄牙和西班牙，但它們之所以曇花一

現，不能成為穩定的世界霸主，個中原因乃是它們徒有擴張實力，而缺乏典範性的現代文明，最終難免被取代。英國在19世紀全球稱霸長達一個世紀之久，這個日不落帝國除了工業革命提供的強大經濟力，最重要的乃擁有近代資本主義文明的核心元素：古典自由主義理論及一整套社會經濟政治建制。到20世紀美國替代英國稱霸世界，也是同樣如此：領先全球的高科技、高等教育以及典範性的美國價值。這些文明典範伴隨著帝國的全球擴張，輸送到世界的每一個角落。

時殷弘曾經做過一個富有啟發性的研究，他借助喬治‧莫德爾斯基的世界政治大循環理論，發現近500年來，所有對世界領導者的挑戰無一不落入失敗者的行列。替代老霸主成就新一代霸業的國家，都是先前世界領導者的合作夥伴。比如17世紀取代葡萄牙的荷蘭、18、19世紀的英國和20世紀的美國。時殷弘提出的這一觀點，或許需要作個別的修正。問題不在於國家與國家之間的關係，而在於對普世文明的態度：凡欲挑戰全球核心價值的最終難免失敗，而順應普世文明又有所發展的，將有可能以新的文明領導世界，成為地球方舟的新一代掌舵人。

陳：您的意思是說，「文明崛起」得用加法而不是減法？

許：民族國家是個別的，它只有特殊性的文化，而文明國家是普世的，無論它用什麼樣的力（軍事力、金融力或經濟力）去領導世界，在實力背後還要有普世性的文明。在近代德語之中，文明（Zivilisation）意味著屬於全人類共同的價值或本質，而文化（Kultur）則強調民族之間的差異和族群特徵。文明的表現是全方位的，可以是物質、技術和制度，也可以是宗教或哲學，而文化一定是精神形態的。文化指的不是抽象的「人」的存在價值，而是某些特定的民族或族群所創造的價值。文化是特殊的，可以僅僅適合某個特定民

族、國家或地域的情形，而文明一定是超越個別性、地域性和民族性的限制，具有適合全人類的普世性價值。從軸心文明到現代文明的世界各種宗教與哲學，無不具有這種普世特徵。

陳：您不諱言崛起的中國將成為帝國，但您主張國家也好、中華帝國也好，都要有其文明性，而不能變成德國法西斯那種妖魔鬼怪。可是，所謂的「文明化使命」，不正是西帝、日帝發動帝國主義侵略行動時的主要藉口？「文明帝國」的所謂「王道」，跟「霸道」有何差異？這部分能請您再深入說明一下嗎？

許：的確，德國與日本當年擴張的時候，都打著文明的旗號。德國要重新塑造世界精神，日本則自以為「脫亞入歐」，以文明的名義侵略落後的、未開化的東亞國家。魔鬼的背後總是有某種神魅性，具有某種烏托邦的理想。問題在於，這是一種什麼樣的文明？是與文明主流價值相背離的，還是符合普世價值的主流文明的一部分？顯然，德國和日本的帝國理想，只是另類的、可怕的偽「王道」，是不具有普世性的、以壓抑「他者」為前提的霸道。

文明與文化不同。文明關心的是「什麼是好的」？而文化關注的則是「什麼是我們的」？文化只是為了把「我們」與「他者」區別開來，實現對「我們」的認同，解決自我的文化與歷史的根源感，回答我是誰？我們是誰？我們從哪裡來，又要到哪裡去？但文明不一樣，文明要從超越的視野——或者是自然、或者是上帝，或者是普遍的歷史——回答「什麼是好的」？這個「好」不僅對「我們」是好的，而且對「他們」也同樣是好的，是全人類普遍之好。在普世文明之中，沒有「我們」與「他者」之分，只有放之四海而皆準的人類價值。

中國的目標如果不是停留在民族國家的建構，而是重建一個對全球事務有重大影響的文明大國，那麼她的一言一行、所作所為就

必須以普世文明爲出發點，在全球對話之中有自己對普世文明的獨特理解。這一理解不是文化性的，不能用「這是中國的特殊國情」、「這是中國的主權，不容別人來說三道四」這類慣常語自我辯護，而是要用普遍的文明標準來說服世界，證明自己的合理性。

當代中國的一些國家主義者在乎的只是「我們」與「他者」的區別，只是一門心思考慮如何用「中國的」價值代替「好的」價值，以爲只要是「中國的」在價值上就一定是「好的」。這種自我封閉的「區別敵我論」並不能構成有效的價值正當性，因爲「我們的」價值無論在邏輯還是歷史當中，都無法推理出必定等同於「好的」和「可欲的」價值。中國作爲一個有世界影響的大國，所要重建的不是適合於一國一族的特殊文化，而是對人類具有普遍價值的文明。對中國「好的」價值，特別是涉及到基本人性的核心價值，也同樣應該對全人類有普遍之「好」。普世文明，不僅對「我們」而言是「好的」，而且對「他者」來說同樣也是有價值的。中國文明的普世性，只能建立在全人類的視野之上，而不是以中國特殊的價值與利益爲皈依。中國文明在歷史上曾經是天下主義，到了今天這個全球化時代，天下主義如何轉型爲與普世文明相結合的世界主義？這是一個文明大國的目標所在。

陳：近幾年來，有些國家主義者狂批所謂的「普世價值」。您怎麼看這些爭議？

許：在文明與文化的關係上，當代中國思想界有兩種極端的傾向。一種是原教旨自由主義者所主張的「普世價值論」，認爲中國的未來只有一條道路，那就是西方所代表的普世的現代化道路。另一種是國家主義者所持有的「文化相對論」，認爲各個民族與國家的現代化道路由於國情與文化不同，各有其價值所在，不同文化之間不可通約，不存在一個爲不同文化和民族所共用的普世文明。

　　原教旨自由主義視西方為文明的普世模式。這種黑格爾式的文明發展一元論將導致科耶夫所批評的並非美妙的「同質化的普遍國家」；不同民族的文化多樣性與豐富性將被這種同質化的一元文明所徹底摧毀。普世文明的確存在，但對此有兩種不同的理解。亨廷頓在《文明的衝突與世界秩序的重建》中，明確區分了兩種對普世文明的闡釋：一種是在意識型態冷戰或者二元式的「傳統與現代」分析框架之中，將普世文明解釋為以西方為典範的、值得各非西方國家共同仿效的文明。另外一種是在多元文明的理解框架之中，普世文明乃指各文明實體和文化共同體共同認可的某些公共價值，以及相互共用與重疊的那部分社會文化建制。

　　1990年代中期之前，當思想界還沉睡在冷戰思維和現代化模式之中時，西方中心主義的確主宰過中國人天真的心靈。近10年來，隨著「反思的現代性」思維崛起，普世文明的內涵發生了內在的轉變。西方與東方一樣，只是眾多特殊文明中的一種，所謂的普世文明正是各種特殊性文明中所共用的重合部分，是人類得以和平共處與健康發展的基本價值。普世文明不是一組固定不變的靜態要素，而是隨著時代的變遷與更多文明的介入，其內涵也處於不斷的再建構過程之中。普世文明既是動態的、歷史的，又並非邊界模糊、可任意解釋與發揮。當上帝和天命等各種超越世界解體之後，普世文明便擁有了深刻的啟蒙印記。文明是對人之所以為人的制度性守護，是對人性尊嚴所必須的自由平等的捍衛。這些已經被寫入聯合國一系列基本公約、並為大多數國家所簽訂認可的，已經成為人類的核心價值。

　　這種意義上的普世文明，是一種以文化多元主義為基礎的普世文明。文化多元主義與國家主義者所堅持的文化相對主義，有著非常重要的差別。文化多元主義承認不同的文化之間雖然有質的不

同，但彼此之間是可以相互理解的，並且在一些最重要的核心價值
上，有可能獲得共約性，比如自由、平等、博愛、公正、和諧等，
在當代社會便成為不同民族和文化共用的基本價值。只是在這些價
值之間何為優先，什麼最重要，不同的民族與國家可以有自己不同
的理解和選擇。但是文化相對主義就不同了，它頑固地堅持不同的
文化各有其獨特的價值標準，文化之間不存在可以共用的文明價
值，「我們的」價值就是「好的」價值。文化多元主義可以與普世
文明並存，但文化相對主義只能導致封閉的、狹隘的「中國特殊論」。
中國文化的確是特殊的，就像西方文化也是特殊的一樣，但中國文
化畢竟是偉大的軸心文明，特殊之中蘊涵著豐富的普遍性，蘊涵著
可以與人類其它文化分享的普世文明。時下的「中國特殊論」貌似
政治正確，卻將文明降低到文化的層次，大大矮化了中國文明，實
非中國之福音也。

　　陳：您怎麼看待西藏和新疆的問題？

　　許：作為新的中華帝國，有三個不同的地區不得不認真對待：
一個是在中華人民共和國主權實際統治區域內的新疆與西藏；第二
是「一個中國」內部的香港與台灣；第三是日本、朝鮮半島以及東
南亞這些近鄰。帝國最麻煩、最棘手的問題是：在一個多民族、多
族群、多政治實體的空間裡面，如何駕馭和保持自己的統治力？

　　西藏和新疆，牽涉到中國作為一個帝國是否會解體的問題。就
像晚清一樣，一旦中原政權衰弱，首先面對的還不是社會的壓力，
而是周邊要求獨立的問題，西藏、新疆、香港、台灣問題都會冒出
來。從歷史來看，它們都很邊陲，都是以依附性的方式投靠中原政
權。然而，自秦朝之後，中國又形成了大一統的文化傳統：分裂是
不好的，統一絕對是好的。一旦這些地方要鬧獨立，哪怕中原政權
已經實現了民主制，絕大多數漢人還是不同意讓西藏、新疆和台灣

分離出去。為了迎合選民的需要，民主政權同樣會採取強硬的手段，對付分裂主義者，以宣示主權，整合國民的意志。

　　在清末民國時期，中國出現的是屈辱性的民族主義。連中原都快保不住了，所以不太關心新疆、西藏這些地方。西藏在20世紀上半葉保持著長達半個世紀之久的事實獨立。然而未來的中國作為一個新的帝國，即使發生了內亂，也不會容許出現分裂。而且，越是內部混亂，越是需要一個民族的敵人，來宣示中央的力量。

　　陳：在大陸，談民族問題其實比談民主更為敏感，這是個先天的限制，以至於不同意官方政策的人，基本很難出聲。比方說，在台灣問題上，有些自由派主張聯邦制或邦聯制，但這是言論禁區，不許談。在西藏、新疆問題上，似乎更是如此。

　　許：自由派需要有一套自己的民族敘述，但現在自由派根本不注重這個問題。民族問題本身是敏感的，不管你的立場為何。不要以為靠一套民主的架構，就可解決所有問題。像西藏、新疆、台灣問題，如果自由派沒有一套自己論述的話，未來可能會成為孤家寡人，會被邊緣化。

　　陳：在西藏和新疆問題上，當局動員、利用漢族民族主義情緒，進一步強化其壓力維穩與經濟殖民的路線。任何對藏族、維族的處境還有些同情的人，似乎很容易就「被漢奸」、「被藏獨」、「被疆獨」，好像同情弱者就是主張分裂？那強者的責任呢？

　　許：中國現在對西藏和新疆問題的解決方式，主要是採取發展經濟、加強國家認同的方式。這只能解決一部分問題，還有一些更深層的問題解決不了，那就是文化認同和宗教認同問題。以西藏為例吧，西藏問題背後的核心是一個文化問題，即與伊斯蘭世界相似的傳統宗教與世俗化的衝突。解放以後，特別是改革開放這30年來，中央政府在西藏投入了大量的資金，給了西藏非常多的經濟援助，

鐵路也通了，商業也發達了，給藏民們帶來了與漢人一樣的世俗化
生活，使得過去政教合一、以藏傳佛教爲精神信仰核心的西藏社會
文化生活發生了很大的變化。這一世俗性的變化所引起的反彈以及
帶來的一系列問題，我發現研究得非常不夠。太多的輿論只是簡單
地停留在獨／統或人權的立場，而沒有從世俗化與超越世界失落這
個層面去思考西藏的問題。

　　簡單地說，西藏問題是一個現代性的內在困境。藏族要不要現
代化？當然要。墨西哥的詩人、諾貝爾文學獎獲得者帕斯說，現代
化是一個不可逃避的宿命。問題在於，在現代化過程之中，如何處
理超越世界的位置？作爲生活在高原地區的藏族，對待宗教信仰的
態度與漢人是不一樣的。漢族的宗教感不強，我們受到儒家文化的
影響，是以人文代宗教；雖然許多人相信佛教、道家以及外來的基
督教、天主教，但中國人對宗教的態度正如楊慶堃先生所研究的那
樣，採取的是一種非常功利和現實的神人互惠態度。到了近代以後，
科學主義、理性主義思潮湧進中國以後，中國人以爲科學、理性再
加人文，可以完全安頓人的靈魂，解決信仰世界的問題；甚至片面
理解馬克思的「宗教是人民的鴉片」，以爲世界上那些宗教信仰像
中國民間信仰一樣，都是愚昧的產物。殊不知在古代軸心文明之中，
除了中國文明和古希臘文明之外，其它文明都採取了宗教的形式。
猶太－基督教、伊斯蘭教和印度教－佛教，都是高級文明。歷史已
經證明，它們不會隨著現代性的到來而消解；在當今世界裡面，反
而以另外一種方式重新復興。哈貝馬斯說，今天是一個後世俗化社
會，這個「後」，指的就是在世俗化的同時所出現的宗教復興現象。

　　藏傳佛教作爲一種高級文明，這些年經過達賴喇嘛在全球的宣
傳，已經走出西藏，走出中國，成爲世界性的宗教。今天的西藏雖
然已經步入了世俗化，但對大部分藏人來說，宗教信仰依然是他們

靈魂的支柱，這是他們的歷史文化傳統和地理環境所決定的。今天
的漢人已經高度世俗化了，甚至比世界上其它民族都要世俗，相信
物欲主義和消費主義，把占有多少物質、擁有多少名牌，看作人生
快樂和人生成功的標誌。但我們切不要以為其它民族也會同樣這樣
理解人生，不要以為我們給西藏帶來了經濟的發展和物質的繁榮，
這也就是他們的「好」。不同文化傳統下對什麼是「好」、什麼是
好的人生、好的生活的理解是不一樣的。特別是高級宗教和高級文
明，尤其是軸心文明，其中內含的人生和宗教哲理，擁有對現代性
負面因素進行反思和批判的資源，尤其值得我們重視。丹尼爾‧貝
爾也好，史華慈也好，他們對當今世界所出現的物質救贖主義都深
懷憂慮，都從軸心時代的文明和宗教中尋求資源。

五、霍布斯式社會的憂慮

陳：談民族及周邊問題，肯定談不完。現在，可不可以把話題
轉到您目前特別關注的虛無主義、原子化個人的問題？

王：在1980年代，中國社會更有機一些。那為什麼後來會出現
原子化個人的問題呢？

陳：或是像您所說的自然狀態，霍布斯式的自然狀態。

王：這個問題在1990年代已經提出來了嗎？

許：關於社會秩序的重建，有兩種不同的方案：一種是洛克式
的，通過自主性的社會建立自由主義的公共秩序；另一種是霍布斯
式的，通過國家威權強有力的利維坦來維持社會的穩定。1980年代
到1990年代中國走的是洛克式的道路，鄧小平提出要建立「小政府
大社會」，1990年代初思想界開始積極討論市民社會的話題。然而，
近10年卻發生了逆轉，主流意識型態不再提「小政府大社會」，而

是「加強執政黨的執政能力」。黨與政府對經濟、社會、輿論更不
用說政治的控制力，大大強化了。

今天中國的社會政治秩序，可以這樣表述：一個自利性的、原
子式的個人主義社會，加上政治上的威權主義。當1980年代傳統社
會主義的「大我」烏托邦破滅之後，原子化的個人主義便洶湧而出，
但在1980年代，它與啟蒙主義的個人有著複雜的弔詭關係。一直到
1990年代市場化社會出現之後，原子化個人主義不僅具有了其社會
基礎，而且霍布斯式的占有性個人主義為其提供了理論的正當化。
同時，這一原子化的個人主義不是西方式的，而是社會主義以國家
威權主義的方式重新組織起來的。原子化的個人無法有效地組織市
民社會和公共領域，一個個原子化的個人面對整體化的國家；他們
在私人領域享受發財和消費的自由（雖然最終來說並未獲得法治秩
序上的安全感），在公共領域則成為缺乏權利與責任、既無宗教、也
無道德的個人。

當各種社會共同體持續失落，失去群的保護之後，個人只有孤
獨面對強勢的國家。霍布斯式威權主義的社會基礎，便是唯我式的
個人。這時的國家不再是大我，不具有任何價值的意義，而只是一
個工具性的存在，是各個分散的個人爭奪私人利益的場所，其與毛
澤東時代具有神聖意義的國家有著天壤之別。而唯我式的個人主義
社會，也需要一個強大的「利維坦」維持穩定與秩序，才不致陷於
「一切人反對一切人的戰爭」。麥克佛森分析說，占有性個人主義
是對人性的一種理解：個人在本質上是其人身和各種稟賦的占有
者，個人不是社會整體的組成部分，他只是一個自利的人，關切如
何合理地實現自我利益的最大化。人性本質上是貪婪的。而一切所
有物，包括人的能力，都是商品，其價值是在一個占有性的市場中
形成的，個人的價值取決於其在市場中的價格。霍布斯的理論，最

典型地體現了這種占有式的個人主義。因而，霍布斯需要一個絕對的主權者(利維坦)來維護占有性個人之間的公共秩序。

霍布斯式的威權主義，以自利性的個人主義社會爲前提。這套政治哲學以人性論爲依據，它說求生存是人的本性，保全性命是首要的自然權利。動物只對可窮盡的客體本身產生欲望，而人則本能地懷有無窮無盡的占有欲望。爲了避免自利性個人相互殘殺而同歸於盡，人們放棄自己的權利，將其交給主權者以維護社會秩序。但進入政治社會的公民並沒有改變自己的本性，而只是在法律範圍內通過理性實現他們私利的利己主義者。在法律範圍內，公民們可以在私人領域發財致富，主權者也有責任代表民生，保護公民們的私利。但公民們永遠不要指望與主權者分享政治的統治權，那是由絕對的主權者代表民眾所獨占的、不可分割的主權。在這樣一個利維坦的社會之中，沒有宗教，也沒有道德，更沒有社會；聯結人們相互關係的，只是利益。而市場與權力，成爲人們私人利益交易的媒介。

霍布斯式的威權主義與唯我的、占有性的個人主義，互爲前提，互相補充，成爲中國社會正在實踐的一種「現代性」類型。目前所謂的「剛性穩定」，便是建立在這一威權主義與原子化個人主義(我更願意稱之爲利己主義)的基礎之上。一旦國家權力發生危機，將會連鎖發生社會動亂，因爲社會缺乏金觀濤在超穩定結構理論中所分析過的「自組織系統」。

當前中國的社會一方面缺乏法治秩序中被正當化的合法組織；另一方面，原子化的個人爲了生存、安全和獲得更大利益的需求，又以各種各樣非法或者半合法的利益共同體聯合起來。如同中國古代社會那樣，沒有西方那樣的自治傳統，但從來不缺乏江湖社會。這種利益共同體通常是不穩定的，具有極大的顛覆性。一旦發生危

機，就是社會動亂。

　　陳：有些人可能會說，近年來隨著經濟的發展，一些新興的民間社會力也在萌芽成長的過程中，所以中國至少不完全是您所描述的霍布斯式狀態。

　　許：告別了毛澤東時代以後，我們試圖重建社會，而今天中國社會的確有了很大發展，比如NGO組織。但是為了維穩，政府最恐懼的就是有組織的活動。它不在乎你個人說了什麼話，但一旦公民形成了組織，就會被認為具有顛覆性。因此，我一再說：在當代中國，有市民而無市民社會，有公民而無公民組織。

　　我在法國演講時有學者反問我：難道現在這麼多的非政府組織，不算是社會組織嗎？我回答她說，不錯，今天中國的確有不少非政府組織，也有很多社會的小團體，但他們只是「原子化的分子」，彼此之間缺乏有機的聯繫，無法形成像東歐天鵝絨革命之前的「平行系統」。一旦政府失靈，這些「原子化的分子」無法站出來領導恢復秩序。2008年四川大地震，許多非政府組織到災區去救災，但發現自己的作用很小；因為當地並沒有非政府組織，他們無法進入當地社會。在中國，非政府組織形成不了有組織的網路，所以很難發揮作用。

　　王：您意思是說，「組織」應該要與「社會」有某種對應關係？「組織性」意味著某種「社會性」，才能發揮作用，有社會影響？

　　許：非政府組織本身是社會的一部分，但它們是否可以成為主宰社會的自主性力量，並與國家權力形成平行系統，要看它們之間是否可以形成一個整體的網絡，而不是一個個相互隔絕的分子。一個社會要有權威。在西方，這個權威過去是教會；在中國，則是士大夫。張灝說過，傳統中國有雙重權威：一個是皇權代表的正統，另一個是士大夫代表的道統。按照儒家的學說，道統還高於正統。

士大夫階級具有雙重性，他們既是帝國政治的一部份，又是道統的承載者，是具有某種自主性的。當舊王朝行將崩潰的時候，士大夫階級會出來，用他們的威望迅速地重建一個秩序。今天中國的問題恰恰在於：不再有這些可以平衡正統的道統力量。儘管有精英階層，但這些精英是分散的，商業精英、政治精英、知識精英，四分五裂，通通依附於政府，在政府的保護之下追逐自我的最大利益化。當今中國最令人憂慮之處，是只有權力，而沒有權威。人人都在爭權奪利，希望獲得更多的權力，卻缺乏德高望重的社會權威，缺乏與權力可以平衡乃至對抗的道德與社會權威。

　　陳：於是，形成惡性循環，整個社會被利維坦給綁票了？

　　王：那現在中國還有倫理秩序嗎？全部是霍布斯式的？

　　許：霍布斯的這套利維坦思想在西方沒有得到系統的實踐，但在今天中國卻被發揚光大了，再加上中國的外儒內法的歷史傳統。但是我們要看到，這種建立在利益基礎之上的威權政治無法實現長久的穩定，因為它缺乏正當性，不可能獲得公民普遍的、內在的價值認同。利維坦無法建立起一個道德秩序，因此它一定需要浪漫主義為其神魅化。但國家作為世俗化的產物，本身是沒有神魅性的，需要借助其它超越性的力量，比如宗教或者文明。宗教或文明的超越意志，在世俗化時代需要通過國家來實現。這就是黑格爾的世界精神。世界精神必須騎在國家的馬背上才能實現，那就是普魯士帝國的國家意志。毛澤東時代的中國過去是通過馬列主義而自我神魅化的，因為擁有共產主義烏托邦的毛式意識型態具有世俗的神魅性。但當馬列主義如今在中國只剩一個空洞的外殼之後，新的神魅化大概只能借助中華文明這具歷史的幽魂而借屍還魂。因此，現在中國思想界出現了各種鬼鬼祟祟、形形色色的政治神學。

　　如何抵抗霍布斯式的社會和可能出現的政治神學？在我看來，

政治改革固然需要,但只是一個突破口,並非長久解決之道。民主
制度一夜就可以實現,但一個與民主制度相適應的政治文化與社會
秩序卻需要三代人的努力。中國之亂,不是亂在表層,而是亂在人
心。是心靈秩序出了問題。

　　陳:您是否暗示某種漸進的出路?

　　許:我並不認為緩和急是真問題,我只是想打破一種制度決定
論的看法,也就是那種「制度改變了,中國就有希望」的看法。不
是說制度不用改,但制度改變只是治標,那個「本」仍然是社會自
身的有機化系統。哈貝瑪斯區分了系統世界與生活世界,系統世界
是由權力和市場主宰的,它的改變要通過制度的改革;但哈貝馬斯
講還有另外一個領域,就是公民們的生活世界,這個世界是排斥權
力和市場的邏輯的,是一個具有自主性的公共領域和倫理空間。中
國現在最缺的是一個有倫理、有道德、有公民自主性的生活世界。
這是問題之「本」。生活世界的僵局不破,即使建立了民主制度,
中國依然會在相當一段時間裡面,來回震盪在民主與專制之間。就
像民國初年那樣。

　　陳:但換個角度來看,除非當前的政治經濟路線能夠有所調整,
否則倫理秩序與精神秩序的問題可能只會一路惡化。所以說,漸進
的政經改革,包括政治改革,應該不是沒必要的吧?

　　許:那當然,制度改革一定是突破口,治本首先需要的是治標,
從止血開始。但止血之後,需要的就是長期的調養了。明年就是辛
亥革命一百年。前不久我建議一家書評類報紙做一個主題,不要做
辛亥百年,而是談談辛亥前的中國。題目我也給他們起好了:「山
雨欲來」。一百年前的1910年,正是革命低潮的時候;孫中山領導
武裝起義到處碰壁,沒有人想到一年之後,大清王朝會完。但是,
危機正是在沉悶之中醞釀的。事後分析,革命似乎來得並不突然:

朝廷財政危機、收回路權得罪了地方士紳利益、士大夫精英因為無法實現政治參與而同朝廷產生了政治疏離感、革命黨在新軍中的力量積累、滿清的正當性形象在族群民族主義面前逐步消解等等。我對未來中國有一種憂患意識，我並不認為中國通過政治改革，就可以解決危機。中國的危機是整體性的，一旦爆發，不會僅僅是社會危機、金融危機或經濟危機，而一定是整體性的危機。整體性的危機，無法用一攬子的整體性的方案解決，需要從基礎部分慢慢改革。這個基礎，一個是「重建社會」，另一個是「重建倫理」，讓社會逐漸生長出自主性的力量、倫理和精神。這樣當危機來了之後，有較大的緩衝和自我拯救的餘地。

　　陳：要是中國沒法逐漸形成自主的社會整合機制的話，政治上就算有民主浪潮，也只會形成來回擺盪的局面。那您認為現在能做些什麼？您說，中國的危機是整體性的，不能指望畢其功於一役；也不能把諸問題通通化約成是民主的問題，因為還有文明、國家、民族、精神倫理、社會重建等問題。但是今天，那麼多力量不斷想要去鞏固現狀，去鞏固霍布斯式的秩序，您認為我們該如何去「重建社會」、「重建倫理」？

　　許：我也沒有靈丹妙藥。但我覺得最重要的，是自由主義者不要把複雜的中國問題簡單地化約為自由、民主或公正問題。自由派不應該忽略心靈秩序的重建、國家的建構、以及帝國與文明這些似乎是自由主義議題之外的問題。對這些問題，自由主義者向來比較冷漠，好像不在他們的考慮之列。甚至覺得民主實現以後，都會自然而然地迎刃而解。事實是今天這些問題一個個都在敲門，我們能夠拿出與國家主義、新左派對抗的方案嗎？自由主義如果要擔當大任，就不能在這些重大問題上缺席和沉默。在思想界，說到底就是爭奪話語領導權。中國自由主義的話語領導權不能說根本喪失了，

但因爲在許多重大問題上缺席，不回應、不理論、拿不出方案，其話語領導權正在一點點流失。因此，中國的自由派要有更大的理論視野，要有全方位回應挑戰的能力。我尊敬那些「微觀維權」和「整體反抗」的同道們，但我覺得我的戰場在思想界，這是我所自我理解的天職：積極地與新左派、國家主義、古典主義和其他自由主義的意識型態對話，在對話和交鋒之中探索一條既符合普世價值、又有中國特色的現代性「中道」。

　　陳宜中，中央研究院人社中心副研究員，並擔任本刊編委。研究興趣在當代政治哲學以及社會主義思想史。

思想人生

學術自述

劉笑敢

《莊子哲學及其演變》再版,出版社要求寫學術自傳,不知如何下筆。一位朋友說,想想是怎麼走到今天的。思緒的閘門一打開,汨汨湧動。如何疏導?想出兩個原則:第一,寫些在個人學術生命中最有影響的事件和經驗;第二,寫點可能對年輕學子有啓發的經驗和感想。這些都是在正規學術著作中不可能出現的內容。

從內蒙古到北京

思緒閃回無法磨滅的1966。一張大字報掀起的革命風暴,最終將我們大批中學生吹到邊疆和農村。1973年,趁鄧小平復出之機,我經考試成了內蒙古師範學院中文系的「工農兵」學員。1978年,又借鄧小平再次復出之機報考北京大學哲學系研究生,師從張岱年先生。

中文系畢業,要考哲學系,又「不得不」考北大,一來是興趣,二來是尋求機遇。困難很大,從未正式學過哲學,甚至從未參加過大學裡的考試(剛上大學就遇上「反擊右傾翻案風」,完全不考試了)。但很幸運,內蒙古自治區黨校哲學教研室的孟和巴圖主任給了我第一推動力,當時尚在內蒙古大學哲學系任教的杜繼文(後任中國

社科院世界宗教研究所所長)輔導我中國哲學,也找到老師輔導我學馬列哲學、政治和英語。

沒有基礎,兩個月時間太短。每天都要充分利用,有的放矢,不放空槍。先要摸一摸底,就請一些老師給我出模擬考題,以便試試自己尚在什麼水準。我將三小時的中國哲學史的模擬答卷交給杜先生,他匆匆一看,歎口氣,說:「還行吧,今年考不上,明年再考。」我說:「我知道不行,就是想知道哪裡不行,好對症下藥。」他說:「你不懂哲學原理。不懂馬列哲學,怎麼研究中國哲學?」一記當頭棒喝,趕緊修正學習計畫,將平均分配四門課的時間撥出一半給馬列哲學。當時的老師們還在半賦閑狀態,都能全心全意地教我,更沒有收費酬謝之說。特別是內大的劉老師(名字記不準了)給了我高超的指導,讓我在一個月內掌握了當時馬列哲學經典的全部要點。考試結果意外地好,如夢般地進入北大,成為文革後第一批研究生。現在,遇到想考研究生的學生求助,我都願意幫一把,或與此幸運經歷有關。不過,故事的要點在於杜先生的一句話:「不懂馬列哲學,怎麼研究中國哲學。」這句話20年後被重新勾起,是我提出「反向格義」之討論的契機。下文再談。

在北大記得最清楚的一件事是張岱年先生第一次召集我們研究生開會。他上來就說:「北大的中國哲學史研究有兩個特點:一個是重訓詁考據,一個是重理論分析。」當時對這兩個特點的說法並不真懂,但這句話卻奠定了我一生治學的方向和特點。選擇研究方向和課題時,我選擇了《莊子》研究,一來想從先秦開始往下梳理,二來聽說張先生會指導先秦部分。此外,我也覺得《莊子》不太難也不太容易,而且不枯燥。當時學界關於應該依據《莊子》哪一部分研究莊子思想有四種意見,分別以張岱年、馮友蘭、任繼愈、嚴北溟四位老權威為代表。不辨析這一問題就依據導師和主流意見研

究莊子哲學，感覺心裡不踏實。但是我不可能找到老一輩學者所沒有看到的資料，靠廣泛搜羅資料的路是一定走不通的，唯一的可能性是看文本本身是否能夠提供一些「暗碼」。花了半年多時間，看出不少有價值的線索，其中最重要的是發現《莊子》內篇只有道、德、命、精、神這些單音詞，而外雜篇有36個道德、性命、精神這三個複合詞。這成了我證明內篇應該或可能早於外雜篇的主要根據（當然不是唯一根據）。這半年多的時間是有風險的，如果找不到有客觀性的根據，半年的時間就會毫無所得。當時的同學陳小于後來對我說：你還真做出來了，我一直為你捏一把汗[1]。

理論分析不是訓詁考據，但有了訓詁考據的意識，理論分析就不敢天馬行空。我對莊子思想的分析主要依據內篇，嚴格根據原文最可能的意思揭示和分析莊子的思想。我的做法是從術語或概念的分析入手(道、天、命、德)，擴展到幾個理論側面，如安命論、逍遙論、真知論，以及齊物論，再討論諸概念和理論之間的關係，得出對莊子思想的比較完整的、立體式的結構。這就擺脫了當時盛行的自然觀、認識論、方法論、歷史觀的四大塊模式。後來才知道流行的詮釋學將這種做法稱之為「重構」，但近來我不滿足於僅僅說「重構」。因為「重構」可以是以嚴格理解文本自身為導向的，也可以是試圖創造和表達現代人思想的，二者取向、目的、方法、標準皆有不同，所以我提出應該將「重構」區分為「擬構」和「創構」兩種情況，「擬構」意在模擬原有思想體系，「創構」意在回答和表達現實或未來的需要。這裡涉及我近年提出的「兩種定向」的問題，下文再談。

1　迄今為止，筆者尚未看到對這一考證的有力挑戰和質疑。本書〈再版引論〉對不同意見有較全面的討論。

　　1980年代的中國有一股文化熱，包括比較文化，動不動就是五千年如何如何，中國與西方如何如何。這種熱潮的出現有多重原因和動力，有其必然性與積極意義。但是作爲學術研究，我很不滿意這種大而化之、一味歌頌西方、貶低中國傳統的做法。我認爲比較中西只能從具體人物、具體理論入手。當時我研究莊子，看到關鋒等很多人將莊子斷定爲主觀唯心主義、不可知主義，並與西方嬉皮士、存在主義等等相比附。於是我就追蹤「主觀唯心主義」的起源和本義，發現西方的主觀唯心主義和關峰等人所用的意思完全不同，與莊子思想的精神也完全不同，甚至相反。我感到奇怪的是馮友蘭也說莊子是主觀唯心主義。他不可能不知道主觀唯心主義是什麼意思，他爲什麼也這樣說呢？我去拜訪他。他聽完我的看法後很平靜地說，按照你的說法，中國根本沒有主觀唯心主義，王陽明也不是主觀唯心主義。我愣了，也一下子明白了。原來他知道當時學術界所流行的主觀唯心主義的說法與西方哲學中的本義就是不同，但他可以「隨俗」「從眾」，而我作爲初學者，比較「較真」。但是，我認爲學術研究就應該嚴肅認真。如果連基本術語和概念的意含都不釐清，跟着誤解討論，哪裡還有像樣的學術工作呢？

　　我還花了不少時間去看存在主義，看莊子和存在主義有何關係。我選定薩特爲目標，看了當時在北京所能找到的所有關於存在主義和薩特的著作，連中文加英文，不過一、二十種。我寫了一篇長文，比較莊子的精神逍遙和薩特的行動的自由（本書附錄）。張岱年看後轉給了熊偉先生，並說，「我只懂莊子部分，不懂薩特，熊偉是存在主義專家，讓他看看。」文章轉給熊先生，沒想到他讀得很快很高興，旋即覆信說「能夠速覆，殊爲意外」，又稱該文「主題思想適時而不多見，不隨俗，不衝動，有見地，能中肯。」我後來去拜訪他，問他今後如何改進，他說，不是不夠味，而是味不夠。

他的話很中肯，我研究薩特也是臨陣磨槍，缺少深入體味。實際上，
我是到了美國以後，沒有了組織關懷，沒有了單位安排，才突然理
解爲什麼薩特說人生來就是自由的，而自由就是荒謬、就是孤獨、
就是噁心等等。我的文章發表於當時的權威性刊物《中國社會科
學》，受到注意，來了不少約稿，但因爲時局動盪，不能出版，直
到1994年一本小冊子才終於面世[2]。當時百廢待興，西方哲學資料比
較少，所以研究薩特「竭澤而漁」還不太難。現在資訊大爆炸，出
版物鋪天蓋地而來，無論什麼課題都難以將資料搜集完整並仔細閱
讀，所以再無勇氣專門涉獵西方哲學的研究了。朋友約我爲紀念薩
特寫文章，我只能謝絕好意。過去是因爲相關資料太少而難以研究，
現在是相關資料太多而難以下手。但是，在研究中國哲學時，凡涉
及西方哲學理論之處，如霍布斯的自然狀態、伽達默爾的詮釋學、
馬斯洛的道家式科學等，我還要讀他們的原著或譯本，寫出來的相
關文字都盡可能請相關專家過目。

從北大到美國

　　當年，我的博士論文答辯獲得通過。杜維明先生見到我時說：
你的論文很好，作法和A.C. Graham（葛瑞翰）一樣。葛氏是何方神
聖？我怎會和他一樣？1988年，一到美國，先找他的書。原來都用
了語言材料的比較，都贊成內篇可能是莊子之作。但我認爲他引的
材料很瑣碎，不如我的0：36有說服力，而他重組內外雜篇的推理有
問題。密西根的Donald J. Munro（孟旦）教授看了我的論文第一部分
的英文提要認爲很好，便向大學的中國研究中心申請經費，請人翻

2　　《兩種自由的追求：莊子與沙特》（台北：正中書局，1994）。

譯出版第一部分。譯稿出來又請專家匿名評審。審稿通過後,編輯
將編輯過的譯稿寄到哈佛,囑我校閱譯稿以及他們的加工、回答他
們編輯中的疑問,查出所有引文頁碼(大概上千條),補充註腳,輯
錄引用書目,編輯辭彙對照表,再寫一篇後記,他們還編制了索引[3]。
我花了半年多的時間處理譯稿,與編輯反覆溝通,充分領教了英文
學術界和出版界的認真與嚴肅,以及對學術和作者的尊重。這種感
受在以後的英文著作出版時一再印證,令我感歎不已,真盼望有一
天中文學術界和出版界也能有這種態度和精神。

　　顯然,那一份英文提要是最重要的契機。而提供這一契機的是
全如城先生。他是旗人,燕京大學的預科,協和醫學院畢業班的學
生,不幸被當成右派送到新疆監獄20年。出獄後到大百科全書出版
社工作,對學問、對後輩熱情而無私。他知道我的研究成果之後,
多次建議我用英文發表。我坦言英文程度不夠,他說我幫你。他哪
裡有時間呢?就在我要去機場飛美國的那天早上,天色未明,他從
香山騎幾十里路自行車將譯稿送到我家。當時他在香山開審稿會,
是連夜譯出又騎車送來。他當時也有六十了吧,望著他那風塵僕僕
卻面帶喜悅的神情,除了謝謝,說不出別的話。此事終生難忘,卻
是第一次用中文寫出,而且寫得這樣平淡,讓我心意難平。在正常
情況下,以他過人的才智、勤奮和醫學訓練,他應該是大專家,我
是無緣相識的。不過,他從未抱怨過,幽默而愉快地把自己的聰明
才智傳遞給了後輩。

　　我的英文書引起了內行人注意,10年後出了平裝本。在一次會
議上,有一位哈佛畢業的年輕教授見到我,馬上向別人介紹,說我

3　*Classifying the Zhuangzi Chapters*, Ann Arbor(MI: Center for Chinese
　　Studies, The University of Michigan, 1994, 2004).

的書很重要,挑戰了葛瑞翰。國內也有人認為我反駁了任繼愈先生。
其實,我並沒有想到挑戰或反駁什麼人,只是想對於學術問題提供
新的發現和新的證據。我的書受到重視,可能是沾了葛瑞翰和任繼
愈的光,是幸也是不幸。學術研究是為了發現真相和真理,或發明
創造新理論、新學說。挑戰某人、反駁某人都是副產品,不能作為
重要目的。將反駁和挑戰當作學術研究的目的,很難不影響研究的
客觀性和觀察的全面性。

　　一次在芝加哥開會,遇到韓國的鄭仁在教授,他聽說我是劉笑
敢,非常高興,說正在翻譯我的書,要我寫個前言。後來知道譯者
是他的學生崔珍晢。成中英教授則安排Chinese Studies in Philosophy
《中國的哲學研究》將我的書的第三部分翻譯成英文分兩期發表。

　　特殊機緣讓我開始用英文寫作。在加拿大McGill大學任教的
Arvind Sharma教授要編一本關於世界七大宗教傳統的書,獨特之處
是要找本民族的作者來寫本民族的宗教傳統。儒家當然找杜維明先
生,杜又介紹我寫Taoism。這個字在英文不分道家或道教。我問主
編,是寫老莊道家還是寫道教,還是都寫。他說隨你便。這大概就
是他們的學術自由,完全尊重作者意願。我想,既然是世界宗教,
只寫道家,不寫道教,就有些不當。雖然道教不是我的專長,也應
該勉力為之。當時,關於道家和道教的英文資料很少,難的是可參
考的資料少,容易的是沒有太多相關資料必須讀。我沒有在美國讀
過書,用英文寫作當然困難。想過自己寫中文,找人翻譯。但除了
少數教授,沒有什麼人既懂中文,又懂道家道教,還可以寫英文。
但教授不可能為我作翻譯。商業的翻譯都不懂中國思想和宗教,我
也付不起翻譯費。耐心起草、反覆修改,最後主編和讀者都認為不
錯。此書雖然是導論式的,但各位作者都有自己本民族內在傳統的
滋養,也有個人獨特的研究成果,所以有其獨特價值。王德威教授

知道此書之後，安排台北的麥田出版社買版權，翻譯成七個分冊。
主持翻譯的陳靜教授又安排了簡體本的出版。這是我唯一一本有繁
體、簡體和英文版的書（韓文版也在翻譯中）[4]。但這是最小（英文稿
限定3萬字）最通俗的書。

　　我在美國時正是1980-90年代之交，常有一些關於中國文化或文
化中國的討論會，我應邀寫了一些文章。這些文章都是對於近代中
國思想文化問題以及相關人物的反思，特別批評兩極化的價值觀和
鬥爭崇拜的病態心理。這種觀點的形成也有一個特別的契機。一次
Benjamin J. Schwartz（史華慈）教授請我和Hilary Putnam（普特南）教
授到他家吃飯。席間他們兩個熱烈討論，批評美國社會中的問題，
包括醫療保障方面的問題。我當時脫口而問：你們這樣批評資本主
義，是否贊成社會主義呢？他們兩個立刻異口同聲地喊："No way!!!"
他們本能而強烈的反應讓我感到非常尷尬。事後我想，為什麼我會
問出這樣「傻」的問題？這在母國不是很普通的推理嗎？我的問話
出於「本能」，他們的反應也是「本能」。我由此認識到，儘管一
向不算激進，但生活已經將兩極化的思維定勢植入頭腦：要麼這個
主義，要麼那個主義，要麼正確，要麼錯誤，只有黑與白兩端，沒
有彩色的光譜。一不小心，兩極化的價值立場就不假思索地冒出來，
完全看不到真實世界的複雜和生動。以此來觀察世界，當然不真實；
以此來區別人和事，當然很可怕。陸續寫的十來篇文章大都與這種
反思有關，後來改編成了《兩極化與分寸感》一書[5]。這些文章既非

4　*"Taoism," Our Religions*, ed. Arvind Sharman(San Francisco: Harper
　　San Francisco, 1993), pp. 229-289.《我們的宗教：道教》，陳靜譯(台
　　北：麥田出版社，2002)；上海：上海古籍出版社，2008。

5　《兩極化與分寸感：精英思潮的病態心理分析》(台北：東大圖書
　　公司，1994)。

純學術課題的研究，又不是報刊雜誌的時論，不知該如何定位。恰
巧張灝教授到哈佛來，我談起這一困惑，他說應當屬於文化批評。
我問他今後如何提高發展，他說應該重視方法論的探討。這是我近
幾年討論中國哲學研究方法比較多的遠因和外緣。

　　在哈佛期間，我也訪問過普特南和諾齊克教授，並旁聽過他們
的課。雖然不能全懂，但他們的風格、風範給我留下很深印象。遺
憾的是沒有去拜訪羅爾斯教授。想起來，在哈佛，思想受刺激、受
激發比較多，在普林斯敦則比較安靜，潛心思考與研究寫作比較多，
在美國的作品大多是在普林斯敦完成。

　　在普林斯敦期間，傅偉勳先生約我為他主編的世界哲學家叢書
寫一本關於《老子》的書。在研究《老子》時，又遇到老子的年代
問題。我知道，找不到可靠的新資料為這個問題作定論，或許還得
從文本本身入手。(當時郭店竹簡還沒有出土，而郭店竹簡也沒有最
後決定《老子》的年代。)但《老子》只有五千多字，沒有一個專有
名詞。我當時在猶豫要不要從韻文的角度探索其可能的年代。有一
天，在普林斯敦大學校園碰到美學和詩詞專家高友工先生，他問我
在做什麼研究，我就講不知是否可以從韻文特點入手考察《老子》
的年代。他說：可以試試。試的結果又是意外的清晰：在韻文句式、
韻式(句句韻、富韻、句中韻、疊韻、交韻)、合韻、修辭(回環、頂
針、對偶、倒字換韻)等方面《老子》與春秋末年完成的《詩經》都
非常一致，與戰國中期完成的《楚辭》有明顯不同。排除地域等方
面的因素以後，我們可以推斷，司馬遷說孔子時的老子作《老子》
五千言比後來的各種假說和質疑都有更多更客觀的根據。這和我的
《莊子》考證一樣，也是尋找文獻內部客觀的語言資料作根據。

從美國到新加坡

　　因爲特殊的機緣，我到新加坡國立大學中文系教書8年。這個環
境與北大哲學系、美國的東亞系、後來的香港中大的哲學系都不同，
這裡不是中國語言文學系，而是中國研究系，包括有關中國的語言
學、文學、歷史、哲學、翻譯和比較研究，和這些同事的交往擴大
了思想視野和知識領域。系裡成立研究中心，系主任陳榮照讓我報
研究課題。我在北大作《莊子》考證時就幻想用電腦作語言資料的
統計和分析，到美國後發現事情遠不像我想像得那麼容易。這裡有
教語言學的陶紅印和張敏，都對電腦操作和語言材料的分析有興趣
有技術，我們就一起申報了以電腦爲輔助手段的儒家的四書和道家
典籍分析的課題，後來還請到在北京任教的白奚來幫忙。
　　想到這一課題的另一個原因是我還在爲傅偉勳邀約的《老子》
一書工作，要做全面的研究就要注意新發現的《老子》帛書本。帛
書本發現後研究的人不少，但是對帛書本的研究與傳世本的研究整
合不夠，要整合起來，就要將二者做全面的比較。帛書本的出土令
學術界注意到傅奕本的價值。傅奕本的底本是項羽妾塚中發現的古
本，與帛書本最接近。我就想到需要將帛書本、傅奕本、以及通行
的河上公本及王弼本做一全面細緻的比較，避免簡單地依據一個版
本作結論下斷言。這是最初完成的四種版本逐字對照通檢，後來郭
店竹簡本也發表了，我們又重起爐灶，完成了五種版本對照的逐字
通檢[6]。這種逐字通檢(concordance)在西方有悠久傳統。一部聖經就

6　《老子五種原文對照逐字通檢》後來作爲《老子古今》的下卷出版
　　（北京：中國社會科學出版社，2006）。

有許多逐字通檢，任何一個字都可以查出所有出處，這與只提供重要詞語的「索引」(index)是不同的。老子只有五千字，一般的通檢必要性不高，但是要查同一字同一句在不同版本的情況就不容易了。所以多種版本對照的通檢就是必要的工具。我指導學生編制通檢的目的大致有兩個，一是看一下從古到今《老子》五千言的演變是否有某些有趣的或規律性現象，另一個是希望對老子思想的研究提供一個可靠的文獻基礎。

結果又是出人意料地令人興奮。我發現從竹簡本、帛書本、經過唐代的傅奕本、到流傳至今的王弼本、河上本，兩千年中貫穿著一個明顯的按照老子古本固有內容逐漸「改善」原文的努力，如整齊的四字句和三字句的增加，對偶句和排比句的增加，一章之內和章與章之間的回環增加等，我將這種現象稱之為「語言趨同」。這種現象也引起了思想的強化，如「道」和「無為」使用次數的增加，為突出中心概念而對句子順序的調整，我將這種現象稱之為「思想聚焦」。初稿完成，寄給《哈佛亞洲學刊》，審稿人評價很好，同時希望我討論這種現象是《老子》特有的還是普遍的。我的回答是類似「改善」的情況是比較普遍的，在其他文獻的演變中都有零散而明顯的表現，但如此長期、廣泛、分散而類似統一的「改善」式努力，恐怕是《老子》的韻白相間的文體、短小的篇幅、非常識性的內容所決定的特有的現象[7]。這一發現令我特別興奮。它和我的《老子》考證、《莊子》考證一樣，是發現，不是發明。發現不同於發明。正如你有很好的設備和技術，也很辛勞和努力，但你未必可以

7　*Harvard Journal of Asiatic Studies*, vol. 63, No. 2, Dec. 2003. 此文曾由陳靜譯為中文發表，以後又由筆者不斷修改補充為不同版本，並改寫為《老子古今》導論一。

在選定的地方發現石油或金礦。發明新理論、新概念的人幾乎天天都有，但很多都無法驗證，難免無病呻吟或自吹自擂。但發現是揭示本來就有的東西，一旦發現，沒有人可以否定它的存在。

這一發現證明傳統的考據學和校勘學的一個前提假設是錯誤的。很多學者認為古本應該文通字順，合乎邏輯，從而斷言某句某字古本應當如何如何。事實證明依據後人的邏輯推理並不能還原古本原貌。因為前人寫作是完全不懂、也不在乎後人的邏輯和通順標準的。按照後人的理所當然的邏輯推斷古本應當如何如何是無效的，斷定其「鐵證如山」也是無益的。

我答應傅先生研究《老子》的時候，想得比較簡單。我在北大講課時關於《老子》的教學提綱就有一個筆記本，稍事擴充，即可成書。但要動筆時，感到原來的思路方法與海外的學術標準有明顯不同，既然到了海外，就不能仍停留於北大的眼界和標準，然而如何突破呢？先秦諸子，老子、莊子，無論多麼離奇的觀點都有人講過，總不能為了標新立異而胡說吧？要嚴謹，有根據，還要有新的見解，這是最難的。比如，關於老子的道、自然、無為，各種解說，包括各種相反的解說，多如牛毛，令人無所適從，又難以突破。當時是詮釋學流行的時期。哲學詮釋學又給個人的「創造性」詮釋提供了頗大的空間。傅偉勳就發明了我曾經相當讚賞和佩服的「創造性詮釋學」。但是我個人的學術背景決定我還是不能有隨意創造的衝動。創造也要有根據、有目的、有意義，不允許隨意性。這樣，我的老子研究就有點舉步維艱。

對老子思想之可能的本義的探求離不開考據性工作。但這不僅是為了寫考據文章，而是讓我多了一種探求文本「原意」或「本義」的眼光和工具。比如，《老子》中三次講到「取天下」，一般人會想到「奪取」天下，這似乎與老子自然、無為的主張相矛盾，於是

很多當代的學者就跟從河上公注將「取」解釋爲「治理」。然而，
老子明明有很多「愛民治國」、「以正治國」的說法，爲什麼又要
發明用「取」來代替「治」的用法呢？查來查去，古代並無以取爲
治的用法，河上公之注不足爲據。近人蔣錫昌的論證有明顯的邏輯
漏洞。「取」到底何意？終於查出《左傳》中多次講到「取，言易
也」，即不動干戈，容易獲得的意思。如「取鄟，言易也……鄟叛
而來，故曰取。凡克邑不用師徒曰取」（《左傳、昭四》）。按照不
興師徒兵戈、容易獲得的意思來理解老子之「以無事取天下」就與
自然、無爲的主張完全沒有矛盾了，而且讓我們對老子關於國與國
之關係的思想有了更全面的理解[8]。最終我還是以緊密依據《老子》
原文解釋來重新解釋老子的道、自然、無爲，正反等觀念的「可能
的」本來意義，再探討這幾方面的理論之間的關係，從而較準確地
「詮釋」老子的重要觀念，並「擬構」了老子思想的體系。我漸漸
地醒悟到，嚴謹而深入的研究自然會發現真問題，找到真答案，得
到新的與衆不同的發現和見解，不必故意標新立異。只是這種道理
和做法與當前急功近利、重數字統計的學術評價體制不合，不易讓
年輕學者理解和實踐。

　　當然，作爲一個經歷滄桑的讀書人，我並不滿足於對老子思想
的純學術、純客觀、純歷史的探索，也想探討老子思想的不同側面
對現代社會的意義。於是，我在每一個概念的分析之後都有一節專
門討論它的現代價值。我盡力將自己對現代社會的思考、將老子思
想在現代世界的應用與我對《老子》本義的研究區別開來。後來我

8　〈《老子》「以無事『取』天下」考〉，《漢學研究》（台灣）第18
　　卷第1期（2000年6月），頁23-32。

從方法論的角度探索「兩種定向」的問題與這種實踐是有密切關係
的[9]。

　　說到老子思想與現代社會的關係，我到新加坡以後陸續接到美
國的一些開會和寫稿的邀請，都與現代課題有關，如道家與女性主
義、道家與生態問題、道家與天主教關於靜修（meditation）的對話
等，這方面也有很多故事和經驗可說，限於篇幅，也只好留待他日
了。這些工作刺激我思考如何嚴肅而不是隨意地將古代思想運用到
現代社會，後來以老子思想爲例作了一些探索，作爲方法探索的實
例收入《詮釋與定向》一書[10]。

從新加坡到香港

　　從新加坡來香港，學術環境又有了一個重大轉變。這裡曾經是
唐君毅、牟宗三、勞思光創建的中國哲學重鎮，但我來的時候，系
裡的絕大多數同事都是西方哲學的專家。他們並不輕視中國哲學，
但從他們對人對事的議論中，我感到專業眼光、評價標準、追求目
標的不同。特別是英美哲學的主流似乎集中於對概念、命題的邏輯
分析和語言分析，而不重視經典和歷史。以此爲標準，中國幾乎沒
有哲學，我所從事的研究也不夠「哲學」。這促使我思考到底什麼
是中國哲學，什麼是正確的或好的中國哲學研究。幸運的是當時的
系主任關子尹和後來的系主任張燦輝都積極推動我建立中國哲學與
文化研究中心，並幫助籌得第一筆捐款。中心的成立促使我從更廣

9　《老子：年代新考與思想新詮》（台北：東大圖書公司，1997一版；
　　2005二版）。

10　《詮釋與定向：中國哲學研究方法之探究》（北京：商務印書館，
　　2009）。

關的角度、包括全球的現狀來思考中國哲學作爲現代學科和文化現象的近況和未來，包括中國哲學的身分、方法、標準等一系列問題。來香港以後，終於完成了歷時10年的《老子古今》上下卷，並將有關中國哲學方法問題的文章改編成《詮釋與定向》一書，英文期刊 *Contemporary Chinese Thought*《當代中國思想》的主編Carine Defoort（戴卡琳）教授爲我的文章出版了一個關於兩種定向的專輯[11]。

　　最先引起注意和討論的是「反向格義」的問題。在港台，多次有人提到：「不懂康德，怎麼研究孟子？」這讓我馬上想起杜繼文說的「不懂馬列，怎麼研究中國哲學」。顯然，在不少人看來，用西方哲學（包括馬列）的角度、框架、概念來研究、解釋、重構中國古代的思想理論是天經地義的，或者是必須的。我並不完全反對這一傾向，因爲這是中國哲學作爲一個現代學科建立的客觀歷史。但是，對這種做法的盲從造成中國哲學研究的一個困境就是不能、不會、或不想客觀地理解中國古代思想家的術語、理論、目的和意義。我關心的是如何處理西方哲學與中國古代思想典籍的關係問題，這個問題難以有簡單的答案。魏晉時期，中土僧人用本國熟悉的老莊思想的概念（無、無爲、自然）解釋外來的陌生的佛教概念（空、涅盤）。近代中國的哲學家反過來用外來的哲學概念來解釋傳統的儒釋道理論。有人稱此爲洋格義或逆格義，我稱之爲「反向格義」[12]，凸顯其做法與魏晉時期傳統格義之不同。這一觀點引起了比較廣泛的注意和討論。但這不僅是哲學領域的問題，而是20世紀中國文化

11　Orientational Issues in Textual Interpretation: Essays by Liu Xiaogan, *Contemporary Chinese Thought*, Winter 2008-09.

12　代表性文章可見拙作《「反向格義」與中國哲學研究的困境：以老子之道的詮釋爲例》，《中國哲學與文化（第一輯）：反向格義與全球哲學》（桂林：廣西師範大學出版社，2007）。

與西方文化之間互動的大背景中的一個小領域。從更大背景來看，對這一問題才可以有更全面和深刻的理解。比如，學中國哲學的必須懂西方哲學，否則就叫不懂哲學，或沒有資格研究中國哲學，但學西方哲學的完全不必學中國哲學，不必懂孔孟老莊。正如，學中醫的必須懂西醫，但學西醫的不必學中醫。爲什麼這樣？這裡恐怕的確有某種文化霸權和崇拜西方的問題，但無可否認，西方哲學和西醫的確有中國儒釋道和中醫所沒有的長處（當然我們也可以說西方哲學和西醫也有不如中國哲學和中醫的短處）。但就短期來看，這種不平衡的文化交流還難以改變。我相信，無論何人、何方、出於何種原因，盲目傲視他人或崇拜他方，都是非理性和非健康的態度，不僅於己無利，而且有害於人。我還在慢慢地組織地理、宗教、文學、戲劇、漢語、中醫、音樂等方面討論中西學術相互關係的稿子[13]，以期更全面、更理性地思考中國文化在20世紀以來與西方文化碰撞、交流、互動的經驗和教訓，對百年來中西文化的相互激盪、中學西化、西學中化的現象作更廣泛、更深入、更冷靜的考察。

另一個問題是中國古代哲學詮釋傳統中的「兩種定向」問題。北大既重視訓詁考據，又重視理論分析，這二者是密切聯繫在一起的。理論分析也是建立在訓詁考據的基礎上的。我要研究《莊子》，就盡可能直接讀《莊子》原文，避免按照郭象的注釋讀《莊子》；研究《老子》，就直接依據《老子》分析，避免陷入王弼注的窠臼；同樣，研究《論語》，也有意識避免陷入朱熹注釋的軌道。相反，如果沒有這種自覺意識，往往會跟著郭象講《莊子》，跟著王弼講《老子》，跟著朱熹講《論語》，自以爲在講《莊子》、《老子》

---

13 部分不同領域的討論文章可見南京大學學報「思想史研究」專欄（2007年第4期，2008年第2期，2009年第2期）。

和《論語》，實際上是在講郭象、王弼和朱熹的思想。遺憾的是一
些大家、名家也意識不到這類問題，以爲朱熹講的就是真《論語》，
王弼講的就是真《老子》。這裡要注意注釋著作與注釋物件之間的
關係，不能將注釋者的思想和注釋物件的思想混爲一談。其實，道
理很簡單，如果我們承認王弼、郭象、朱熹本人是思想家，而他們
的思想主要表現在他們的《老子注》、《莊子注》和《論語集注》
中，那麼我們就不能將他們的這些注釋著作當作《老子》、《莊子》
和《論語》本身的思想。如果他們的這些注釋性著作表達的確實是
《老子》、《莊子》和《論語》的思想，那麼他們本人就沒有資格
稱爲哲學家。

　　在中國歷史上，注釋性著作汗牛充棟，其中夠得上思想家、哲
學家的著作鳳毛麟角，而這鳳毛麟角的少數作品在中國思想史和哲
學史上卻可能構成主流，如王弼、郭象、朱熹、王夫之等。陸九淵、
王陽明雖然沒有注釋性著作，其思想也建立在對《孟子》和《大學》
的詮釋基礎之上。所以我認爲中國哲學思想發展的一個特點就是借
助注釋（commentary, annotation）或詮釋（interpretation, hermeneutics）
的形式建立自己的思想理論體系。以「論」的形式寫作的也有，如
王充《論衡》，稽康《釋私論》、《養生論》、《明膽論》、《聲
無哀樂論》、《難自然好學論》等，雖然有不錯的觀點和思想，但
理論成就和歷史影響都不能與上述人物同日而語。

　　中國思想史或哲學史發展的這一特點，提醒我們要特別注意區
別注釋者本人的思想和注釋對象作品的思想。而注釋作品可能以揭
示原作的思想爲目標，也可能以表達自己的思想爲依歸，這就是我
所說的詮釋中的「兩種定向」。這不僅是爲了揭示古代傳統的特點，
更是提醒當代的研究者要先明確自己研究或寫作的目的：到底是爲
了揭示和解釋研究對象的本身的思想，還是爲了借研究對象表達自

己的思想，回應當下世界的問題。伽達默爾的哲學詮釋學強調「視域的融合」，任何詮釋工作都是詮釋者本人的視域與詮釋對象之視域的融合。如果這樣，所謂兩種定向的理論就沒有了立足之地。但是，視域融合的理論僅僅是對理解和詮釋現象而言的，而且往往是以藝術作品為例的。這種說法忽略了在不同場合、不同詮釋者之間必然存在的不同目的、不同取向的差異，並不是對經典詮釋現象的全面研究。同時，我們也要看到，哲學詮釋學的重點是人的存在方式問題，決不是詮釋方法問題，更不是學術研究的方法問題。我們不能將哲學詮釋學當作研究中國哲學的方法，不能將它作為隨意解釋古代經典的盾牌。

與經典詮釋中的兩種定向相對應的是中國哲學或中國思想研究中的兩種定向。我的著述強調客觀性的學術研究比較多，但是我絕不輕視或反對學者提出自己的思想觀點和建立自己的理論體系，我本人也提出過「道家式責任感」的說法和「人文自然」的概念。我只是強調要意識到二者的性質不同、方法不同、標準不同。中國哲學這個學科有些特殊。比如，在中文系，研究湯顯祖的不必寫劇本，研究《紅樓夢》的不必寫章回小說。但是，研究中國哲學的人似乎就得有點哲學家的味道，要寫點自己的哲學。但是，真的當哲學家又太難了，似乎最容易的做法就是沿襲古代傳統，假借講古人的思想來講一點自己的新哲學。這樣做會有膾炙人口的好作品，並且可能比純學術研究和純理論建構有更多讀者和更大思想影響。但作為學術研究和理論創造，結果就是對原有經典之思想的解釋不準確，建構的新思想又不夠新或不夠系統、不夠嚴謹；二者混淆的結果更可能是兩頭不到岸，誤人子弟。

與「兩種定向」理論密切相關的就是中國哲學的身分、性質和方法問題。我最新的提法是兩種身分、四種角色。即是說，中國哲

學這個術語同時代表「現代學術」與「民族文化」兩種身分。前者同時擔當現代學科和世界文化資源兩種角色，後者同時擔任民族文化價值載體和個人生命之精神導師的角色。當然，我們還可以從中分析出更多的功能。

中國哲學研究的對象主要是儒、釋、道思想傳統。這些傳統已經有兩千年。這在中國古代是學問、學術，也是民族文化的主體和個人修身養性的精神指南。所謂「國學熱」的出現凸顯了儒、釋、道作為民族文化代表和個人精神生命資源的功能在現代社會復興的需要，于丹、易中天大受歡迎就是這種需要的明證。即使斥之為「糟蹋學術」或「精神鴉片」也無法否認這種需要，除非有人能夠提供高級的替代品。於是，中國哲學這四個字所代表的儒釋道傳統就有了民族文化的身分，而這一身分就有了民族文化載體的角色以及個體精神生命之導師的角色。中國哲學的這種身分和角色在古代以父母、鄉賢、紳士、官員、甚至皇帝為載體和傳播者，但現代的父母、官員、中小學老師和大學教授是否應該、是否可能擔當和勝任這種角色就是亟需討論和釐清的大問題。

而中國哲學的名稱出現、作為現代大學中的一個學科卻不到百年，開始是借用西方哲學和思想的眼光重新整理中國固有的思想，漸漸地一些人就想建立自己的現代的中國哲學體系。中國哲學這四個字一開始就是作為大學裡的現代學科的身分而出現的。除了學科的角色以外，由於一些海外中國哲學教授將儒釋道引入美國和世界文化之中的不懈努力，中國哲學又有了未來世界文化之資源的角色。這種身分和角色毫無疑問是由大學中的教授來承擔的。問題是大學教授要不要、能不能、或如何同時承擔民族文化和生命導師的功能。無論有多少教授自願承擔民族文化和生命導師的功能，我們都不應混淆現代學術和民族文化的兩種身分。身分、角色和功能的

不同，決定其方法、目標、標準的不同。這並不是說一個教授不可以從事不同的工作，而是說，不論從事哪一種工作都要自覺意識到身分、角色、方法和目標的不同。正如，不能在知識的殿堂中宣道佈教，也不應在追求精神生命的時刻提供枯燥乏味的純知識。難道二者不可結合嗎？是的，我們可以用油畫筆法畫出水墨畫的意境，也可以用二胡演奏小提琴曲，但這是自覺到二者之不同後的嘗試，不是無意識的混淆。涇渭不明，何論結合？

　　行文至此，已覺太長。知識的海洋無垠，思想的天空無涯，一葉漂浮，何可奢望？然天高海闊，又怎不神往？

　　劉笑敢，香港中文大學哲學系教授，代表作包括《莊子哲學及其演變》、《兩極化與分寸感》、《莊子與沙特》、《老子古今》、《詮釋與定向》、《老子：年代新考及思想新詮》。學術研究以道家文獻和哲學思想為主，但興趣廣泛。

唐德剛：
穿越歷史三峽

李懷宇

唐德剛，1920-2009，安徽合肥人。美國哥倫比亞大學碩士、博士。長期致力於歷史研究與教學工作，並對口述歷史的發展有很大貢獻。著有《李宗仁回憶錄》、《顧維鈞回憶錄》、《胡適口述自傳》、《胡適雜憶》、《晚清七十年》、《袁氏當國》、《史學與紅學》、《書緣與人緣》等，另有包括歷史、政論、小說、詩歌、雜文等多部作品。

一、 我的故事還沒有講完呢，你怎麼就要走了？

2007年，紐約的秋天讓人心醉。我住在哥倫比亞大學旁邊，步行到夏志清先生家聊了兩個下午，夏先生談話海闊天空，我想像得出當年他與唐德剛先生兩個人碰在一起是何等的熱鬧。當我提起唐先生，夏先生不免黯然神傷：「唐德剛住在新澤西，有一天不會關電腦，沒有馬上去看醫生，其實他已經中風了。」我想，沒有與唐先生鬥嘴的日子，夏先生是寂寞的。

我早就聽說唐德剛先生身體不好，雖然幾經致意，還是不敢奢望能見到這位心儀已久的前輩大家。正當我打點行裝準備離開紐約之時，唐德剛先生的老同學馬大任先生打來電話：「我剛去了唐德

剛家，唐太太說歡迎你去他們家訪問。」我頓時喜出望外。當晚和唐太太吳昭文女士通電話，才知道從紐約到新澤西的唐府路途山長水遠。「你那裡有沒有傳真機？我傳真一張地圖給你好了。」唐太太說，「要不然你就一路打電話給我，我給你指路。」

2007年11月28日中午，我從紐約坐計程車到新澤西唐府，一路由唐太太電話引路，路況之複雜爲平生罕見。唐府是一幢獨立的房子，周圍樹木成林。唐太太在門口等候，引入二樓客廳後，略爲寒暄，便請我稍坐，入內去照顧唐先生。唐太太乃民國名將吳開先之女，唐先生在1990年寫過〈泰山頹矣：敬悼岳丈吳開先先生〉一文。我細看家中書畫，首先入眼的是胡適1960年10月13日寫的條幅：「熱極了，又沒有一點兒風，那又輕又細的馬纓花鬚，動也不動一動。德剛兄嫂。」又見于右任的書法請「昭文仁仲、德剛先生儷正」，徐悲鴻的畫作則是湖上雙鵝。

約一刻鐘後，唐德剛先生穿著睡袍，雙手扶著助行器，步履艱難地從睡房出來。一見面就熱情地打招呼：「不好意思，人老啦，走得慢……」竟是鄉音未改，我仔細聆聽，只能聽懂唐先生大半的安徽口音。

唐太太幫唐先生戴上助聽器，斟茶後便退入內房。唐先生開始滔滔不絕地講起故事。講到開心處，唐先生會歡笑鼓掌，而到了最得意時，便是一句「乖乖」的口頭禪。他說，幸虧自己選擇到美國留學，很多人到歐洲留學──「餓死了」；又說來美國的留學生中有人到飯館洗盤子，沒有通風設備──「悶死了」。這真是典型的「唐氏語言」。

唐先生說：「我跟你們講故事，三天三夜都講不完，會寫的人，一寫出來就是暢銷書。這些故事現在讓我寫，寫不出來，我可以講得天花亂墜。我隨便講，可以講幾百萬字，可是就寫不出來。」聽

唐先生信馬由韁地談了三個多鐘頭，我只是偶爾接上一句，他就說：「很少人像你提出這樣的歷史問題，我大感知音！」日近黃昏時，我怕唐先生太累，不得不起身告辭，唐先生的神情像個小孩子一樣說：「我的故事還沒有講完呢，你怎麼就要走了？」

二、 胡適的「私淑弟子」

　　唐德剛生逢其時，所處的是一個大時代。1948年赴美留學，1949年中國巨變。紐約是一個大碼頭，從中國湧到紐約的黨、政、軍、學各界民國要人，如過江之鯽。這些昔日呼風喚雨、名震一時的人物，幾成紐約的難民，心境之落寞可以想像。作為一個史家，變化中的時代才是最好玩的研究對象。哥倫比亞大學博士唐德剛，機緣巧合之下，有幸訪問民國風雲人物。

　　胡適正在紐約81街做寓公，那是他一生中最清閒而又最寂寞的時候。胡適有三大好：安徽、北大、哥倫比亞。唐德剛既是安徽老鄉，又是哥倫比亞大學的學弟，自然讓胡適倍感親切。唐先生講起胡適：「其實胡先生很家常，很多大人物有架子，胡適啥都沒有，歡迎交往。我很懷念胡先生！」

　　兩人初識，始於哥倫比亞大學200周年紀念之時。唐先生回憶：「胡先生是哥倫比亞大學的名譽校友，那時候正是哥大創辦二百周年，動不動就開一個小會，每一次開會，稍微有一點關係的人就找胡適。我們這些大學生常常看到胡適，最容易請的，而且請來最容易使人快樂的就是胡適。中國的客人，胡適是第一名，所以胡先生常常到哥倫比亞來。胡先生對每個人都好，嘻嘻哈哈的。」胡適常到哥大圖書館看書，每次總要去找唐德剛，因為唐德剛是他唯一認識的華裔小職員。

　　我問唐先生：「當年胡適在紐約的生活如何？」唐先生道：「胡適在美國是『難民』，我們比胡適強多了，我們年輕力壯，什麼事都可以做，還有免費醫療。胡適那時在這裡做『寓公』，他也沒有錢。胡伯母是個大胖子，我們到唐人街，他們喜歡吃西瓜，又不會開車，怎麼能夠帶回來呢？我就帶西瓜送給胡伯母，她是個小腳，解放之後就把它放開，不大不小，不能搬，我幫她搬。那時候胡適打電話說：『德剛，你今天沒有事啊？你伯母打麻將，你過來開個車子好不好？』胡伯母別的可以沒有，不打麻將是不能活，一打麻將早出晚歸。胡伯母後來寫給我：『送給適之最喜歡的學生』。胡先生何以喜歡我？因為胡先生以前是北京大學校長，被人家包圍著，來到這裡沒有了，我又是他的保鏢，又是他的司機，又可以陪胡伯母打麻將。」

　　當年唐德剛問胡適：「胡先生，您的身體如何？」胡適說：「不能病哪，一病就不得了，美國的醫院費用付不起。」半個世紀以後，年邁的唐先生指著自己身體說：「我現在生病，花掉100萬，只不過我有醫療保險。我住在醫院不舒服，護士態度不大好，菜也難吃，我就回家來住，家人看著我，沒事了。胡適當年跟我講，你要留養老錢哪！」

　　有時候唐家請客，唐德剛給胡適打電話：「胡先生，今晚我們家裡請客，菜很多，您有沒有空？」胡適說：「有空！有空！」唐先生覺得：「胡適跟我在一起像家常父子一樣，我對我爸爸不敢那樣，對胡適可以。」

　　唐先生突然低聲道：「那時候我結婚送請帖給長輩，我沒有送胡先生。」我驚問何故。唐先生笑道：「我要送胡適請帖，他就要送禮啊！他送不起禮，就送一幅字。胡先生喜歡寫字，『德剛，我給你寫一幅？』『我不要。我要白話詩。』」這便是多年來掛在唐

家的那首白話詩。

　　胡適是有「歷史癖」的人，自然對口述歷史頗感興趣。可是口述歷史的工作並非一般人想像的那麼簡單，訪問錄音固然要花工夫，而錄音以後的重播、謄清、校對、節刪、增補、考訂等等，何其麻煩！胡適試了一下，便說口述歷史是一個專業工作，非職業化難以應付。為了自己的口述自傳，胡適向唐德剛歎息道：「這工作有誰能承擔起來，職業化一下就好做了。」

　　恰巧哥倫比亞大學「中國口述歷史學部」在福特基金會的撥助之下，唐德剛被指派為胡適的助手，正式工作。1957年冬初，唐德剛攜了一部笨重的錄音機來到胡府，開始胡適口述自傳的錄音，不意常受到訪客的打擾。此時胡適出任台北中央研究院院長的消息已公佈，更是事務繁多。為了使口述工作順利進行，唐德剛徵得哥大當局的同意，請胡適到哥大工作。每週來兩三個上午，工作完畢由校方招待午餐。胡適帶著唐德剛幾乎吃遍了紐約東城的小館子。唐德剛回憶：「酒僅微醺，飯才半飽，幽窗對坐，聽胡老師娓娓講古，也真是人生難得的際遇。」這樣的午餐和偶爾的晚餐，唐德剛事後統計，前後約有60多頓。

　　唐德剛根據哥倫比亞大學「中國口述歷史學部」所公佈的胡適口述回憶16次正式錄音的英文稿，和自己所保存並經過胡適手訂的殘稿，對照參考，撰錄成《胡適口述自傳》一書。後應台灣《傳記文學》劉紹唐之囑，唐德剛原想為《胡適口述自傳》寫一篇「短序」，不意下筆千里，自成十幾萬字的《胡適雜憶》一書。

　　《胡適口述自傳》的出彩之處，在於唐德剛的「注」。有時一條「注」便是一篇妙文，讀來不免有「離題萬里」之歎，卻禁不住笑出聲來。而讀《胡適雜憶》，如見哥倫比亞大學旁邊一老一少相對閒聊的情景。就我視野所及，寫胡適寫得好的書有三本：《胡適

雜憶》、陳之藩的《在春風裡》、余英時的《重尋胡適歷程》。唐
著妙趣橫生，陳著情真意切，余著學理嚴謹。

《胡適雜憶》雖然有趣，卻有可商榷之處。唐德剛在《胡適雜
憶》中說：「記得有一次我開車去接他，但是電話內我們未說清楚，
他等錯了街口。最後我總算把他找到了。可是當我在車內已看到他、
他還未看到我之時，他在街上東張西望的樣子，真是『惶惶如喪家
之犬』！等到他看到我的車子時，那份喜悅之情，真像三歲孩子一
樣的天真。」起初看到這一段話時，我並不在意，陳之藩先生卻告
訴我：「胡先生不像他說的那樣，不是喪家之犬。唐德剛的《袁氏
當國》寫袁世凱很詳細，從前很多我不知道，寫得很好，寫胡適就
太輕佻，形容不出胡適這個人來，形容胡適的詞不是很恰當。」後
來我在普林斯頓大學感受余英時先生待人之體貼後，這才豁然開
朗：「胡先生是非常體貼的人，怕唐先生開車找不到他，心裡一定
緊張萬分，就會『東張西望』，這是很自然的流露。如果唐先生也
像胡先生一樣體貼，一定會讓胡先生在家裡等他，停好了車再上樓
請胡先生下來。」

陳之藩先生和余英時先生的學識修養俱佳，所論公正平和。而
胡適的女弟子蘇雪林和吳健雄看了《胡適雜憶》就氣得不得了。蘇
雪林認為唐德剛對胡適有「大不敬」與「重大冒犯」，專門寫了《猶
大之吻》一書罵唐德剛，自費出版，並寄了一本給吳健雄。唐德剛
不得不在《傳記文學》上發表〈「我犯罪了！並無解說。」〉一文
回應。細讀《胡適雜憶》，我認為唐德剛把胡適寫得有血有肉，十
分可愛，雖然有時文筆俏皮，不免筆走偏鋒，但並無惡意。

當年胡適說：「德剛是我的學生。」唐德剛說：「我沒有上過
您的課。」胡適說：「私淑弟子。」相信在天堂之上，慈祥的老師
胡適和俏皮的學生唐德剛重逢，依然相見甚歡。

三、 李宗仁的「忘年之交」

哥倫比亞大學「中國口述歷史學部」自始至終只有兩個全職研究員：唐德剛和夏連蔭（Julie How）。夏連蔭最早訪問的對象是孔祥熙和陳立夫，唐德剛最早訪問的則是胡適和李宗仁。1958年春夏之交，胡適決定出掌台北中央研究院之後，李宗仁才應邀參加口述歷史。

我問唐先生：「李宗仁是一個什麼樣的人？」唐先生答：「李宗仁就是一個China Town（唐人街）的老頭子，有時候我陪李宗仁到唐人街喝茶，吃點心，很多人來看我，大家也不認識李宗仁，不覺得他是什麼了不起的寶貝。哎呀，唐德剛，這個傢伙是在哥倫比亞大學跑來跑去的，很多人認識，這個老頭子是誰呀？」

我又問：「李夫人郭德潔是什麼樣的人？」唐先生答：「郭德潔是一個美女。李夫人還會跳舞，還會開車，長得那麼漂亮，衣服穿得那麼好。我稱她為Madam Li，我絕對不叫她Mrs. Li，人家是全國第一夫人。宋美齡開口閉口就是Madam Jiang，為什麼李宗仁夫人就不能叫Madam Li？所以郭德潔非常喜歡我，每一次見外賓都讓我介紹，我說Madam Li，她風度翩翩。」

從1958年到1965年，唐德剛成了李家的常客。據唐德剛記錄，共在李家吃了168頓飯。「我給哥倫比亞大學報告吃了168頓飯，我每次到李宗仁家裡，要開車，要過橋費，從前兩毛五，來回都要錢。李宗仁就住在新澤西，他以前有司機開車，有保鏢，他不會開，而且開汽車一定要講英文。我說：『德公，你自己不開車？』他說：『我只會講yes or no。』」唐先生回憶，「他們把我當朋友。郭德潔請我吃了一百多次飯，這一百多次飯的交情啊！李宗仁初到美

國，乖乖，那還得了，坐中國的專用飛機，有FBI當保鏢，他到美國的時候還是代總統。李宗仁到後來回國的時候，什麼人都可以瞞，就瞞不住我！我給他寫回憶錄，他的檔，我是唯一有權看的人。」

7年之間，唐德剛和李宗仁變成了「忘年之交」和「通家之好」：「我的老婆孩子也逐漸變成李家的常客。內子吳昭文與李夫人也處得感情甚好；我的兒子光儀、女兒光佩，也頗得『大橋公公』和『大橋婆婆』的喜愛——那時我們訪問李家，一定要開車通過那雄偉的華盛頓大橋，所以孩子們便發明了這一稱呼。」

在口述歷史工作中，唐德剛不時遇上麻煩。李宗仁曾貴爲代總統，自視一生了解天下大勢。唐德剛不得不勸他回憶自己在護國軍當排長時，少談國家大事或政治哲學，當排長的經驗和故事則說得愈多愈好。這時李宗仁頗不爲然，唐德剛是可以察言觀色的。當李排長做了上將司令長官後，又大談二戰的國際局勢。唐德剛客氣地問：「德公，您這些國際情報，是從哪裡來的呢？」「聽孫科說的。」唐德剛又問：「孫科的話就可以一言九鼎嗎？」又補充一句：「我怕全部記下來，在將來的國際版上，會引起笑話呢。」李宗仁這才若有所悟：「抽掉，抽掉！」

1965年6月，李宗仁夫婦秘密離開紐約赴蘇黎世，再由蘇黎世轉機返中國大陸，轟動一時。行前，唐德剛已有覺察，他回憶：「我問郭德潔：『李夫人，你們回不回中國去？』她馬上搖搖手：『不能說！』郭德潔得了癌症，乳房裡有癌細胞。郭德潔跑到香港去了，她可以兩地跑，李宗仁就不能動。後來郭德潔認爲她上當了，她不應該回大陸，她說回大陸有一個條件，就是大陸香港可以隨便跑，她到了大陸，想回香港就很難。Madam Li啊，香港有什麼好看的呢？郭德潔想死在香港，她覺得她在大陸上死掉，李宗仁還會討姨太太。」

唐德剛和李宗仁7年的合作，完成了大部頭的一中一英回憶錄，

也是哥倫比亞大學「中國口述歷史學部」唯一完工的兩部書。辛豐年先生曾告訴我：「我不是很滿意唐德剛的《李宗仁回憶錄》，這當然要怪李宗仁自己講得不是讓人太滿意了。我也在其中辨別一些到底可信不可信。」

四、張學良的「我講你寫」

在唐德剛忙於和李宗仁合作口述歷史時，哥倫比亞大學也意欲訪問顧維鈞。唐德剛擠不出時間，哥大便讓夏連蔭小姐去訪問顧維鈞。不想剛寫到辛亥革命，夏連蔭感到工作量太大，不想幹了，便由唐德剛接手。唐德剛撰寫《顧維鈞回憶錄》中從1912年一直到顧維鈞就任駐英大使。這二十幾年實際上是顧維鈞一生中最精彩、最重要的時期。約在1962年，唐德剛已是哥倫比亞大學的副教授，後續的訪問工作便由兩位博士研究生接手。四人訪問顧維鈞的一大堆材料，後來由一位美國小姐整理，她把唐德剛從前寫得生動精彩的一些情節刪掉了。

我問唐先生：「顧維鈞有什麼特點？」唐先生笑道：「顧維鈞這個人，乖乖，英文好得不得了，一上來就是 Doctor 唐，我說：『你也是 Doctor 啊，不用這樣叫。』他就是不改口。他跟我講話，都是很認真的，我就不能問：『你這個女朋友哪兒去了？』是不是啊？」顧維鈞畢竟是職業外交官出身，對任何人都文質彬彬，保持一段禮貌上的距離，不像胡適和李宗仁待唐德剛親如家人。不過，顧維鈞對唐德剛頗為欣賞，聽從唐德剛的建議，將自己的37箱檔案材料捐給哥倫比亞大學，這些材料也是唐德剛撰寫《顧維鈞回憶錄》的重要參考。

唐德剛撰寫了《胡適口述自傳》、《李宗仁回憶錄》、《顧維

鈞回憶錄》三部足以傳世的口述歷史著作。數十年來，穩坐華人世界口述歷史的第一把交椅。

樹大招風，在唐德剛70歲之時，便引來了張學良口述史的小風波。1990年1月，張學良第一次約見唐德剛，就提出也想寫一部像「中英兩文」的《李宗仁回憶錄》那樣的書。唐德剛告訴張學良：「估計寫他那樣一本雙語傳記，至少要有3年以上的苦功。要有研究計畫，和專任研究員和專任或兼職助理，有專用研究室，有足夠的參考圖書，最好還要有專家組織的顧問和襄贊委員會，動手之前，至少要有現成美金10萬、20萬的基金。這都是一個一流大學的專門計畫。」不過，張學良和其他行外人一樣，以為寫本「回憶錄」，「我講你寫」就成了。

平心而論，後來出版的《張學良口述歷史》一書，雖然冠名「張學良口述，唐德剛撰寫」，如何能與《胡適口述自傳》、《李宗仁回憶錄》、《顧維鈞回憶錄》相提並論？晚年唐德剛也只以〈張學良自述的是是非非〉一文，略道其始末，告知世人真正「口述歷史」之不易，並非「我講你寫」這麼簡單。

《張學良口述歷史》如同張學良的單口相聲，但也有其妙趣所在。「平生無缺憾，唯一好女人」一章，更見少帥風流本色。當新獲自由的張學良在紐約住在貝夫人家裡，和唐德剛等人飲宴時常常公開說：「趙夫人可敬，貝夫人可愛！」引起趙四小姐對在張學良身邊的唐德剛「深惡痛絕」。唐先生解釋道：「這個事情怪我也不怪我，張學良到我家來吃飯，我請他坐在這個沙發上面，張學良的屁股不能坐軟的。張學良和李宗仁兩個太太都了不起，趙四小姐，你沒見到她，你見到她才知道這個人，乖乖，漂亮！趙四小姐跟我們無話不談，我說：『漢公可惜了，坐牢坐一輩子！』張學良只認這個女人的指揮，其他女人是他指揮。」

五、 何謂「口述歷史」

　　唐德剛在《文學與口述歷史》中指出，二戰後，哥倫比亞大學教授艾倫・芮文斯(Allan Nevins)提出了Oral History的名詞，翻成中文就是「口述歷史」。但唐德剛對他說：「你不是口述歷史的老祖宗，而只是名詞的發明人。」在唐德剛看來，口述歷史至少有兩千年的歷史，中外皆有老傳統。孔子述而不作，《論語》便是由孔子口述，經學生或學生的學生記下來的，自然是口述歷史了。司馬遷的《史記》中也有根據口述史料加以整理編寫而成的。在西方，荷馬和希羅多德的作品都是第一流的「口述歷史」，甚而蘇格拉底、釋迦牟尼、耶穌、摩西的言論也是口述後記錄下來的。

　　哥倫比亞大學的口述歷史研究在二戰之後，開一代學術風氣之先。唐德剛正在哥大求學，耳濡目染並接受專業的訓練，畢業後又任職哥大「中國口述歷史學部」多年，華人口述歷史可謂「天將降大任於斯人也」。唐德剛的第一位訪問者胡適，在中國現代學術史上「但開風氣不為師」。早在民國二十二年，胡適為《四十自述》寫序，就深感中國最缺乏傳記的文學，所以到處勸老輩朋友寫他們的自傳，赤裸裸地記載他們的生活，給史家做材料，給文學開生路。到了胡適晚年，欣然接受唐德剛的訪問，可視為一代學術宗師對「口述歷史」這一方式的支援和嘗試。

　　在一般人看來，口述歷史不過如同張學良所言：「我講你寫」。只要稍為涉入口述歷史之海弄潮，便知此說只是觀潮者的外行話。唐德剛自述：「口述歷史並不是一個人講一個人記的歷史，而是口述史料。」他替胡適寫口述歷史，胡適的口述只占50%，另外50%是唐德剛找材料加以印證補充。替李宗仁寫口述歷史，大概15%是

李宗仁口述，85%由唐德剛從圖書館、報紙等各方面資料補充與考
證而成。唐德剛做口述歷史之前，已對胡適的學術思想知之甚深，
所做的功課完全可以從文字中感受得到。而胡適是一位「無徵不
信」、「有七分證據不講八分話」的學者，胡唐合作，自然可信。
李宗仁儘管有「信口開河，不能入書」之嫌，但唐德剛也不失教師
本色，帶些《護國軍紀實》、民國初年報章雜誌甚至《民國史演義》
給李宗仁看，並曉以「信史」可用，「稗官」要刪之理。爲顧維鈞
做口述歷史時，唐德剛翻遍顧氏37箱檔案材料之外，還多方尋找旁
證。這番功課的甘苦，實不足爲外人道也。由是觀之，張學良口述
歷史無法完功，也是意料中事。

　　大凡成大事者，「苦功」之外，有時不得不相信「機遇」之妙。
1950年代，李宗仁、胡適、顧維鈞這些民國史上極重要的風雲人物，
恰在時空的交叉點與唐德剛相逢。唐德剛感歎：「歷史學家應乘此
千載難逢的時機，找出這類人物在中國歷史演進過程中成長的經
過，把他們與整個『民國史』作平行的研究。」若干年後，唐德剛
有幸面見「校長」蔣介石，也幻想提著個答錄機去找老校長談話。
這雖然太不切實際，卻正是一個歷史學家使命的自然流露。

　　以受訪者而言，能遇上像唐德剛這樣的訪問者，也是幸運的。
「我跟李宗仁在一起，他開口就巴結：『德剛兄，認識你，好命！』
你別看李宗仁有多了不起，一個人的前途，是他的福氣，他的命。」
唐先生笑著回憶，「這些故事如果想寫的話，那是多麼精彩，我現
在是不想寫啊。他們說唐德剛在這一行是內行，我說：不是內行，
是機遇。」

　　當我請教對民國史人物的觀感時，唐先生說：「我一輩子碰到
的大人物，那都是每個人不同。人家問我：唐德剛，你寫這麼多歷
史，有什麼心得？我說：每個人都是不一樣的。李宗仁跟蔣介石就

是不一樣，李宗仁跟白崇禧也不一樣，人家講『李白李白』，李宗仁跟白崇禧就是不一樣。」

六、 走出「歷史三峽」

綜觀唐德剛一生，三部傳世的口述歷史著作均完成於壯年。早期文學創作也占有重要的份量。三十多歲的《五十年代的塵埃》一書中，〈梅蘭芳傳稿〉是典型的「傳記文學」，「文學」色彩尤其重，餘外均是文學作品。五十多歲從美國回到中國訪問時，所見所聞令唐德剛感慨萬千，禁不住寫起小說來，不想一發而不可收，成了60萬字的小說《戰爭與愛情》，笑稱「也是口述歷史」。散篇文章結集的《史學與紅學》、《書緣與人緣》二書，才情盎然。其舊體詩的功力，也足以獨步詩壇。在史學研究上，唐德剛的重要著作《晚清七十年》、《袁氏當國》的寫法，與主流史學界的表述方法大異其趣，極盡亦莊亦諧之能事，議論縱橫古今中外，使讀者大開眼界。以文風而言，唐德剛不愧是一代「文體大家」！

在聊胡適、李宗仁、顧維鈞、張學良的同時，唐先生不時地穿插一些外國學者在研究中國問題時的笑話：有一位大名鼎鼎的漢學權威寫了一篇文章，說「孔明」與「諸葛亮」是兩個人，還考證孔明與諸葛亮這兩個人不同的出身地是哪裡哪裡……這時我才恍悟唐德剛當年在哥倫比亞大學受洋人的氣的傳聞應該是真的。1972年春初，唐德剛從哥倫比亞大學轉至紐約市立大學，一方面是哥大有一批洋人和日本人正在多方策動把他轟出哥大，另一方面是紐約市立大學請他做亞洲系第一任的系主任。

就我的視野來看，可與唐德剛放在一起討論的史家是黃仁宇。這兩位都是我在學生時代就入迷的學者。黃仁宇和唐德剛都兼有極

高的文學與史學天才，文筆獨具一格，頗有感染力，這是他們在華
文世界都擁有無數讀者的重要原因之一。但他們的一些史學觀點，
始終不得主流學界的認可。讀黃仁宇的回憶錄《黃河青山》，見其
在美國主流學界屢屢受挫，甚至到了61歲仍被紐約州紐普茲州立大
學解聘，不禁一掬同情之淚！而黃仁宇念茲在茲的「大歷史」觀與
唐德剛的「歷史三峽」說，也堪作一比較。

　　在一次聚會上，一位朋友談到他和李慎之先生的交往時說：「李
慎之有一次預測：中國成功轉型的時間會在2040年。」我脫口而出：
「這個預測和唐德剛的說法是一樣的，他認為中國走出歷史三峽需
要兩百年，即從1840年到2040年。」「歷史三峽」之說，唐德剛談
過多次，他在文章〈走出歷史三峽需時兩百年〉（刊於《明報月刊》
1999年5月號）中認為：

> 這就是筆者一再說的，一部中國近代史，便是一部近代中國政
> 治、社會、文化的轉型史，政治制度要從君主轉民主，其他各
> 種制度和風俗習慣也隨一轉百轉，全部轉完，大致需時二百年，
> 在這轉型期中，是死人如麻、驚濤駭浪的，所以筆者不揣淺薄，
> 乃把這兩百年的轉型期，名之曰「歷史三峽」。照目前形勢觀
> 察，大致再有四十年，我們就可以出峽了。那時風平浪靜，全
> 族人民也就可以過點太平日子了。但是出得了，出不了峽，還
> 得看我民族和領袖們有沒有這一智慧和機運。

　　在我訪問唐先生時，專門請教了「歷史三峽」一說。唐先生興
致頗高：「三峽是長江的一段，由瞿塘峽、巫峽、西陵峽三段峽谷
組成，現在建大壩，江面就寬了，三峽的地質就發生變化。我講歷
史三峽，中國歷史從古代一路走到清朝末年，到了三峽，這裡驚濤

駭浪，過了三峽就風平浪靜了。中國歷史有幾個階段，走到鴉片戰爭的時候，就動亂了，動亂一百八十年，就風平浪靜，所以叫做歷史三峽。現在這個歷史三峽還沒有完全通過，有運氣的人，剛好碰上了，這是歷史定命論。袁世凱、蔣介石、毛澤東都改變不了，但他們有運氣碰上。中國從初民社會到封建社會，一下子到封建完了，風平浪靜，那是中國民族的將來。這是我的觀點，有人看透，有人沒看透。這是我個人的謬論，我也不敢講我個人就是對的。我沒有想到大陸上有人同情我的講法，三峽什麼時候出口，我也不知道，通過了，就見不到驚濤駭浪，晴川歷歷漢陽樹，芳草萋萋鸚鵡洲。」

也許，學人所見略同。周有光先生在《周有光百歲口述》的結尾說：「我對中國未來是樂觀主義，我認爲中國的未來跟世界的未來是一致的。30年以後中國可以走上民主道路。方向都是一樣的，方向一定是走向世界共同的民主道路。」

李慎之、唐德剛、周有光不約而同地描繪著一個相近的時間表，何嘗不是希望的投射？一百多年來，中國內憂外患紛至遝來，家國多難，民生多艱，無論身處海內海外，無不祈願天下太平，百姓安居。

但願唐公天堂安息，歷史江河入海。

本文參考書目

《胡適口述自傳》，胡適口述，唐德剛譯注，廣西師範大學出版社
　　2005年8月第1版。
《胡適雜憶》，唐德剛著，廣西師範大學出版社2005年8月第1版。
《李宗仁回憶錄》，李宗仁口述，唐德剛撰寫，廣西師範大學出版
　　社2005年12月第1版。
《袁氏當國》，唐德剛著，廣西師範大學出版社2004年11月第1版。
《史學與紅學》，唐德剛著,廣西師範大學出版社2006年3月第1版。
《書緣與人緣》，唐德剛著,廣西師範大學出版社2006年1月第1版。
《張學良口述歷史》，張學良口述，唐德剛撰寫，中國檔案出版社
　　2007年7月第1版。
《五十年代的塵埃》，唐德剛著，中國工人出版社2008年12月第1
　　版。

　李懷宇，傳媒人，作品有《訪問歷史》、《周有光百歲口述》、
《世界知識公民》等。

思想采風

在中國重振社會民主：
紀念謝韜

陳子明

　　2010年8月25日上午9時5分，在中國大陸媒體上率先宣導民主社會主義的謝韜先生逝世，享年88歲。

　　謝韜，原名謝道爐，四川自貢人，1922年1月生。1944年畢業於成都金陵大學（現南京大學）社會學系。1937年抗日戰爭爆發後，當時還是初三學生的謝韜參加了中共地下黨的週邊組織「自貢市學生救亡工作團」。在大學學習期間，他參加了中共地下黨組織的「民主青年協進會」，任宣傳部長。1944年8月在金陵大學哲學系任助教，10月發起組織了兩千多人參加的「國事座談會」（名為座談，實為群眾集會），譴責一黨專政，要求民主自由，引起轟動。1945年7月因參加學生民主運動被校方解聘。由於受到國民黨特務的監視、跟蹤，他從成都躲到自貢，又從自貢躲到重慶。謝韜後來回憶說：「在那個時代，現實社會十分黑暗醜惡，軍、警、憲、特橫行霸道，欺壓百姓，我們眼見廣大地區民不聊生。蔣介石集團強化一黨專政，實施黨管國家、黨管軍隊、黨管一切的獨裁政策。國家政權腐敗無能而又無法無天，人民沒有人權，沒有應有的一切自由。這些都是我們親身感受到的現實。因此，我和（李）慎之這一代人，把反對帝國主義，反對專制政權，爭民主、爭自由、爭人權，建設一個經濟繁榮人民幸福的新中國，作為理想，作為我們畢生的奮鬥目標。」

　　1945年底，謝韜擔任重慶《新華日報》記者。1946年2月，擔任
《新華日報》資料室編輯。10月，參加中國共產黨。國共談判破裂
後，謝韜跟隨中共代表團撤退回延安，任《解放日報》記者，新華
通訊社總社編輯和政策研究室研究員。1948年8月華北大學成立，調
任社會科學系哲學教員和系支部書記。1950年中國人民大學成立，
任馬列主義教研室副主任、副教授，1954年評爲正教授。當時，全
國高等學校的馬列主義教師，大都是在中國人民大學的馬列主義研
究班培養的，三十剛出頭的謝韜作爲這個研究班的教授，儼然成爲
馬列主義的理論權威。

　　謝韜在重慶擔任《新華日報》記者期間，曾多次採訪著名作家
胡風。1951年5月，胡風被安排參加全國政協組織的西南土地改革工
作團第二團前往四川，謝韜正好在第二團擔任宣傳部長，兩人開始
有了密切的接觸。1953年，胡風全家由上海搬到北京，之後謝韜與
胡風的來往更多了。1954年4月19日，胡風給謝韜一信：「昨晚開始
弄『民族形式』」，還順利。這涉及到了列寧底兩種文化論。列寧
說的是『資產階級民族』，或現代國家，史達林底『民族』這個範
疇也是這樣規定的。但列寧的話，我記不得直接出處。得便，煩你
查一查抄兩三條給我。一，原文，二，出處。能是直接的引用，當
然要好一些。」由於這封信，謝韜被打成「胡風反革命集團骨幹分
子」。謝韜後來回憶：「1955年，毛澤東突然宣布有個『胡風反革
命集團』。我根據在重慶的時候直接了解的胡風的政治傾向，不同
意說胡風是國民黨特務，認爲共產黨不能過河拆橋。我爲胡風打抱
不平，毛澤東知道了，十分生氣。我被定爲『胡風反革命集團骨幹
分子』，經毛澤東批准，由公安部逮捕，對我實行專政。其實，我
與胡風僅有的一點關係，只是他要引用馬克思主義經典作家的話，
知道我在大學從事這方面的教學工作，委託我查對過兩條語錄。」

「對我的審查一直沒完。實際上沒有審出任何問題，只因爲是毛澤東親自批捕的，誰也不敢說毛批錯了。」

由於中國人民大學校長、中共元老吳玉章的保護，謝韜被長期留在大學裡接受審查。謝韜回憶說：「1960年，因『大躍進』造成大災難之後供應困難，我不能在人民大學白吃飯，公安部把我『調』進秦城監獄，與范漢傑、廖耀湘、黃維等關在一起。……1965年不少戰犯出獄了，我才被宣布『免於刑事起訴』，戶口仍留在北京，人回老家自貢市去。回到自貢，被安排到自流井鹽業博物館總務科當辦事員。半年左右，『文革』開始了，我成了自貢『最大的反革命』，每次批判自貢市『走資派』的時候，我都被拉去陪鬥。」

1980年10月，中國公安部撤銷了對謝韜的有關結論和處理決定，予以平反，恢復名譽。1979年至1983年，謝韜任中國社會科學院《中國社會科學》雜誌哲學編輯室主任，中國社會科學出版社常務副社長。1983年5月，謝韜被任命爲中國人民大學副校長，主持學校行政方面的常務工作，同時兼任中國人民大學出版社社長、總編輯。1986年9月至1988年8月，應邀出任中國社會科學院研究生院第一副院長，主持常務工作。退休後，謝韜應聘擔任浙江大學、東南大學、西南財經大學的兼職教授，擔任中華孔子學會副會長、國際共產主義運動史學會顧問（原副會長）、中國和平統一促進會理事、國際教育交流協會理事、吳玉章獎金基金會副主任等職務。謝韜在擔任上述職務期間，爲恢復、重建和繁榮中國大陸的人文學科與社會科學，做出了重要的貢獻。此外，謝韜還在1987年創建了民間智庫──華夏研究院，並親自擔任院長。

2006年，謝韜撰寫了〈只有民主社會主義才能救中國〉。該文首先在互聯網上發表，《炎黃春秋》2007年第2期轉載時作了刪改，題目也改爲〈民主社會主義模式與中國前途〉，引起了社會的轟動

與爭論。謝韜指出:「如果把第二國際(社會黨國際)和第三國際(共產國際)所建立的社會制度比作兩種類型的社會主義實驗的話,後者的失敗是必然的,因為它沒有資本主義的充分發展這樣一個條件,而且連資本主義的萌芽都消滅了。」「由此可見,蘇聯解體,東歐巨變,中國走上改革開放道路,都是『左』傾修正主義的失敗」,「而社會民主黨人所作的那個實驗,以瑞典模式為代表,影響了整個西方工業國家,改變人類歷史的方向。」「就在暴力社會主義走到山窮水盡的時候,民主社會主義在西北歐取得了極大的成功。貧窮不是社會主義,富裕+專制腐敗也不是社會主義。普通民眾的富裕和政府官員的廉潔是民主社會主義的兩大亮點。民主社會主義寄託著人類的希望。」「構成民主社會主義模式的是民主憲政、混合私有制、社會市場經濟、福利保障制度。民主社會主義核心是民主。沒有民主的保障,其他三項都會異化和變質。」

在2008年2月號(總第20期)的《領導者》上,謝韜又發表了〈共產黨組織轉型的思考〉一文。謝韜寫道:「中國共產黨要成為一個現代政黨,必須實現從以職業革命家為核心的先鋒隊組織到開放型的群眾性組織的轉變。後者的工作重心既不是理論灌輸和思想改造,也不是以群眾運動和武裝鬥爭的方式維持一黨專政,而是廣泛吸納黨員,聯繫盡可能多的選民,在競爭性選舉中贏得勝利。」「經過百年政治實踐,什麼是『民主集中制』的真相早已經被人們所洞悉。『民主集中制』的實質只有兩條:全黨服從中央,中央服從領袖。它用黨的中央機關自上而下地委任黨的地方機關,取代了黨的地方機關的自治和自下而上地產生中央機關。它用中央和地方各級執行機關駕馭和指揮權力機關,取代了中央和地方各級執行機關向權力機關負責。」「我們現在講民主憲政或者說憲政民主,民主主要體現為選舉、投票、『數人頭』,憲政主要體現為限權(政府不得

侵犯人權）、分權、相互制衡。國家機構要實行三權分立，黨內也要
實行三權分立。前者是行政、立法、司法的分立，後者是政治、監
督、財務的分立。根據現行黨章，黨的最高執行機構是大一統的、
一元化的，又是多層級的、寶塔型的。改革的目標模式是，黨的最
高執行機構既是分權的、多元化的，又是少層級的、扁平化的。」
「今後，中央政治委員會、監察委員會、財務委員會應當分工合作，
各自承擔獨立的功能，向黨的全國代表大會彙報工作。同時，還應
當由黨的全國代表大會任命黨報黨刊的負責人，黨的中央執行機關
只應當保持對於黨報黨刊「道義上的影響」。」謝韜最後指出：「中
國國民黨作為一個百年老黨，已經經歷了從革命黨到專政黨再到憲
政黨的轉變。……中國共產黨要獲得新生，也必然要走國民黨走過
的憲政之路。」

　　謝韜上述文章的意義在於，中共黨內有一股久已潛伏的民主社
會主義（或社會民主主義）思潮，在他筆下公之於眾，引起外界的關
注與討論。據《趙紫陽軟禁中的談話》披露，早在1993年，趙紫陽
就對宗鳳鳴說：「看來第二國際的理論是比較實際的。……相反，
第三國際的理論則是『烏托邦』。」1999年，杜潤生向宗鳳鳴表示，
「在現今的世界裡，他想同一些志同道合者從理論上全面探討一下
對馬克思主義的改造，對社會主義的改造，對黨的改造問題。並說
社會民主黨的綱領路線還是比較實際的。」2000年5月30日，安志文
與趙紫陽談話時說：「中國也應以社會民主黨的綱領路線來實行社
會主義的改造與党的自我更新，走社會民主黨的道路。」安志文還
對宗鳳鳴說：「社會民主黨的主張，容易為中國人民所接受；因為
是要實行社會福利政策，這與中國傳統的小農經濟思想所謂『均貧
富』的平均思想相符合；而且中國人民這些年來在共產主義思想教
育下，一直在反對資本主義，因此提高資本主義化，在人們心目中

不容易接受，而對社會民主黨就大不一樣。」2004年10月24日，趙
紫陽在最後一次與宗鳳鳴見面的時候說：「中國社會的發展，無疑
總會轉向社會民主黨主導的方向。」另據《趙紫陽還說過什麼？——
杜導正日記》記載，2004年9月12日，趙紫陽對來訪的杜導正說：「安
志文來面談了他的兩點看法。安說，這二十幾年，中國經濟發展了，
這經濟還會繼續發展，但中國產生了社會危機。經驗教訓是什麼？
怎麼辦？看來必須實行民主政治。應該搞社會民主主義。安志文說，
持這種見解的人越來越多。第二點，中國現在從發達國家回來的人
越來越多，其中許多人在各級黨政部門主政，逐漸占執政人員中主
要位置。這給中國帶來希望。」趙反覆地說，「安志文這位老同志，
一向持重、穩重，思想開朗，但立論很穩。所以他的這個見解更值
得看重。」謝韜與趙紫陽、杜潤生(原中共中央農村政策研究室主
任、國務院農村發展問題研究中心主任、中顧委委員)、安志文(原
國家體改委副主任、黨組書記、中顧委委員)並無直接來往，但他
們在民主社會主義的問題上卻有著一致的認識。這說明，即使是
在中共內部，民主社會主義也已經成為一股不可忽視的力量。

　　由於謝韜晚年的努力，久已湮沒的社會民主，終於成為中國政
治的一個嚴肅議題。

　　陳子明，政治學者。曾任中國社科院哲學研究所助理研究員、民
辦北京社會經濟科學研究所所長。1989年「六四」後被判刑13年，
剝奪政治權利4年。2010年香港世界華文傳播出版機構出版《陳子
明文集》12卷。

托尼・朱特：
未完成的生命依然完美

章樂天

　　2006年我接下了《責任的重負》一書的翻譯，在托尼・朱特教授的眾多作品中，這只能算是一本「小」書，甚至英文版的裝幀都不大起眼。然而，譯竣之後我便忍不住去網上尋找朱特教授的其他文字，還產生了作個訪談的想法。他那論辯式的文風帶有驚人的鋒芒，我覺得，他是那種有一點話頭就能展開滔滔雄辯的經典公共知識分子，這在越來越講究容納和承認的今天已經太少見了。

　　朱特教授是立陶宛猶太拉比的後代，1948年生於英國倫敦東區。1972年，他帶著歷史學博士學位從劍橋大學畢業，轉去著名的巴黎高師，到歐洲大陸的文化中心繼續進修。1970年代末，學術處女作《普羅旺斯的馬克思主義：1871-1914》出版，日後他的著作就再也離不開以法國政治文化為代表的20世紀歐洲歷史這一主題：通過《地中海歐洲的抵抗運動：1939-1948》、《馬克思主義與法國左派：1830-1982》、《不完美的昔日：1944-1956年間的法國知識分子》等書，朱特教授精密剖析了他所謂的「法蘭西綜合症」——歐洲社會民主左派力量在二戰及戰後的動盪衰落的根源，並以此為抓手，探討了令歐洲人尷尬的一個世紀歷程。1980年代他移居美國、去紐約大學任教後聲譽日隆，各種政論、史論、訪談頻頻見諸報端，並格外細心地回覆各種網上的提問。作為崇尚社會民主的自由主義

中左知識分子，朱特教授的活躍讓人無法不將其與愛德華・薩義德聯繫到一起，兩人都是移民，而且都多年如一日地抨擊美國和以色列政府。

天妒英才，正在創造力鼎盛之年的朱特教授，去年卻罹患與史蒂芬・霍金一樣的肌肉萎縮症，消息傳出，一片歎息。去年10月，面對紐約大學的700多名聽眾，癱瘓在輪椅上的歷史學家通過呼吸機的支援艱難地喘氣發聲，他的演講主題離不開「失敗」：社會民主的失敗，民族和解的失敗，歐洲和北美互相理解的失敗，最終是人類翻過現代史這一頁的努力的失敗──他的演講肯定了社會民主的有益遺產，但結束語卻嚴峻悲觀：「我們依然生活在一個過去的年代。」這是他患病後的第一次亮相。以頭腦和文字為畢生志業的人，在這一刻，即使置身於掌聲和眼淚的圍繞之間，依然顯得那麼孤獨無助。

過去在延續，我們仍沒有走出來──在「歷史終結」論者眼裡，在滿足於冷戰終結、紅色帝國崩潰的樂觀主義者眼裡，20年來，朱特教授的著作就像一封封無法置之不理的戰書。2005年，朱特教授完成了煌煌大著《戰後歐洲史》，他在這部作品裡火力全開，對白人世界反思二戰歷史的態度及其後果作了冷酷無情的解剖。東歐人的落後情有可原，在蘇聯的嚴密控制下，絕大多數東歐人喪失了正視過去的機會和意識，而一貫自我感覺良好的西歐人，對歷史記憶的玩忽則事關歐洲整體的墮落：包括創造戰後經濟奇蹟的德國人在內，戰後的一代西歐人不敢面對驅猶、屠猶暴行、戰時的通敵行為，還有普遍存在的對納粹主義（及其在德意以外國家的各個變種）的好感。對西歐人來說，「過去」是一道寬廣無垠、潤物無聲的陰影，人們在暗處埋頭活下來，一點點忘卻痛苦，告別過去。

作為一位講究道德良知的公民，朱特教授決不贊同自我麻痹的

做法，但作為歷史學家，他又承認選擇性的遺忘對於歐洲戰後的迅速穩定的確大有好處。朱特本人也是戰後出生的一代。對於戰後的記憶，誠如他在一篇訪談中所說，「到10歲左右，我覺得我大多數關於「善與惡」的意識都更多地指向了德國人。」英國和其他歐洲國家的戰爭電影，基本上表現的都是對德作戰的場景，而對於蘇聯紅軍的態度則比較複雜。事實上，這種有意無意的記憶選擇，從某種程度上避免了第三次世界大戰的發生──冷戰45年間，也就是古巴導彈危機顯得更為危險，而最終，不管是甘迺迪、尼克森還是赫魯雪夫，都忌憚於再次捲入戰爭的慘重代價。

　　《戰後歐洲史》裡的這些主要論點，以及他那種論辯式而非傳統述史式的文風（全書注釋寥寥，大量的史實被摻雜在推理和判斷之中端給讀者），都透射出托尼·朱特身上有矛盾的一面。說起來，他的家庭背景就有些奇怪：既信奉馬克思主義，又反對社會主義，朱特在其中成長至負笈劍橋時期，初步長成一個社會主義──猶太復國主義者，狂熱醉心於以色列基布茲運動。然而，等到終於趁著1967年「六日戰爭」的機會去以色列體驗戰爭的時候，他又恰恰對自己的政治抉擇產生了懷疑。「我懷著這種理想主義的幻覺而去，要建立一個社會主義的公有制國家」，但最終卻發現復國主義左翼和右翼一樣，「對那些被踢出這個國家的人民驚人地無知。」

　　介入一切的青春狂熱散去，朱特的懷疑主義開始萌芽了，與之伴生的是他對歐洲左翼運動的濃厚興趣。一切意識形態、身分政治都是可疑的，政治投機值得鄙視，但錯置了的理想主義癲狂則更應予痛斥，而正是戰後歐洲的左翼陣營，每每成為誤判和理想錯置的舞臺。1960-70年代，朱特在巴黎高師的學習經歷鞏固了他學術進階的基石，他深度研習了二戰前後法國政治和知識界的歷史，這段經歷日後凝結成了數本專著：《普羅旺斯的社會主義》、《責任的重

負：布魯姆、加繆和阿隆》等等，皆一面提出一種鮮明的、對法國政治文化總體上的批判態度，另一面分析左派人士（主要是知識分子）應有的自由立場和道德尊嚴。

　　人們往往認為，保持客觀公正是歷史學家職業操守的題中應有之義，他們得像考古工作者一樣，不動聲色地梳理過去的事情，排布停當，待讀者自己來評判是非；而一位「公共知識分子」則是一定要有道德判斷的，因為他在更多的場合下得直接面對大眾發言，去影響他們對公共問題的認知。正是從研究法國問題起始，托尼・朱特嘗試著臧否已發生的事實，甄別個體行為的對錯：法蘭西這個底蘊深厚的優秀民族，為什麼遲遲無法找到通往良性政治的現代之路？是什麼原因，導致了它自二戰以來一再蒙受軍事投降、政局不穩、殖民地叛亂、學生運動等等難堪事實的折磨？

　　法國集中了朱特教授的多個學術焦點：戰爭遺產的檢討，勞而無功的左翼運動，冷戰政治文化，等等。2006年，我奉三輝出版公司之託著手翻譯《責任的重負》一書，書中研究的萊昂・布魯姆、阿爾貝・加繆與雷蒙・阿隆三人，作為上世紀法國傑出知識分子的代表，因機緣和性格的不一而選擇了不同的事業方向：政治旗手、意見領袖及學術精英。三人各有短長，都在時代的裹挾推撞中犯下了程度不一、方向不同的錯誤。究其癥結，朱特教授展示了一個更大的背景：從第三共和末年到1960、70年代，法國政治界和知識界之所以看似精英輩出，實則你糾我纏，兩敗俱傷，蓋因兩者都向對方輸出了自己有害的一面：政壇上的黨爭滲入知識界，迫使文人們站隊而喪失清白的理性；知識界和媒體的書生之見又每每膨脹，干預了講究效率的政治決策過程。

　　但是，朱特教授終究不曾忽略三人最大也是最光明的共同點：「勇氣與正直」，他們都在公共生活的腹地確立了自己的位置，表

現出這些美德並因此而長期遭人嫉恨。我覺得，之所以要強調這一
點，而不只是做些個案分析，仍然與朱特本人作爲公共知識分子的
「責任的重負」有關。冷戰思維、黨派之見禁錮了文人的頭腦，讓
他們付出了重大的道德代價；現在的世界倒是承認每個人有權信自
己所信，然而，假如一味以相對主義的態度包容之，在朱特看來，
亦違背知識分子的天職。在接受 *Newsweek* 網刊的一次專訪中，他
重申了自己的立場：知識分子，尤其是像他這樣的自由主義者，不
能懼怕從道德的角度說出是非——「道德化」並非禁臠，而是履行
使命的必須：

> 假如自由主義者……堅持認為道德化是骯髒的，從而把判斷對
> 錯善惡的權力讓給各式各樣依然使用那種語言的人（天主教
> 徒、穆斯林、其他各種宗教團體——以及政治右翼，他們從不
> 忌諱犧牲別人的利益去搞道德化）。在這種情況下，我們就將無
> 法對關於任何事情——從海外援助到墮胎再到安樂死——的難
> 題給出答案。

是的，我們可以不再使用「道德化」這個詞，只要我們能夠重
新樹立「公共倫理」這個曾被古今哲人落落大方地使用的術語的地
位。這便是朱特教授的關懷所在，這也是他「叛離」猶太復國主義
運動的原因——不管是投身還是脫離某件公共事務，他都要基於具
有公共性的道德判斷，而非出於宗教信仰、種族身分、習慣或個人
利益的考慮。

作別了歐洲的情感家園，托尼・朱特來到了美國，1988年接受
了紐約大學提供的教席，並在7年之後，協助《西線無戰事》的作者、
德國作家埃裡希・雷馬克的遺孀創立了以雷馬克的名字命名的研究

所。此時的他已經是全球知名的公共知識分子了，而且熱愛演講和辯論，總是極其認真地回覆別人對他網上文章的評論。他對新大陸有不少好感，這裡的人性情開放，精力充沛，也爲他提供了在學術界揚名立萬的機會，小布希上臺後，他與所有民主黨人一樣，指著總統的後腦勺罵了整整八年，即使奧巴馬登基，他也沒有輕易改換口吻，只是表示謹慎的樂觀，覺得奧巴馬很可能會在諸如醫療保險和中東問題等一系列大事上妥協。人總在該變通的時候一意孤行，在該堅持的時候腿軟，這種例子，近現代歷史上俯拾皆是。他在給英國友人彼得・凱爾納寫去的信中談到了這個國家：「我已看到了未來，沒希望的。」

彼得・凱爾納寫道：對那些不怎麼了解托尼・朱特的人來說，他是一個眾多矛盾的集合體：一個能尖銳批評那些與他懷有同樣理想的理想主義者，一個既無限自豪於自己的民族傳統、又被許多猶太復國主義者恨入骨髓的猶太人，一個樂意生活在美國的典型歐洲社會民主派。然而，「在他的朋友們眼裡，這些矛盾都不存在。」因爲，托尼・朱特的性格就是如此，「他所受的教育不是用來服務於任何種族或意識形態利益，而是用以理解和改善身邊的世界的。」他那旺盛奔突的激情鮮明、嚴密而精確；假如他追隨著這些激情進入到昔日觀點的反面，或者冒犯了過去的盟友，都是在情理之中的。

在《責任的重負》翻譯過程中，我同朱特教授有過幾次通信。他有一部研究歐洲知識分子向蘇聯「朝聖」的代表作《不完美的過去》（*Past Imperfect*），我問他，"imperfect" 應當翻譯成「不完美的」還是「未完成的」？教授覆函道：你說得對，"Past Imperfect" 兼有你提到的兩重涵義，一個未結束、未完成（unfinished or incomplete）的昨天，也是一個道德上、形式上受損（spoiled）的——或用你的話說，「被玷污」的——不完美的昨天。「中文裡有一個

能涵蓋兩種意思的詞嗎？」

　　我絞盡腦汁，也找不到這樣一個詞，只好老實作答「沒有」。用心讀過《戰後歐洲史》的歐美人士應當受到策動，著手修補他們的記憶和教訓，給「過去」投下的久佇的陰影畫上輪廓，送它遠行。這個世間，一段待述的歷史，一項需耕耘的事業，乃至一段肉體凡胎的生命，如若「未完成」則必定大不完美，但我想，已在九泉的朱特教授是個例外。

　　章樂天，書評人、翻譯工作者，文章見於各大刊物，譯作兩部：《加繆和薩特：一段傳奇友誼及其崩解》（2005）、《責任的重負：布魯姆、加繆、阿隆與法國的20世紀》（2007）。

《思想》徵稿啟事

1. 《思想》旨在透過論述與對話，呈現、梳理與檢討這個時代的思想狀況，針對廣義的文化創造、學術生產、社會動向以及其他各類精神活動，建立自我認識，開拓前瞻的視野。

2. 《思想》的園地開放，面對各地以中文閱讀與寫作的知識分子，並盼望在各個華人社群之間建立交往，因此議題和稿源並無地區的限制。

3. 《思想》歡迎各類主題與文體，專論、評論、報導、書評、回應或者隨筆均可，但請言之有物，並於行文時盡量便利讀者的閱讀與理解。

4. 《思想》的文章以明曉精簡為佳，以不超過1萬字為宜，以1萬5千字為極限。文章中請盡量減少外文、引註或其他妝點，但說明或討論性質的註釋不在此限。

5. 惠賜文章，由《思想》編委會決定是否刊登。一旦發表，敬致薄酬。

6. 來稿請電郵：reflexion.linking@gmail.com，或郵寄下列地址：
   105台北市基隆路一段180號4樓聯經出版公司《思想》編輯部收。

致讀者

　　當前台灣人文學術領域中，論本身的活力、論牽動的人力與資源、論對於社會的移風易俗影響，文化研究與台灣史乃是最為搶眼的兩個學門。這兩個學科的發展，也與過去二十年來台灣政治、社會的變動有最密切的關連。沒有解嚴與開禁，文化研究的存在很難想像；不經過本土化雷厲風行，台灣史也恐怕只會繼續活在陰影之下。但是隨著這兩個新興學門力求學院化與體制化，它們與社會的有機連帶也隨之鬆弛變質。《思想》自許為學院與社會論述的中繼站，繼前一期推出「文化研究：游與疑」專輯之後，本期轉而呈現台灣史研究的「自我形象」：我們邀請到幾位在台灣史研究第一線的學者，面對專業之外的讀者，敘述台灣史學的體制發展與學術成就，更表達他們個人的親身感受，從而呈現台灣史這個領域的精神氛圍與知識態度。

　　不無猶豫地，我們用「焦慮與自信」來形容台灣史家的心路歷程，試圖捕捉這裡所謂的氛圍與態度。從局外人的角度觀察，台灣史的從業者比起一般史學學者，似乎更在意自己的身分、自己的正當性、乃至於自己無論有意無意總難擺脫的政治意蘊，於是不免顯得急於辯解。但另一方面，台灣史學家具有的使命感與承擔感，似乎也比史學其他領域更為濃重，其自負與抱負都很難以狹義的學術意義為界線。當然，歷史研究的意義本來就不會局限在學院之內；不過，由於台灣史的新生地位、由於台灣本身的歷史之曲折、今日

處境之曖昧，台灣史所承載的負擔確實比較沉重。所可喜者殆為，在這種種張力的拉扯之間，高度的自我意識反而正可望帶來益形豐富的歷史智慧，即使必須以焦慮與自信來形容，也仍不失為健康而有益的。

在台灣之外，本期發表高力克、成慶兩位先生的評論，以及許紀霖先生的訪談，多少都聚焦在當前中國大陸上文化民族主義和國家主義的強勁發展趨勢。與中國過去百年的激進、啓蒙思想主流對照，今天左中右各種思潮均匯流於保守價值觀與「中國模式」思路，的確是別開生面的新生事物，值得深入理解與公正的評價。當然，這些發展有其明確的客觀條件，也就是中國崛起這個巨大的歷史現象才是背後的主要動力，不過思想本身的轉折究竟受制於甚麼內在邏輯，也值得分析梳理。針對中國大陸在客觀形勢與思想潮流兩方面的動向，我們都會繼續邀請大陸的知識分子來為文討論，與台灣的關心者對話、攻錯。

8月間，美國的朱特與中國的謝韜兩位先生先後去世，本期特別邀請朱特的中譯者章樂天先生和謝韜的好友陳子明先生撰文紀念。朱、謝生前並無交集，經歷也沒有相似之處，相提並論似乎有些牽強。但是，晚年的謝韜在中共黨內呼籲恢復從馬克思、恩格斯到社會民主黨的正統，拒絕列寧主義來自「左邊」的篡奪；朱特於去年10月以癱瘓之軀發表最後一篇演講，呼籲大家珍惜社會民主在20世紀的重大成就，戒慎面對「右翼」對於個人生活保障與社會公平所造成的破壞及其道德後果。東西兩位先生，所面對的問題雖然截然不同，卻都求助於一個共同的傳統。這種巧合，值得我們玩味體會。

編者 2010年 仲秋

思想16
台灣史：焦慮與自信

2010年10月初版　　　　　　　　　　　　　　　　　定價：新臺幣360元
有著作權・翻印必究
Printed in Taiwan.

編　　　者	思 想 編 委 會
發 行 人	林 載 爵

出　版　者	聯 經 出 版 事 業 股 份 有 限 公 司	叢書主編	沙　淑　芬
地　　　址	台北市忠孝東路四段561號4樓	校　　對	劉　佳　奇
編 輯 部 地 址	台北市忠孝東路四段561號4樓	封面設計	蔡　婕　岑

叢書主編電話　（02）87876242轉212
台北忠孝門市：台北市忠孝東路四段561號1樓
電　　　話：（02）27683708
台北新生門市：台北市新生南路三段94號
電　　　話：（02）23620308
台中分公司：台中市健行路321號
暨門市電話：（04）22371234ext.5
高雄辦事處：高雄市成功一路363號2樓
電　　　話：（07）2211234ext.5
郵政劃撥帳戶第0100559-3號
郵撥電話：2768 3708
印　刷　者　世 和 印 製 企 業 有 限 公 司
總　經　銷　聯 合 發 行 股 份 有 限 公 司
發　行　所：台北縣新店市寶橋路235巷6弄6號2樓
電　　　話：（02）29178022

行政院新聞局出版事業登記證局版臺業字第0130號

本書如有缺頁，破損，倒裝請寄回聯經忠孝門市更換。　　ISBN　978-957-08-3686-8 (平裝)
聯經網址：www.linkingbooks.com.tw
電子信箱：linking@udngroup.com

國家圖書館出版品預行編目資料

台灣史：焦慮與自信/思想編委會編著.
初版.臺北市.聯經.2010年10月（民99年）.
336面.14.8×21公分（思想：16）
ISBN　978-957-08-3686-8（平裝）

1.台灣史　2.文集

733.2107　　　　　　　　　　　　99018212